广东技术师范大学民族学博士点建设文库

广东世居民族的语言生态与语言和谐

经典 朱晓霞 夏玲玲 著

中国社会科学出版社

图书在版编目(CIP)数据

广东世居民族的语言生态与语言和谐／经典，朱晓霞，夏玲玲著.—北京：中国社会科学出版社，2022.3

（广东技术师范大学民族学博士点建设文库）

ISBN 978-7-5203-9980-7

Ⅰ.①广… Ⅱ.①经…②朱…③夏… Ⅲ.①少数民族—民族语—研究—广东 Ⅳ.①H2

中国版本图书馆 CIP 数据核字（2022）第 051848 号

出 版 人	赵剑英
责任编辑	宫京蕾　周慧敏
责任校对	秦　婵
责任印制	郝美娜

出　　版	中国社会科学出版社
社　　址	北京鼓楼西大街甲 158 号
邮　　编	100720
网　　址	http://www.csspw.cn
发 行 部	010-84083685
门 市 部	010-84029450
经　　销	新华书店及其他书店
印　　刷	北京君升印刷有限公司
装　　订	廊坊市广阳区广增装订厂
版　　次	2022 年 3 月第 1 版
印　　次	2022 年 3 月第 1 次印刷
开　　本	710×1000　1/16
印　　张	17.25
插　　页	2
字　　数	274 千字
定　　价	98.00 元

凡购买中国社会科学出版社图书，如有质量问题请与本社营销中心联系调换
电话：010-84083683
版权所有　侵权必究

一部有新意的语言生态成因、演变的个案研究
——《广东世居民族的语言生态及语言和谐》序

广东是一个多民族、多语种的省份。在广东世居的民族中，仅有壮族、瑶族和畲族仍然保存自己的语言，这些语言具有复杂的特点和语言关系，值得深入研究，但是过去没有人对它们做过系统研究。这部《广东世居民族的语言生态及语言和谐》专著，以广东民族为研究对象，通过选取民族聚居区有代表性的村落，以穷尽式的个案调查法逐户进行语言调查。主要完成了以下研究内容：（1）现阶段世居民族聚居村的语言使用情况及成因；（2）民族地区6—19岁青少年的母语和兼用语的能力调查；（3）目标地区语言生态环境的各项指标的调查和评估；（4）对影响广东民族地区语言生态发展的主要因素的归纳和总结。最后，结合不同民族地区间的差异对比和广东经济、社会发展的特殊性，对世居民族语言生态系统的维护和语言和谐关系的构建做了一定的探讨。

我读了这部书稿，觉得主要有以下几个亮点：一是语料新。语料均来源于课题组成员入村、入户调研所得来的一手材料，所有数据都有详细的户籍信息和问卷、访谈材料支撑，保证了语料的真实可靠。二是课题新。已有的关于广东民族语言生活的研究多针对某个单一民族，而经典第一次尝试从整体上反映广东境内民族语言地区的语言生活状况，给人以耳目一新的感觉。三是观点新。该书从田野调查出发，以语言生态环境的评估为落脚点，并结合不同民族地区间的差异对比和广东本地区经济、社会发展的特殊性，对广东世居少数民族语言的现状有了新的了解和认识，提出语言保护和语言和谐策略，具有一定的新意。四是方法新。该书在传统的田野调查法的基础上，还尝试以语言生态学的眼光看

待、分析问题,并结合民族学、社会学和语言经济学的研究角度,探讨了语言国情研究的方法。

从研究结论上看,这部书着力于田野调查所获得的理性认识,在此基础上进一步解答了多民族国家中如何针对各国的特点认识语言间的关系,分析了语言竞争与语言和谐的关系、母语和兼用语的关系、现代化进程中小语种的生命力的维护以及怎样认识多元化和一体化等问题。我国民族地区的语言情况十分复杂,历史的、现实的交织一起,语言内部和外部的因素都在起作用,经典通过对该课题的调查研究,并形成了一些认识,使人们能够获得对广东民族地区语言使用状况的新认识,还可以为民族语言的资源保护和处理好民族地区的多语关系,提供更有针对性、整体性和长期性的参考。更重要的是,对国家制定语言政策、推广通用语、保护语言资源、处理民族关系、稳定社会生活等问题都有一定的借鉴作用。

2011—2014年经典随我攻读博士学位。在攻读博士期间,她曾多次与我一起去境内外做语言调查,对语言本体和语言功能的研究都有较好的感性知识和理性认识。到广东工作后,她便萌发了去调查当地民族语言的想法。由于少数民族人口总数较少,广东地区的民族语言国情调查相对薄弱,因此,她申请的项目"广东世居少数民族语言使用情况和语言保护对策研究"很快得到了国家语委的支持。在过去的几年中,她带着她的研究生一起到粤西、粤北、粤东的民族地区做调查,收集了不少一手材料,获得了对广东省民族语言国情的最新的认识。现在,她将调查所得融汇进这部书稿。我觉得这部书稿的出版,对如何认识我国语言与民族在新时代的关系,如何做好语言工作是会有帮助的。

是为序。

戴庆厦
2021年5月25日于北京
中央民族大学507工作室

目 录

第一章 绪论 ……………………………………………………… (1)
  第一节 广东境内世居民族的形成历史和分布 ………………… (1)
    一 广东壮族 ……………………………………………… (3)
    二 广东瑶族 ……………………………………………… (4)
    三 广东畲族 ……………………………………………… (6)
    四 其他世居民族 ………………………………………… (7)
  第二节 广东境内世居民族的语言的分布和研究现状 ………… (8)
    一 广东境内世居民族的语言分布 ……………………… (8)
    二 广东世居民族的语言研究现状 ……………………… (11)
  第三节 调查取点和调查方法 …………………………………… (16)
    一 调查取点 ……………………………………………… (16)
    二 调查方法 ……………………………………………… (17)
    三 对于调查对象语言能力和年龄等级的划分 ………… (19)

第二章 广东境内世居民族语言生活个案研究 …………………… (20)
  第一节 肇庆市怀集县下帅乡车福村的语言生活 ……………… (20)
    一 下帅乡社会历史概况 ………………………………… (20)
    二 下帅乡语言概况 ……………………………………… (25)
    三 下帅乡车福村壮族的语言能力现状调查 …………… (25)
    四 下帅乡车福村壮族不同场合的语言使用情况调查 … (34)
    五 下帅乡车福村语言总体情况 ………………………… (38)
  第二节 连南瑶族自治县三排镇南岗村的语言生活 …………… (39)
    一 连南瑶族自治县人文历史概况 ……………………… (39)
    二 八排瑶族聚居村——三排镇南岗村概况 …………… (42)
    三 南岗村八排瑶语的使用现状 ………………………… (43)

四　南岗八排瑶族人使用汉语的现状 …………………………（49）
　　五　南岗村不同场合语言使用情况 ……………………………（51）
　　六　八排瑶语和汉语在南岗瑶族人社会生活中的使用功能 …（52）
　　七　南岗村瑶族语言的总体情况 ………………………………（55）
　第三节　惠州市博罗县嶂背畲族村的语言生活 …………………（56）
　　一　博罗县横河镇嶂背村畲族概况 ……………………………（56）
　　二　嶂背村畲族母语使用情况 …………………………………（57）
　　三　嶂背村畲族汉语使用情况 …………………………………（64）
　　四　畲语在畲族人社会生活中的使用功能 ……………………（72）
　　五　博罗嶂背村畲族的语言态度调查 …………………………（79）
　　六　嶂背村畲族母语使用现状总结 ……………………………（82）

第三章　广东世居民族青少年语言能力调查 …………………………（84）
　第一节　不同民族地区青少年母语能力现状 ……………………（84）
　　一　下帅乡壮族青少年母语能力状况 …………………………（84）
　　二　南岗村瑶族青少年母语能力状况 …………………………（93）
　　三　嶂背村畲族青少年母语能力状况 ………………………（102）
　第二节　广东世居民族青少年语言使用总体特点 ……………（108）
　　一　整体母语水平降低，部分地区代际断层明显 ……………（108）
　　二　普遍兼用一种或多语言，由兼用方言向兼用普通话
　　　　转变 …………………………………………………………（110）
　　三　语言能力个体差异大 ……………………………………（116）
　第三节　广东世居民族青少年母语能力的影响因素 …………（117）
　　一　第一语言习得顺序是影响青少年母语能力的首要
　　　　因素 …………………………………………………………（117）
　　二　语言使用环境的差异是青少年语言发展的关键因素……（118）
　　三　语言态度和母语认同是青少年语言传承的重要内因……（119）

第四章　广东世居民族的语言生态与语言和谐 ……………………（123）
　第一节　广东世居民族地区语言生态的不同类型 ……………（123）
　　一　连南县南岗村瑶语的语言生态 …………………………（125）
　　二　下帅乡车福村壮语的语言生态 …………………………（133）
　　三　嶂背村畲族畲语的语言生态 ……………………………（139）

第二节　广东世居民族地区母语生态与相关因素间的关系……（144）
　　一　人与自然的关系：居住环境变迁往往是母语变迁的
　　　　开始……………………………………………………………（144）
　　二　人与社会的关系……………………………………………（145）
　　三　人与语言的关系……………………………………………（146）
　　四　语言与语言的关系…………………………………………（150）
　　五　语言与民族的关系：良好的民族关系对母语传承有积极的
　　　　促进作用………………………………………………………（152）
第三节　广东世居民族地区语言和谐关系的构想……………（153）
　　一　构建语言和谐，应正确处理好多元和一体的关系………（153）
　　二　构建语言和谐，应坚持语言平等观，正确看待语言间的
　　　　竞争关系………………………………………………………（156）
　　三　构建语言和谐，应推进民族语言的社会功能的发展……（158）
　　四　构建语言和谐，应强化对民族语言经济价值的开发……（163）
　　五　构建语言和谐，应有"量体裁衣"的差异性政策
　　　　支持……………………………………………………………（165）

结语……………………………………………………………………（169）
附录……………………………………………………………………（173）
　　附录一　基本词汇测试表………………………………………（173）
　　附录二　部分调查问卷…………………………………………（189）
　　附录三　访谈录…………………………………………………（204）
参考文献………………………………………………………………（257）
后记……………………………………………………………………（266）

第一章 绪论

第一节 广东境内世居民族的形成历史和分布

广东自古以来就是一个多民族的省份。这种多民族的分布格局是在历史的长期发展过程中逐渐形成的。先秦时代,现在的广东境内就居住有南越、西瓯、骆越、闽越等族群,史称"百越"。[①] 约在西周时期,中原人就开始涉足岭南地区了。秦统一岭南后,大批中原人迁到岭南,与越人杂居在一起。中原文化与百越群族的文化就由此开始相互影响、交融。越人不断地迁出或融入到另一个民族中,或蜕变成一个新的族群,比如僚、俚等。约在南北朝后期,史称"莫徭"的一部分先民由湘入粤,于粤北生息,成为广东瑶族的先民主体;另一支与莫徭有渊源关系的族群武陵蛮由湘入粤后往东繁衍,与畲族先民主体的形成有密切关系;元末时期,桂北山区有部分壮族进入粤北居住,到了明中叶中央王朝从广西征"俍兵"来粤执行防务,回师时有部分壮族人留在了粤北地区,与先前进入的桂北壮族融合,成了广东壮族的主体。[②] 作为古代丝绸之路一个重要通商口岸,唐宋之后,大食和波斯商人及伊斯兰教传教人员,通过海上丝绸之路,来到广州,部分人员在广东定居之后,成了广东回族主体。满族则是清王朝乾隆调到粤驻防的满洲八旗子弟的后裔,辛亥革命推翻了清王朝之后,驻粤八旗官兵"和平易帜",落户

[①] 广东省地方史志编撰委员会编:《广东省志·少数民族志》,广东人民出版社2000年版,第1页。

[②] 广东省地方史志编撰委员会编:《广东省志·少数民族志》,广东人民出版社2000年版,第2页。

广东。

其他少数民族在改革开放后，陆陆续续地从各省、区进入广东。少数民族的人口占广东省总人口的比例逐渐增加，1990年广东省境内少数民族成员增至52个，人口35万，占全省同期总人口的0.56%；新增加超过千人的少数民族有苗、黎、侗、土家、蒙古、藏、傣、布依等族。① 到了2010年，广东省境内超过1万以上的少数民族就已有11个，少数民族成员增至55个，他们大多分布在广州、深圳、东莞、珠海等大、中城市。

依照现在的广东省行政区划，在广东世居的少数民族有壮族、瑶族、畲族、回族、满族5个民族。它们大体上的分布是：壮族在粤西北，如连山壮族瑶族自治县；瑶族在粤北，如连南瑶族自治县；畲族在粤东，如东源县漳溪畲族乡；回族和满族则零散分布于广东各级市县。根据2010年第六次人口普查的数据显示，广东省总人口104320459人，少数民族人口2067321人，少数民族人口占全省总人口的1.98%。至2012年，广东少数民族人口达300余万人，其中，世居少数民族人口60余万人，在60余万人中有20多万人分布在连南瑶族自治县、连山壮族瑶族自治县、乳源瑶族自治县3个自治县和连州市三水、瑶安瑶族乡、阳山县秤架瑶族乡、始兴县深渡水瑶族乡、怀集县下帅壮族瑶族乡、龙门县蓝田瑶族乡、东源县漳溪畲族乡7个民族乡，10多万人分布在城市，30多万人散居在50多个县（县级市）380多个村。② 2015年广东省少数民族人口为341.07万人，占全省总人口的3.0%。由此可见，广东少数民族的人口在逐年增长。广东世居民族分布总体特点是小聚居，大分散。

在省内世代居住的民族中，只有壮族、瑶族、畲族仍部分保留着本民族的语言，而回族和满族则已通用了汉语。下文将重点叙述壮、瑶、畲三个民族的历史和地理分布，其他民族则作简单介绍。

---

① 广东省地方史志编撰委员会编：《广东省志·少数民族志》，广东人民出版社2000年版，第2页。

② 江门市民族宗教事务局：《广东少数民族人口及分布格局怎样？》，2020年1月10日，http://www.jiangmen.gov.cn/gzhd/zhzw/content/post_2018926.html，2021年7月10日。

一 广东壮族

壮族有着悠久的历史，是岭南古老的民族之一。壮族的先民是属古代百越族群，与西瓯、骆越有血缘递承关系，古称"僮"或"撞"。[①]"僮"的名称最早见于宋代，最初是指庆远、南丹的溪峒之民，元、明之后关于僮的记载才多了起来。[②] 因为"僮"一词含义不清，又含贬义，1965年由周恩来总理提议，根据壮族人民的意愿，由"僮族"改为现在的"壮族"，现壮族分布主要集中在广西壮族自治区，其余部分分布在云南、贵州、湖南和广东。

20世纪50年代普遍认为大陆的壮族是广西俍兵的后裔，还有学者认为大陆的壮族由"主僮"和"客僮"两部分融合而成。但其实所谓主客是相对而言的，"主僮""客僮"现见于《天下郡国利病书·广东二》，曰："僮粗悍类瑶，而服食犹近平民，似与州志（指万历《连州志》，此书已佚）稍异。特二种（僮、瑶）之中有真赝、主客之分，不可不辩。大率盘姓为真瑶，别姓为赝瑶；土居为主僮，瓦舍为客僮；主僮富，客僮贫。""主僮"是指世代生长于斯的诸越族人的后裔，"客僮"是指由外省（广西）而来的僮人。[③] 因此，大陆的壮族是一个多元构成的比较复杂的共同体，既有土生土长的"主僮"成分，也有由外省广西来的"客僮"的成分，还有部分融入的汉族和瑶族人。

关于广东的壮族，练铭志等认为广东的壮族由海南壮族和大陆壮族组成，他们同根同源，由与西瓯有关的二类地名区的俚人经僚发展而来。[④] 广东的壮族有广西的"客僮"的成分，历史上将他们称为"峒民"。其进入广东的途径或方式有三种：一是奉调征守的俍兵，二是主动留居的土兵或士兵，三是自由迁徙的僮民。[⑤] 比如明景泰时期中央王

[①] 广东省地方史志编撰委员会编：《广东省志·少数民族志》，广东人民出版社2000年版，第149页。

[②] 覃国生、梁庭望、韦星朗：《壮族》，民族出版社1984年版，第6页。

[③] 练铭志、马建钊、朱洪：《广东民族关系史》，广东人民出版社2014年版，第512页。

[④] 练铭志、马建钊、朱洪：《广东民族关系史》，广东人民出版社2014年版，第508、509页。

[⑤] 练铭志、马建钊、朱洪：《广东民族关系史》，广东人民出版社2014年版，第509页。

朝就曾征调大量的俍僮士兵到广东镇压起义，军事行动结束后，就有部分的僮人留在了广东，成为了广东壮族的一部分。

现广东壮族主要聚居地在连山壮族瑶族自治县以及怀集县下帅壮族瑶族乡。连山壮族瑶族自治县隶属于广东省清远市，地处岭南五岭之一的萌诸山脉之中，位于粤、湘、桂三省（区）结合部，西至广西壮族自治区贺州市八步区、北与湖南省江华瑶族自治县相接。据连山壮族瑶族自治县政府官方网站显示，2018 年末，连山壮族瑶族自治县全县户籍总人口 123383 人。广东省肇庆市怀集县下帅壮族瑶族乡位于怀集县西北部，距县城 57 公里，是壮、瑶、汉三个民族共同生活的地方，是广东省 7 个少数民族乡之一，也是肇庆市唯一的少数民族乡。全乡人口 11623 人，其中壮族 6702 人，壮、瑶两族占全乡总人口的比例为 69.2%。① 2010 年第六次人口普查显示，广东壮族总人口 877509 人，占少数民族总数的 42.45%。

二　广东瑶族

关于瑶族的族源，学术界说法不一，大致有以下几种说法：一是认为瑶族源于"长沙蛮""武陵蛮"，原始居住地在湖南的湘江、资江、沅江流域和洞庭湖沿岸；二是认为瑶族源于"五溪蛮"，原始居住地在湖南与贵州之间；三是认为瑶族源于"山越"，原始居住地在江苏、浙江一带；四是多源说，认为瑶族来源中有"长沙蛮""五陵蛮""五溪蛮"以及"山越"的成分等。② 现在大多数人认为瑶族与古代的"荆蛮""长沙武陵蛮""莫徭""蛮瑶"等在族源上有渊源关系。③

广东瑶族的主体来自湖南，与莫徭有密切的关系，根据《隋书·地理志》的记载，莫徭大约于隋代或稍前进入连阳地区。练铭志等认为，莫徭是古代民族武陵郡蛮发展为现代民族瑶族的中间环节的族称，与瑶

---

① 中华人民共和国国家民族事务委员会网站：《肇庆市怀集县下帅壮族瑶族乡》，2018 年 4 月 28 日，http://www.seac.gov.cn/seac/mztj/201804/1012442.shtml，2021 年 7 月 10 日。
② 潘琼阁编著：《中国瑶族》，宁夏人民出版社 2011 年版，第 6 页。
③ 广东省地方史志编撰委员会编：《广东省志·少数民族志》，广东人民出版社 2000 年版，第 61 页。

族有直接的前后继承关系。① 莫徭始见于南北朝后期，其聚居地主要在湖南，粤北仅少量；其后至宋元时期，瑶族不断由湖南自北而南迁徙，逐渐扩展至广东省各地。② 由此，广东的瑶族基本可以确定与古代民族长沙武陵郡蛮有历史渊源。约在南朝时期迁入广东，是汉族后进入广东的第二个民族。

广东的瑶族在宋元之际有较大的发展，如在宋庆历年间（1041—1048）广东复地端州出现瑶族，神宗熙宁（1068—1077）前后，排瑶逐渐定居在连阳四属，南宋后瑶族开始深入珠江三角洲，明代广东的瑶族进入鼎盛时期，省内大部分州县都出现了瑶族。③ 但后面并未出现瑶族发展繁荣的景象，反而在明末清初逐渐减少，这可能跟当时的起义战争等有关。在清末时期，瑶族只有在粤北的连南、连山、乳源、阳山等地出现，基本奠定了今广东瑶族的格局。

广东的瑶族在族名上有他称和自称的区别。他称在新中国成立前有很多，如根据衣服颜色特点的不同，有白瑶、黑瑶、白花瑶、花肚瑶等。根据耕种生产方式或居住方式不同，又分为"迁徙型"的过山瑶和"居住型"的排瑶两大支系。过山瑶自称"勉"或"优勉"等，居住特点为大散居、小集中，在广东省的分布为北至乐昌县北乡镇，西达连山壮族瑶族自治县、连南瑶族自治县、怀集下帅壮族瑶族乡、连州市三水、瑶安瑶族乡，南至阳春县永宁镇，东至龙门蓝田瑶族乡，形成以湘、粤、赣交界地为中心的聚居区。④ 排瑶自称"敏"或"藻敏"，居住特点为大集中、小散居，主要分布在连山壮族瑶族自治县和连南瑶族自治县。

广东瑶族族谱记录了瑶族从湖南南迁的过程，如连南八排瑶唐姓来自湖南沅陵县，过山瑶赵姓来自湖南江华县，乳源的赵姓则来自湖南的七宝山等。根据2010年全国第六次人口普查显示，广东境内的瑶族人口有276266人，占少数民族总数的13.36%。

---

① 练铭志、马建钊、朱洪：《广东民族关系史》，广东人民出版社2014年版，第17页。
② 练铭志、马建钊、朱洪：《广东民族关系史》，广东人民出版社2014年版，第47页。
③ 广东省地方史志编撰委员会编：《广东省志·少数民族志》，广东人民出版社2000年版，第61页。
④ 广东省民族研究所编，《过山瑶研究文集》，民族出版社2008年版，第36页。

三 广东畲族

畲族先民是闽、粤、赣三省结合部山区的古老居民之一。畲族，古时又称"輋"，是继汉族、莫徭之后第三个入居广东的非土著民族。"畲""輋"都是他称，意均为"开荒辟地、刀耕火种"之意，是一个农耕民族。① 在历史文献中，对于畲族的称谓同时使用"畲民""輋民""畲瑶""輋瑶"等多种。1956年12月，中华人民共和国国务院正式确定"畲"为畲族的族称，从而结束了历史上畲族族称不一的局面，增强了全国畲族的凝聚力。

关于畲族的族源问题，学术界观点不一，总结其源流大体上有"外来说"和"土著说"两个方面、六个观点②：

"外来说"：（1）与瑶族关系密切，同源于武陵蛮，迁入该地；（2）源于春秋战国时期生活在淮河和黄河之间的东夷的一支；（3）源于古代河南夷人的一支，属于高辛氏近亲的一个氏族部落南迁至此。

"土著说"：（1）当地越人后裔；（2）南蛮近种；（3）福建土著"闽"族后裔。目前较为普遍接受的是与瑶族同源于武陵蛮的说法。

畲族是何时进入广东的呢？练铭志等认为，其进入粤东的时间可能与莫徭进入粤北的时间大致相当或稍后，即南朝梁、陈二代或隋初时期。③ 根据他们保留的文献和口头传说显示，他们大多来自闽、赣两省，少数来自湖南。如河源市东源县的蓝姓畲族，"自闽汀发脉，迁大埔、海阳、程乡、抵河源五百余年"。现今的畲族主要分布地区集中于粤东和粤北地区，如潮安和丰顺、饶平县的凤凰山区，海丰、惠东县的莲花山区，河源市龙川、和平、连平九连山区等，他们视粤东的凤凰山为其祖先的发祥地。

广东的畲族人口远远不及壮族和瑶族，且分布较为分散。2010年第六次人口普查显示，广东畲族的现有人口为29549人，仅占广东少数

---

① 朱洪、姜永兴：《广东畲族研究》，广东人民出版社1991年版，第1页。
② 广东省地方史志编撰委员会编：《广东省志·少数民族志》，广东人民出版社2000年版，第263页。
③ 练铭志、马建钊、朱洪：《广东民族关系史》，广东人民出版社2014年版，第509页。

民族总人口的 1.43%。

四　其他世居民族

除了上述壮、瑶、畲少数民族外，在广东世居的少数民族还有回族和满族。其中回族最早可以上溯到唐宋期间来华的波斯和大食"蕃客"，他们通过古老的丝绸之路来到广州从事贸易活动，以中亚人、波斯人和阿拉伯人为主，在长期发展中吸收了汉族、蒙古族、维吾尔族等族逐渐形成。[①] 20 世纪 70 年代末期开始，来自全国各地尤其是西北地区的回族也来到广东务工、经商，充实和壮大了广东回族群体。现今广东的回族主要分布在肇庆市、深圳市和广州市，人口达 45073 人（2010）。他们长期与汉族杂居，受汉族文化影响很大，但保留了他们民族的风俗习惯，如开斋节、古尔邦节、圣纪节、圣女忌等节日习俗。

广东的满族主要是清王朝驻粤的满洲八旗官兵及其家属的裔孙，辛亥革命期间，驻粤八旗官兵和平易帜，脱离清王朝统治，由军转民，定居广州，成为"落广祖"，新中国成立后各地又有一批满族干部和家属来粤工作，定居了广东。[②] 现今，广东的满族主要分布在广州市越秀区，总人口 29557 人（2010），除了广州外，深圳、韶关、佛山等地也居住了一部分满族人民。广东的满族现在的姓氏、语言都与汉族无异。

从 2010 年人口普查的结果来看，居住于广东省境内人口超过 1 万以上的少数民族就有 16 个，具体见表 1-1。

表 1-1　　2010 年广东省人口超过 1 万以上的少数民族

民族	人口	民族	人口
蒙古族	14331	苗族	251970
彝族	36264	布依族	64253
朝鲜族	28444	侗族	83574
白族	16692	土家族	212513

[①] 广东省地方史志编撰委员会：《广东省志·少数民族志》，广东人民出版社 2000 年版，第 183 页。

[②] 广东省地方史志编撰委员会：《广东省志·少数民族志》，广东人民出版社 2000 年版，第 222 页。

续表

民族	人口	民族	人口
黎族	19579	仫佬族	10961
仡佬族	10897	畲族	29549
满族	29557	回族	45073
瑶族	276266	壮族	877509

广东省的其他少数民族这里不再一一赘述。各族人民共同开发广东，建设广东，共同创造了具有鲜明地域特色的岭南文化，为丰富、发展中华文化，增进民族团结作出了重要的贡献。

第二节 广东境内世居民族的语言的分布和研究现状

一 广东境内世居民族的语言分布

广东境内世居少数民族有壮、瑶、畲、回、满族。其中，壮族、瑶族、畲族还保存有自己的语言。

(一) 广东壮族的语言及其分布

壮语系属汉藏语系壮侗语族壮傣语支，是我国少数民族语言中使用人口最多的一种语言。使用者主要分布在广西的整个西部、中部和大半个南部、北部以及云南省的东端。其分布最东的地区，就是粤北西陲的连山。① 20 世纪 50 年代初，中国科学院语言研究所开始对壮语方言进行大规模的普查，将壮语分为南北两大方言，这两大方言内部还分有若干土语。壮语北部方言分为：桂北土语、柳江土语、红水河土语、邕北土语、右江土语、桂边土语和邱北土语；南北方言分为：邕南土语、左江土语、德靖土语、砚广土语和文麻土语。②

壮语在广东省的分布主要在连山壮族瑶族自治县和怀集县两地。连

---

① 刘叔新：《连山壮语述要》，高等教育出版社 1998 年版，第 5 页。
② 韦景云、覃晓航：《壮语通论》，中央民族大学出版社 2006 年版，第 2 页。

山壮语,是连山县境内南部的永丰乡、福堂乡、小三江乡、加田乡以及怀集县下帅乡等地壮族居民使用的民族语言的统称。连山壮语和广西东端贺县东境的壮语在使用上相连接,形成一个同壮语主体通行区隔离开的语言岛。① 据前人研究表明,从语音、词汇、语法的多层面对比看,连山壮语属于壮语北部方言。②

壮族在历史上曾使用"古壮字",又称"土俗字"或"方块壮字",是壮族利用汉字的形、音、义和六书构字法创造的一种方块文字。新中国成立后,国家为壮族统一创制了拼音壮文,并于1957年经国务院批准正式实施拉丁化的壮文方案,古壮字逐渐停止使用。壮文方案在广西多地被广泛使用,并成为人民币上一种少数民族文字之一。但遗憾的是,壮文在广东省的壮语使用区域没有被普及。省内的壮族统一使用规范汉字。

(二) 广东瑶族的语言及其分布

从现有的研究来看,国内各地的瑶族所使用的语言主要有三种:勉语、布努语和拉珈语。这三大语言都是汉藏语系的语言,但分别属于不同的语族和语支。勉语属于苗瑶语族的瑶语支,布努语属于苗瑶语族的苗语支,拉珈语属于壮侗语族的侗水语支。其中,使用勉语的人口最多,是自称[mjen^{31}]的瑶族语言,约占瑶族总人口的50%。广东境内的瑶族使用的语言也是勉语。一般语言学书中谱系分类所说的瑶语多半是指勉语。③

有学者将勉语划分为4种方言,即:勉方言、金门方言、标敏方言和藻敏方言;④ 其中,勉方言下又分4个土语,即:广滇土语、湘南土语、罗香土语、长坪土语。广东境内的瑶族主要使用两种勉语方言:一种是过山瑶的语言,属于勉方言的广滇土语;主要使用人口分布在乳源瑶族自治县、连南瑶族自治县、连山壮族瑶族自治县、连州市的瑶安瑶族乡和三水瑶族乡、始兴县的深渡水瑶族乡、怀集县下帅瑶族瑶族乡、

---

① 刘叔新:《连山壮语述要》,高等教育出版社1998年版,第5页
② 广东省地方史志编撰委员会:《广东省志·少数民族志》,广东人民出版社2000年版,第181页。
③ 毛宗武:《瑶族勉语方言研究》,民族出版社2004年版,第1页
④ 毛宗武:《瑶族勉语方言研究》,民族出版社2004年版,第10页。

龙门县蓝田瑶族乡以及阳江市的阳春县等地。另一种是排瑶的语言，属于藻敏方言；使用人口绝大部分居住在连南瑶族自治县，少部分散布于连山壮族瑶族自治县、乳源瑶族自治县东坪镇以及阳江市的阳春县。① 这两种勉语方言都没有相对应的文字，且两者差别较大，互相不易通话。②

（三）广东畲族的语言及其分布

畲族的语言有两种。一种被称为畲话，与汉语的客家方言很相近，但在语音上稍有差别，是一种超地域而又具有畲族特点的语言，在福建、广东、浙江、安徽、江西等地的畲族中广泛使用，实际使用人口占全国畲族总人口的99%以上。③ 另一种语言被称为畲语，是畲族本民族的语言，仅在广东省有极少数畲族使用，实际使用人口不足千人。这种语言接近于瑶族的布努语，被归属于苗瑶语族苗语支。④

在20世纪80年代以前，关于畲族有没有自己的民族语言是有争论的。畲族人口少，且居住分散，日常经济交往多与邻近汉语接触，惯常使用当地的汉语方言。⑤ 本民族的语言一般只在家庭、村寨内部使用，通用范围小，所以鲜为人知。随着民族语言调查和史料收集的深入，畲族有自己本民族的语言逐渐成为学界的共识。1980年出版的《中国少数民族简史丛书》中的《畲族简史》明确提出了畲族语言的存在及其系属分类，并指出了广东的畲族有两种畲语，其他省份的畲族只有畲话，无畲语。⑥ 据调查，广东使用畲语的畲族分布在广东罗浮山、莲花山区的博罗、增城、惠东和海丰等县，自称"活畲"，即"山人"。这种畲语内部分为莲花畲语和罗浮畲语两个方言，方言差异较小。广东使用畲话的畲族主要生活在凤凰山区的潮州、丰顺等地。当地人也将自己

---

① 李筱文：《图说广东瑶族》，广东人民出版社2014年版，第27—36页。
② 广东省地方史志编撰委员会编：《广东省志·少数民族志》，广东人民出版社2000年版，第138页。
③ 朱洪、姜永兴：《广东畲族研究》，广东人民出版社1991年版，第37页。
④ 罗美珍：《畲族所说的客家话》，《中央民族学院学报》1980年第1期。
⑤ 朱洪、姜永兴：《广东畲族研究》，广东人民出版社1991年版，第34页。
⑥ 中国少数民族简史丛书《畲族简史》编写组：《畲族简史》，福建人民出版社1980年版，第1—2页。

的语言称为"畲客话"或"畲老话"。① 畲话的内部差异很小，不同省份间的畲话均可相通。

关于广东畲族存在两种语言的原因，学界有不同的分析。有的观点认为，由于地理的阻隔，罗浮、莲花山区的畲族在历史上与凤凰山区的畲族交流较少，却与粤北的瑶族接触更加紧密，故而引发了同一民族语言的不同演变。也有观点认为，畲族与讲布努语的瑶族本身就具有血缘上的关系，因此语言上也更加亲密。②

二 广东世居民族的语言研究现状

（一）语言本体研究

1. 广东壮族语言的本体研究

国内外关于中国境内的壮语研究成果多以广西地区的壮族语言为研究对象，广东壮族语言的研究成果总体较少。现可查阅的较早的针对广东壮语的研究专著是梁敏、张均如的《连山壮族语言概况》（1987）。该书在作者实地调查的基础上写成，描写了广东省连山县的壮语在语音、词汇、句法方面的主要特征。其后，刘叔新于1998年出版了《连山壮语述要》，详细绘制了连山壮语主要集中使用点及粤、桂边界的壮语分布地图，并更加全面、系统地介绍了连山壮语的基本面貌，还附有连山福堂话的词汇、句子和语篇等内容。以上两部著作是现有的广东境内壮语综合性研究的主要成果。

在针对语言某一方面的专项研究上，刘叔新（1995）对连山壮语（以小三江和福堂为代表）的元音系统进行了详细地描写。刘力坚（2005）以连山壮语三千多基本词语为考察对象，细致分析了这些粤语借词在壮语中词的构成方式方面的表现与作用，以及借词如何与壮语本族词构成词汇系统的结构关系，进而展现了汉语粤方言对连山壮语基本词汇系统的影响和渗透程度。刘力坚（2006）还进一步研究了连山壮语中不同时期的汉语借词，展现了借词与连山壮语的固有词在词汇系统内部形成的许多种类聚关系。钟宇星（2020）运用现代语音学和比较

---

① 朱洪、姜永兴：《广东畲族研究》，广东人民出版社1991年版，第39页。
② 陈其光：《畲语在苗瑶语族中的地位》，《语言研究》1984年第1期。

语言学等理论，对连山壮语的音系进行了重新的归纳。梁金桂（2021）对连山壮语 pan¹ "分"的语法化路径进行了研究并讨论了连山壮语与当地的汉语方言在语法上的接触与影响。

2. 广东瑶族语言的本体研究

勉语为广东境内的瑶族使用的语言，也是国内外的瑶族研究中最受关注的语言。清代康熙朝县令李来章的《连阳八排风土记》中的《言语》卷第一次记录下了广东境内八排瑶族使用的勉语的风貌。20 世纪 20 年代末，蔡元培创办的中央研究院历史语言研究所和社会科学研究所第一次对广西凌云的瑶族进行了调查，开拓了现代意义上瑶族语言研究的先锋。不过，当时的研究多集中于瑶族人数较多的广西地区。黄锡凌（1939）的《油岭方言的描述》是为数不多的关于广东瑶族语言的早期研究成果。

新中国成立后，1956 年，中国科学院少数民族语言研究所筹备了数支调查队前往全国各少数民族地区进行大规模的语言调查工作。由毛宗武等学者带领的第一小组来到粤北瑶族地区，展开了新中国成立后对广东瑶族及其语言的首次调查。此次调查揭开了广东瑶族语言的基本面貌，为进一步研究广东的勉语方言土语打下基础。在大调查的成果基础上出版的《瑶族语言简志》(1982)、《瑶族勉语方言按研究》(2004) 也都不同程度地提到广东勉语的概况和特点。余伟文、巢宗祺的《油岭瑶话概述》(1984) 和专著《连南八排瑶语》(1989) 第一次较为全面地展示了粤北山区连南八排瑶语的语音系统、词汇、语法和长篇语料。房亚水（1988）关注了八排瑶语的变调问题。李敬忠（1988）提到连南八排瑶语有两套基数词，一套直接借自汉语（当地汉语方言），一套是本民族固有的词，同时研究了这两套数词同时交叉使用的状况。巢宗祺的《广东连南油岭八排瑶语言概要》(1990) 对油岭八排瑶语言的语音、词汇、语法进行了更深入的分析，并比较了油岭话与其他排瑶的语言以及与苗、壮语之间的异同。

进入 21 世纪后，出现了一批新的研究和描写广东瑶族语言的学者，他们分别针对不同的勉语方言进行了综合性或语言某个方面的研究。在综合性研究中，李少梅（2008）的《中国广东乳源瑶族与瑶语》是国内第一本以广东乳源瑶族为研究对象的著作。这部专著在语言部分较为详细地记录了乳源瑶族的语音、常用词、语法和文选。刘鸿勇（2016）的《粤北乳源过山瑶勉语研究》在李少梅的研究基础上更进一步，对乳源勉语的语音、词汇、句法进行了更加深入的调查和描写。在勉语的某一单项研究中，多数学者将目光集中于勉语的语音研究。陈其光（2002）关注了汉语声母在八排瑶语里的反映形式。龙国贻（2009）以连南瑶族自治县的藻敏瑶语为研究对象，详细描写了六个土语点的音系，还运用实验语音学的方法深入分析了藻敏瑶语的元音、声调、清鼻音、内爆音等。在此基础上，龙国贻（2014、2017）继续探讨了藻敏瑶语油岭土话的连调规则以及藻敏瑶语的清鼻音和气鼻音问题。肖荣钦（2011）以连南八排瑶语为研究对象，展示了其语音基本面貌和主要特征。这篇论文和范俊军（2006）的研究都提到了现代瑶语与清代《连阳八排风土记》中记录的语音的共同点与差异，并都认为八排瑶语的语音和词汇系统在过去三百年间没有发生根本性的变化。王琴（2013）描写了乳源必背瑶语语音系统与声韵配合情况，文中还分析了必背瑶语的语流音变及声调的合并、分化、裂变，探讨了必背瑶语中的汉语借词及其语音状况。

在关注语音之外，也有学者对广东勉语的词法和句法的问题进行了专项研究。如房颖菲（2010）探究了排瑶语词序的特点，指出排瑶语言的词序与汉语相逆，即由"中心语+修饰语"构成，这种逆序词在客家话和粤语中也有出现，并认为其是受排瑶语的影响。陈波先（2012）对连南油岭瑶语的前缀 a^{53} 和量词 tsa^{44}（只）、dui^{24}（些）、tu^{53}/na^{44}（个）进行了描写和分析，认为油岭瑶语的量词不能进入词汇系统进行构词，但是能够对名词所表达的事物进行分类，在句法结构中量词也能表指称意义。龙宜需（2017）对藻敏瑶语东芒土语的名量词的相关用法进行了细致地描写和总结，并对汉语和藻敏瑶语名量词语义、语用进行了多角度的对比，系统分析了两种语言名量词不同的特点。李菁、赵卓婕（2019）讨论了韶关市乳源瑶语中的汉语借词的借入方式、成因及影响。研究发现，汉语词的借入，不但丰富了乳源瑶语原有的词汇系统，也对其语法结构产生了影响。

3. 广东畲族语言的本体研究

畲族语言研究的起步较晚。在 20 世纪 50 年代以前，国内学界普遍认为畲族没有自己的语言。1963 年，黄家教、李新魁在《潮安畲话概述》一文中对此观点提出了质疑。文中提到:"畲族有自己的语言……古代的畲话也许和现代的畲话不一样。《潮州府志》载畲人把火叫做'桃花溜溜',把饭叫做'拐火农',这与现代畲话大异……现在的畲话与汉语十分接近,这是畲话长期'汉化'的结果,但它还保存一些自身的特点,仍然不与汉语完全合一。"[①] 关于畲族语言的讨论持续到1980年《畲族简史》的出版,书中明确了广东畲族使用两种语言:一种接近汉语客家方言,一种是畲族本民族的语言,进一步确立了畲语的地位。

因此,对于畲族语言的研究,也可分为两个大类。一类是对更接近汉语方言的畲族语言的研究。为了凸显畲族两种语言的区别,这一种语言多被称为"畲话"。关于畲话的归属问题,学界有不同意见。黄家教、李新魁(1963)认为潮安畲话系统与汉语的潮州方言很相近。罗美珍(1980)认为畲话接近于汉语的客家方言。该观点得到毛宗武(1982)和蒙朝吉(1985)的认同。徐瑞蓉、伍巍(2000)认为畲话是一种以闽南话为主、兼有客家话特点又具有自己特色的混合型方言。郑张尚芳(2001)称畲话的音系大体上是客家话的,但因为吸收了多层次的汉语方言的同时没有完全放弃本民族的东西,仍有畲语的底层。游文良(2002)对古畲语作了考据后,认为畲语有三个历史层次:壮侗语和苗瑶语的底层、汉语客家话的中层、畲族现居住地的汉语方言的表层,从历史角度把畲语分为古代畲语、近代畲语和现代畲语。雷楠(2007)也对凤凰山畲语词汇做了全面分析,为判断凤凰山畲语的性质提供了重要证据。除了归属问题的研究外,游文良等(2005)系统地描写了居住在凤凰山区的潮州市和梅州市丰顺县的畲族所使用的语言,内容翔实丰富,分别从语音、词汇和语法对畲族语言进行了全面的介绍。林伦伦、洪英、雷楠(2006)逐一考释了潮安畲语的称谓名词、人体部位名词、动物名称词、动词、否定副词等30多个使用频率较高的基本词。洪英(2007)以广东省潮州市潮安畲语为研究对象,分析了潮安畲语的语音特点,并重点对比分析了潮安畲语和周边潮汕方言及壮侗语、苗瑶语词汇的异同。

---

① 黄家教、李新魁:《潮安畲话概述》,《中山大学学报》1963年第1期。

另一类研究的对象是广东境内的畲族本民族的语言——畲语。毛宗武、蒙朝吉的《博罗畲语概述》(1982)考察了广东省博罗县横河嶂背畲族的畲语，对畲语的语音、词汇、语法三方面作了详尽的描写并将博罗畲语和苗瑶语族、壮侗语族诸语言进行共时比较，认为畲语和苗瑶语族具有亲属关系。其后毛、蒙两位学者陆续发表的《试论畲语的系属问题》(1985)、《畲语简志》(1986)、《畲语属苗语支补证》(1993)等进一步讨论了畲语的系属问题。Martha Ratliff 在《畲：一个苗语支的语言》(1998) 一文中，从语音、词汇等多方面对广东境内畲语 (she) 的系属进行了论证。同一时期，陈其光 (1985)、李云兵 (1997) 也分别对畲语的语音特点进行了分析。进入21世纪后，日本学者中西裕树在对海丰畲语详细调查的基础上，先后发表了《畲语海丰方言基本词汇集》(2003)、《畲语中汉字音层次初探》(2005)、《现代畲语鼻音韵尾的来历》(2007) 等一系列对畲语基本情况和历史音变的研究成果。甘春妍 (2005) 分析了博罗畲语前缀 ka^{33}、ta^{33} 的变调，并结合前人的材料对比分析了博罗畲语20年来的语音变化。她于2011年出版的《博罗畲语研究》一书以探求畲语的借词来源为主要研究目的，在此基础上比较了博罗和增城的畲语情况，并对畲语濒危现象进行了研究。

(二) 社会语言学研究

纵观国内相关研究的成果，已有的研究主要集中于对广东省内某一少数民族语言本体的研究，而从社会语言学的角度的研究相对较少。20世纪50年代少数民族语言大普查之后，直到20世纪90年代，有关民族语言使用和语言保护的问题的讨论才又开始。最先的研究起始于毛宗武《中国少数民族语言使用情况》(1994)，书中以小部分篇幅简要介绍了广东的民族语言使用情况。随后，瑶语方面，胡性初在《对乳源瑶族自治县部分中小学师生使用双语双方言教学的调查研究》(1996) 一文中对民族杂居地区的双语现象进行了关注；班弨、肖荣钦在《连南八排瑶语使用状况与语言接触情况》(2011) 一文中以教科文组织语言活力评估指标为依据，对八排瑶语的语言活力状况进行调查评估，结果表明，八排瑶语已经呈现活力不足的状况，并开始出现某些濒危的特征。畲语方面，陈延河通过对家乡惠东县畲族语言使用情况历时多年的追踪调查，发表成果《惠东畲族的语言转用简析》(2000)；王远新在《广东博罗、增城畲族语言使用情况调查——保护濒危语言的重要途径》（2004）一文中依据实地访谈和入户问卷调查获得的资料和数据，分析了畲族聚居地的语言使用现状、语言使用者的语言态度，进而探讨了畲语得以保留的原因；游文良、雷楠和蓝瑞汤的专著《凤凰山畲语》（2005）以及游文良的论文《关于畲族和畲族语言的思考》（2007）中，都对广东畲语的现状和发展提出思考；杨姝的《广东潮州凤凰山畲族语言现状与保护对策》（2010）通过考察凤凰山畲语濒临消失的生存状况，呼吁当前畲语研究应以保护与传承为第一要务，开展凤凰山畲语普查、开设多渠道学习和研究通道等一系列具体保护对策，并吁请各界加大保护力度。壮语方面，暂仅见经典、莫晓莹（2018）关于壮族青少年母语能力的研究。

从可查阅的国外文献看，一些学者在讨论瑶语、畲语的系属问题时，会对语言使用现状做一些简要的描写。如 Martha Ratliff（1998）提到："居住于广东的畲族与周边民族日渐融合，越来越多的畲族人使用客家话的一些变体进行交流，甚至在有些畲族家庭内部也使用客家话。"[①] 但是，针对广东省境内民族语言使用和保护的系统研究，国外暂未见到已经发表的成果。

综上可见，国内外有关广东世居少数民族语言使用现状的研究尚在起步阶段，且多为对个别聚居区的分散研究，暂不能从整体上反映广东境内民族语言使用状况，更难以从全局出发，提出切合实际、有时代性、针对性的语言保护策略。

第三节 调查取点和调查方法

一 调查取点

本课题的调查按照以下思路进行取点：

1. 广东省世居少数民族中，瑶族、壮族、畲族依然保留自己的民

---

① Ratliff Martha, "Ho Ne（She）is Hmongic：one final argument." *Linguistics of the Tibeto-Burman Area*, Vol. 21, No. 2, 1998, p. 97.

族语言。本课题即从这三个民族的主要聚居区进行取点。

2. 在居住的格局类型上,本课题统一选取民族聚居村落。该村一般应满足以下几个条件:(1)与中心城镇有一定距离;(2)相对较大,总人口在 300 人以上;(3)附近有民族学校。

二　调查方法

调查中主要采取了个案调查、问卷调查、人物访谈、语言能力测试等方法。具体如下。

(一) 个案调查法

为了调查民族语言使用现状,我们主要采用个案调查法。课题组进入某一村寨后,先选定自然村,再收集人口统计表,然后将每户家庭的姓名、年龄、民族、文化程度等条目逐一录入电脑。接着,课题组成员分别向村民们和村委会干部了解每个家庭各个成员的语言使用情况,包括第一语言和第二语言的使用情况。同时,还根据调查的目的和要求,安排一定比例的入户调查和访谈。

(二) 问卷调查法

为了全面掌握民族地区家庭内部语言使用情况,了解不同民族的人在不同年龄、不同职业的语言观念,在不同场合以及面对不同对象使用语言的具体情况,我们还发放了大量的调查问卷,进行随机抽样调查。我们使用的调查问卷主要有以下几个方面的内容:

①不同场合、不同对象语言使用情况调查表

②家庭内部语言使用情况调查表

③语言态度调查表

此外,我们还到该地区政府机构,民族学校,医院,集市等进行调查。观摩语码的转换方式和母语的使用情况。

(三) 人物访谈法

人物访谈法是国情调查的一个必不可少的方法。[①] 主要选取具有代表性的人物进行面对面的访谈。能够直接获取真实、有效的信息。在每一个个案调查点,本课题组均对不同性别、年龄、学历和工作背景的对

---

① 戴庆厦:《语言调查教程》,商务印书馆 2015 年版,第 225 页。

象进行了访谈。针对每种类型的访谈对象，课题组设计了与之相应的提问内容。但都包含以下几点：本人信息，家庭情况，语言使用情况，本人对母语和兼用语的看法，当地的语言使用情况等。

（四）语言能力测试法

为了在较短时间里有效地掌握某一民族不同年龄段人群的语言使用情况，课题组设计了"壮语/瑶语/畲语核心词汇测试表"。它是从两千多个常用词汇中挑选出来的。挑选的标准是：

基本词汇。如：自然现象类的天、地、月亮、星星、风等；动物类的鸡、鸭、鱼等；植物类的花、果、树等；身体部位类的眼睛、鼻子、耳朵、肩膀等；人物称谓类的男人、女人、孩子等；动词类的看、听、喝等；形容词类的轻、重、多、少等；颜色词类的红、黄、白等；数量词一至十；人称代词你、我、他等，以及疑问代词这里、那里等。

语言能力测试由测试员和测试对象一对一进行，每个词的掌握能力按 A、B、C、D 四级定级：

A 级：能立即说出

B 级：需想一想说出

C 级：经测试人提示后，测试对象想起

D 级：虽经测试人提示，但测试对象仍不知道

具体来说，A 级、B 级词是既能听懂又能说的词，两者区别在于是否能立即说出，即不同的熟练程度的区别；因此，A 级+B 级之和可以被认为是母语词汇总量的掌握和熟悉程度，是衡量母语能力高低的一个标准。而 D 级词汇为不会，即使提示也不能说出，其中还包括测试时用其他借词代替的词汇，D 级词汇能反映母语能力的弱项。所以，A 级+B 级之和与 D 级词汇量的对比，最能反映某个族群使用某种语言交际能力的高低。当 A 级+B 级之和的词汇量比 D 级词汇量多，表明掌握母语的词汇量多，使用该语言越熟练；反之，当 A 级+B 级之和的词汇量比 D 级词汇量少，那么表明掌握母语的词汇量少，使用该语言进行交际就越不熟练。

三 对于调查对象语言能力和年龄等级的划分

（一）语言能力划分

本调查根据调查对象的听、说能力，将民族地区少数民族包括母语、第一语言、第二语言等在内的语言能力分为三个等级：熟练、一般和不会。三个等级的划定标准为：

熟练：听和说能力俱佳；能够自如地在日常生活中运用该语言进行交际。

一般：听和说能力均为一般或较差，或听的能力较强，说的能力较差；日常生活交际以兼用语为主。

不会：听和说能力均较为低下或完全不懂；已转用或者兼用其他语言。

（二）年龄等级划分

依据语言能力的差异。本研究将考察对象的年龄段划分为三段：（1）青少年段（6—19岁）；（2）成年段（20—59岁）；（3）老年段（60岁及以上）。由于0—5岁儿童的语言能力不稳定，所以将统计对象中的青少年年龄划定在6岁之上（包含6岁）。成年段母语人年龄相差40岁，实际上涵盖了青年和中年两人年龄段。虽然这两个年龄段跨度较大，但该年龄段的母语人语言能力已经稳定，"代际性差异"不是很明显，因此不需要再进一步的细化。

第二章　广东境内世居民族语言生活个案研究

第一节　肇庆市怀集县下帅乡车福村的语言生活

一　下帅乡社会历史概况

（一）位置面积

下帅壮族瑶族乡位于广东省肇庆市怀集县西北部，北与连山县接壤，南邻中洲镇，西与冷坑镇交界，是壮、瑶、汉三个民族的集结地，是广东省7个少数民族乡之一，也是肇庆市唯一的少数民族乡。全乡总面积77.11平方公里，耕地面积5955亩；其中，水田4322亩，旱地1633亩；全乡山地面积5866亩，现有林地94098亩，活立木蓄积量27.6万立方米，森林覆盖率77.06%，林木、南药品种繁多，竹六村百年大杉、下帅单枞茶闻名遐迩。① 下帅壮族瑶族乡公路全覆盖，交通便利，距离怀集县城52公里，距离省会城市广州240公里，距离肇庆市131公里。

（二）地理气候

下帅乡地处粤西北五岭余脉，属于怀集县边远山区；境内多山地，山势险要，其中山地面积为5866公顷，森林资源丰富，山谷流水涓涓，数十条溪流源出群山深处，汇成下帅水，即怀集二十一水之一，水力资源十分丰富。下帅乡地处亚热带季风区，常年气候温和，日照充足，年均降水量为1820毫米，平均气温20.8℃；夏长冬短，雨量充沛，平均

---

① 下帅乡政府：《下帅基本情况简介》，内部资料，2016年，第2页。

年降雨量为1850毫米，土壤为红黄土壤。区内林地，水利资源优势明显，发展前景广阔。

（三）历史沿革

下帅乡具有悠久的历史，据怀集县志记载，下帅乡历隶怀集县辖区。明朝嘉靖元年（1522年）为下帅堡。清朝雍正九年（1731年）归属于五城司，为怀集北方六堡之一。民国六年（1917年）为下帅团，下设21个村。民国二十二年（1933年）改团为乡，成为下帅乡，21村合并为8村。1949年新中国成立，下帅乡解放。1950年，下帅乡归属第十一区管辖，原来8个村不变。1953年2月，下帅乡分为两部分，下帅一乡与下帅二乡。1958年9月，撤大乡建制，与连麦、中洲合并为红旗公社。1959年5月到1960年4月，成立下帅公社，之后并入中洲公社。1961年恢复下帅公社，下设车福、黄翰、竹六、东西、山奢5个生产大队。1983年设为下帅区，下辖原来5个生产大队。1984年2月10日，经广东省民族事务委员会批准成立民族乡，同年3月25日，5个生产队变为5个民族乡。1987年3月30日，下帅壮族瑶族乡正式建立，5个民族乡变为5个管理区。1990年将管理区改为村委会，沿用至今。

居住在下帅乡的壮族瑶族，因为历史变迁和地缘关系，历代迁徙繁衍，遍布全乡。据历史考查，从明朝正德初年，下帅乡的壮族瑶族便在此定居。根据对姓氏族谱、语言风俗的调查，下帅乡的壮族瑶族大部分来自广东连山县，一部分来自广东连南和广西贺县等地。属于壮族的姓氏有六个，分别是覃、韦、黄、莫、廖、陶。原瑶族的有两个姓氏，即沈、赵；瑶族先后有17支族系同样从广东连山和连南县、广西贺县等地迁来。表2-1为全乡历代从各地迁来壮族瑶族列表。

表2-1　　　　　　　　　　壮族瑶族迁徙

民族	姓氏	始祖	定居年代	来源	分布地点
壮	覃	父庄	明正德二年（1507）	广西贺县大宁	竹六元木村、车福上寨村、车村村
壮	单	应法	明嘉靖年间（1522—1566）	连山县加田镇	山奢区王挪村

续表

民族	姓氏	始祖	定居年代	来源	分布地点
壮	覃	余承	清乾隆初年（1736）	连山县加田镇	黄翰区龙惠村
壮	韦	杰秋	清顺治年间（1638—1661）	连山县小三江镇	车福区韦寨村
壮	韦	顺杨	清顺治年间（1638—1661）	连山县小三江镇	车福区上寨村、车村
壮	韦	彩样	清乾隆初年（1736）	连山福堂镇	黄翰区黄洞村
壮	韦	志荣	明嘉靖年间（1522—1566）	连山上帅乡	东西区冲口村
壮	韦	海隆	清顺治年间（1638—1661）	连山县小三江镇	竹六区橡木村（艮参寨）
壮	韦	永安	清康熙八年（1669）	连山县上帅乡	山奢区罗力村
壮	莫	道荣	清康熙初年（1662）	连山县福堂镇	车福区上寨村、陈友村
壮	莫	蒋番	清康熙初年（1662）	连山县福堂镇	黄翰区、黄洞村
壮	莫	现道	明万历年间（1573—1620）	连山县上帅乡	车福区车村
壮	黄	子齐	明万历年间（1573—1620）	连山县小三江镇	车福区枷榔村
壮	黄	其洪	清光绪初年（1871）	连山县上帅乡	东西区营后村
壮	陶	缘就	清康熙初年（1662）	广西贺县步头镇	车福区上寨村
瑶	赵	元科	明正德三年（1508）	连山县三水乡	东西区范浪村、山奢区下塘村
瑶	沈	德缘	明正德二年（1507）	连南县八排瑶	竹六区陈屋村、沙坪村

资料来源：中共怀集县下帅壮族瑶族乡委员会、怀集县下帅壮族瑶族乡人民政府编：《叠彩下帅》，广东旅游出版社2013年版，第18页。

上述史料充分证明，下帅乡自明朝正德初年，已有壮族瑶族在此定居，当时清朝处于盛期。下帅乡的地理位置特殊，地处两省三县的交界处；同时人口混杂，是壮、瑶、汉三个民族的汇聚地，因此成为历代统治阶级及起义军必争之地，历代遭受统治阶级的歧视，官匪压榨，幸存下来的壮瑶同胞饱经风霜。1949年下帅乡解放时，壮瑶同胞只有1830

人，其中，壮族1460人，瑶族370人，占下帅乡总人口的49%。新中国成立后过着稳定的生活。1988年批准确定少数民族身份为534人。1995年末统计，全乡9120人，其中，壮族4619人，瑶族981人，分别占下帅乡总人口的50.6%和10.7%。① 2012年末统计，全乡壮、瑶族人口约7500人，占全乡总人口的67%，比新中国成立初时的49%，提高了18%，其中壮族6290人，瑶族1130人，分别比解放初增长了2.4倍和1.8倍。②

（四）行政区划

下帅壮族瑶族乡辖车福、东西、黄翰、竹六和山奢五个行政村，一共30个村民小组。③

车福村位于下帅乡东北部，下辖6个村民小组，分别为车村、韦寨、珈琅、陈友、上寨、涂寨。全村有农户641户，总人口为2757人。耕地面积1129亩，其中水田820亩，人均水田面积为0.35亩；山地面积18960亩，人均山地面积为8.17亩。

东西村地处下帅乡西北部，全村有6个村民小组，分别为后村、冲口村、石脚村、范浪村、田心村、大村。总户数339户，总人口1569人。全村共有耕地1448亩，其中水田668亩，旱地780亩；林地16600亩，生态林面积3328亩。东西村村集体778.5亩，大村897亩，范浪村1153.5亩，石脚村499.5亩。

黄翰村位于怀集县西北部，与连山接壤，属于高寒山区，下辖6个村民小组，分别为中心、王洞、马屋、浪带、岭冲、龙锐。总户数为400户，现有人口2423人。村内有小学1所，卫生所3间。村内交通状况良好，"村村通"水泥路6条，总里程11.5公里，覆盖全村6个村民小组。黄翰村耕地面积200亩，水田面积950亩，山林19000亩。

山奢村委会位于下帅乡东南部，距离下帅墟8公里，下辖6个村民小组，分别为上塘村、下塘村、王挪村、日六村、罗力村、牛韫村。全

---

① 中共怀集县下帅壮族瑶族乡委员会、怀集县下帅壮族瑶族乡人民政府编：《叠彩下帅》，广东旅游出版社2013年版，第17页。

② 中共怀集县下帅壮族瑶族乡委员会、怀集县下帅壮族瑶族乡人民政府编，《叠彩下帅》，广东旅游出版社2013年版，第20页。

③ 下帅乡政府：《下帅基本情况简介》，内部资料，2016年，第7页。

村有农户 385 户,总人口为 1877 人。耕地面积 1071 亩,山地面积 11000 亩。全村已实现通电、通邮、通电话、通有线电视等,信息网络基本覆盖全村。

竹六村地处下帅乡西部,全村六个村民小组,分别为六桥、元木、陈屋、谭屋、杨达、沙坪;总户数 455 户,总人口 2404 人。耕地面积 1217 亩,其中水田 988 亩,人均耕地占有量为 0.51 亩,山地面积 1642.7 公顷,人均占有量为 0.69 公顷。竹六村建有六桥、沙坪、陈谭屋等自然村的硬底化公路,最远的杨达村小组也已实现通电、通电话。

(五) 人口民族

全乡下辖 5 个村民委员会,分别为车福、黄翰、山奢、竹六、东西村委会。境内居住着壮族、瑶族和汉族同胞。2016 年,全乡总人口 11623 人,其中壮族 6702 人,占总人口的 57.7%,瑶族 1332 人,占总人口的 11.5%,壮、瑶两族占全乡总人口的 69.2%。①

(六) 社会经济

下帅乡主要产业是农林业,主要以种植杂优水稻等粮食作物为主,粮食年总产量约 3736 吨,粮食自给有余,用以酿酒、发展禽畜等家庭经济,兼种番薯、花生、玉米、蔬菜等农作物。与此同时发展养殖业,主要是以养牛、养猪为主,兼养鸡、鸭、鹅和鱼等。林业方面,近山大力发展林业种植,现有乔木林、竹林 8.83 万亩,速生桉丰产林 3.64 万亩,生态公益林 7271 亩,八角 200 亩,单枞茶 500 亩,南药 150 亩;远山发展松脂林和封山育林,现有松脂林 0.9 万亩。

工业与第三产业发展比较缓慢,工业企业以资源型为主,木材加工企业 2 家、茶叶加工企业 1 家,小水电站 9 座。下帅乡从事商业的家庭为 60 多户,运输业为 50 多户,此外,还有从事餐饮、服务、建筑、装修等,从业人员达 300 多人。第三产业规模小、档次低、效益差,主要是一些小规模零售、餐饮业、服务业,远不能适应未来的经济发展需要,以及为当地老百姓的生产生活提供相应的服务。2012 年,全乡工业总产值为 5437 万元,占下帅乡总产值的 39.56%。全乡工农总产值 13997.43 万元,农村人均纯收入 4662 元,为全省少数民族地区人均收

---

① 下帅乡政府:《下帅基本情况简介》,内部资料,2016 年,第 11 页。

入较高的民族乡。

(七) 教育情况

下帅乡中心幼儿园和九年义务教育发展较好。目前全乡有九年义务教育制学校1所，下设小学教学点2个，乡中心幼儿园1所，成人文化技术学校1所。其中，下帅民族学校是肇庆市唯一的少数民族学校，创建于2000年5月，占地面积为53亩，学校现有26个教学班，包括东西教学点4个班，黄翰教学点3个班。全乡中小学教职工98人，幼儿园教职工30多人，下帅乡成人文化技术学校专兼职教师7人。在校中小学生1817人，其中初中生757人、小学生1060人，在园幼儿326人；小学儿童入学率、毕业率、初中入学率、正常流动率均达到上级的要求，教学质量得到进一步提升。毕业生遍布全国各地，大专以上的学历有200多人，其中本科以上有60多人。

二 下帅乡语言概况

据当地史料记载，自明朝时期，下帅壮族、瑶族、汉族三个民族之间已开始相互通婚，壮语、瑶语（勉语）和汉语同时使用。现在的下帅乡以壮语、汉语为主要通行的语言，大部分瑶族人已经不会说本民族的语言，汉语成为瑶族村寨主要的交流语言。究其原因，主要是瑶族人口比例较低，在通婚和杂居的过程中受周边民族影响较大。从明朝正德年间开始，瑶族沈姓和赵姓从连南、连山北部迁入竹六、东西两个管理区生活后，周围邻寨均是汉族同胞，汉语与瑶族语言深度接触。大部分瑶族年轻人娶了汉族媳妇，他们的后代便跟随母亲说了汉语。同样的情况也发生在被汉族村寨包围的壮族村落中。比如罗力村壮族的韦姓人家也全部转用了汉语。

但壮语并不是下帅乡的弱势语言，在下帅乡壮族和汉族杂居区域中，汉族和壮族都在学习并使用对方的语言。成长在单纯汉族家庭的人，也在大的语言环境中学习并掌握了壮语，在不同语域中自然地实现"壮—汉"自由切换。

三 下帅乡车福村壮族的语言能力现状调查

车福村是下帅乡的一个壮族聚居村寨，行政单位为下帅乡车福村委会，是下帅乡的五个行政村之一。车福村现有 6 个自然村，分别是韦寨、车村、涂寨、陈友、上寨和珈琅。车福村位于下帅乡东北部，是离下帅乡政府最近的一个行政村。车福村面积有 12 平方公里，全村现有 641 户，总人口 2757 人，壮族人口占 80%。

车福村有耕地 1129 亩，林地 8960 亩。车福村村民主要经济收入是种植业和养殖业，种植水稻、杉树、松树、桉树和养鱼、养猪、养牛等。其中种植杉树是村民的主要经济来源之一，种植面积达到 1000 多亩；村集体经济收入以车福村福龙电站、人造花厂及生态林为主。车福村的 6 个村民小组都铺设了硬底化村道，村内医疗卫生服务设施健全，建有卫生站 1 间。车福村家家户户都有电视机、摩托车，手机也是人人都用。有一半以上的家庭都接入了互联网。全村私人农用车、小汽车加起来有 400 多辆。40 岁以下的村民基本具有初中文化水平。

为什么选择车福村作为此次调查的个案，主要原因如下：（1）车福村位于下帅乡的东北部，是距离下帅乡政府最近的一个行政村；与其他较偏远村寨相比，车福村与外界交流相对较多，语言使用的场合和对象更为丰富，可观察性更高。（2）车福村是典型的壮族人口聚居村。村内有 80% 的人口是壮族，分布着李姓、韦姓、黄姓、莫姓、陶姓、覃姓、涂姓等壮族大姓。（3）有可考的迁徙历史。车福村壮族的迁徙路线非常明确。该村的壮族最早迁入的为覃姓，距今有几百年的历史。此后李姓和涂姓从冷坑迁来，黄姓和韦姓从连山迁来，莫姓和陶姓从广西迁来。

（一）车福村壮族的壮语能力抽样调查

实地调查显示，车福村壮族的母语能力保持在整体较高水平。不同性别、年龄、职业的壮族都能熟练掌握壮语。常年在外打工或者求学的人，回到家乡，也都自然地再转回使用壮语交流。壮语在壮族的家庭生活、日常生活、社会生活等各个方面，都发挥了很重要的作用；同时也成为维系壮族同胞之间民族感情的重要纽带。

为了深入了解车福村壮族母语使用情况，调查组随机抽取了 40 户（户主为壮族）的村民母语使用情况，共 175 人（除去两名学龄前儿童）。获得语言能力统计情况如表 2-2 所示。

表 2-2　　　　　　　　车福村上寨壮语能力统计

村寨名称	总人口	熟练		一般		不会	
		人口	百分比	人口	百分比	人口	百分比
车福村上寨	175	163	93%	10	6%	2	1%

从表 2-2 中,我们可以看出:

1. 车福村的壮族绝大多数人熟练掌握母语。壮语"熟练"比例高达 93%,这说明,在现阶段,壮语在车福村有着强大的生命力。根据我们入户访谈,调查了解,壮语是车福村的最主要的交际工具,无论是村干部,还是学成归来的大学生、回家乡创业的本地人,村民日常交际完全使用壮语。部分外地媳妇因为长期和壮族人生活,也基本掌握了壮语,适用于平时的交流,遇到不会表达的地方,才会转用汉语。

2. 仅个别特例壮语水平不高。壮语水平"一般"10 人,"不会"只有 2 人,两者占总数的 7%。我们对壮语水平一般或以下的家庭又做了单独的调查,发现这 7% 的壮语熟练水平以下的人,主要为外来人口。尤其是来自广西等其他地区的壮族人,仅仅是因为两地的壮语之间的方言差异,所以被认为壮语水平"一般"。两名"不会"壮语的均为长期跟随父母生活在外地的青少年。

为了了解不同年龄段母语的使用情况,我们将抽样的壮族人群按年龄分为 6—19 岁青少年段、20—59 岁中青年段和 60 岁及以上老年段三个年龄段分别进行统计。结果如表 2-3 和图 2-1 所示。

表 2-3　　　　　　　　不同年龄段壮语语言能力统计

年龄段	总人口	熟练		一般		不会	
		人口	百分比	人口	百分比	人口	百分比
6—19 岁	41	39	95%	0	0	2	5%
20—59 岁	114	105	92%	9	8%	0	0
≥60 岁	20	19	95%	1	5%	0	0

下面对图表具体情况进行逐一说明。

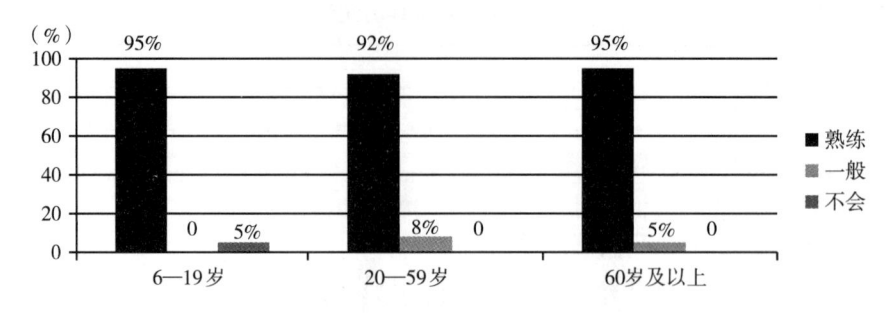

图 2-1　不同年龄段壮语语言能力柱状图

（1）6—19 岁壮族人的母语能力

表 2-3 和图 2-1 显示，6—19 岁的青少年熟练使用壮语的比例为 95%，"一般"级为无，"不会"级为 2 人，占比为 5%；说明绝大多数青少年都能熟练地掌握母语。

这个年龄段是三个年龄段中文化程度最高的，同时兼用汉语的人口比例也是最高的。但我们高兴地看到，对汉语的广泛兼用并未影响壮族青少年的母语能力。不会说壮语的莫某凡和莫某泽两兄弟，是因为从小跟随父母在东莞生活，失去了语言环境。据调查，凡是在车福村长大的壮族家庭儿童，第一语言均是壮语。此外，一些汉族家庭的孩子也在车福村这个壮语大环境中自然而然地习得了壮语。车福村李支书说，不管来自哪个民族，只要成长在村中，就从小会说壮语。

家庭和社区是壮族青少年习得、强化母语的重要场所，即使外出求学或者打工回来，他们在家庭内部依然要使用壮语。大学毕业回到家乡做医生的陶某汶说："我们这里几乎都是壮族，不说壮语会让别人觉得不好，给人的感觉就是不亲切，感觉比较高调，有距离感，人家就不太愿意和你说话。"此外，车福村的青少年语言的壮语水平的保持更得益于整个壮族聚居区的大环境。家庭和村寨的双重语言环境保证了青少年的壮语能力的发展。壮语在这一年龄段的青少年中依然保持着活力。

（2）20—59 岁壮族人的母语能力

在 20—59 岁年龄段中，"熟练"掌握壮语的比例为 92%，一般为 8%，不具备母语能力的人数为零。中青年的母语的使用情况主要有两个特点。一是母语的使用的能力略下降。中青年使用壮语，大多停留在日常交际上，对本民族的民歌民谣、民俗用语所知甚少。受访的韦某清表示，现在村中并没有太多有关壮族的民俗活动，在婚丧嫁娶中能见到长辈用壮语做一些仪式，但在这些仪式用语他们在多数情况下也听不懂。二是这个年龄段大多是熟练的"壮语—汉语"双语人，可以根据交际对象的语言能力自由地选择交际用语。总的来说，这个年龄段对母语的依赖性不及60岁及以上的老人强烈。

此外，20—59岁年龄段的时间跨度有40年，涉及中年和青年两代人，他们的母语水平会存在一定的差异，两组人群语言能力的差异主要表现词汇量上。在下文的词汇量测试中，将有更详细的论述。

（3）60岁及以上壮族人的母语能力

60岁及以上这一年龄段壮语的使用特点，是所有人都能熟练掌握母语，壮语几乎是他们唯一的交流工具，并存有母语单语人（如表2-4韦某梅一家）。这一年龄段的老人的文化程度低大多数为文盲或者初小，受教育水平影响了他们的汉语能力。在村寨的走访中，我们遇到的多数老人仅可以听懂一些白话，对普通话的听辨表现很吃力。壮族人在婚丧嫁娶、红白喜事、农耕生产、为人处事等大事小事，都有唱壮歌的传统，但这一传统在车福村仅存于60岁及以上的人群。

表2-4　　　　　　　　　　韦雪梅家庭语言使用情况

家庭关系	姓名	年龄（岁）	民族	文化程度	汉语水平	
户主	莫某栢	62	壮	小学	白话，熟练	普通话，一般
妻	韦某梅	65	壮	小学	白话，不会	普通话，不会
孙女	莫某凤	8	壮	小学	白话，熟练	普通话，熟练
外孙女	莫某莹	10	壮	小学	白话，熟练	普通话，熟练

总体上看，车福村壮族的母语能力在各个年龄段情况比较一致，熟练使用壮语的比例都很高。在双语人群中，包括儿童在内的各个年龄段第一语言均为壮语，没有出现转用语或者语言断层的现象。在族际婚姻中，壮语也很有活力。由于国家政策的鼓励，族际家庭的孩子户籍上都归入了壮族，并被从小教授壮语；不论是家庭内部还是外部，都为他们提供了一个良好的语言习得环境。受访者陈某曙说："我是汉族，但是爱人是壮族。因为国家对于少数民族有优惠政策，所以我的小孩都随母亲填报了壮族。家中有两个女儿，一个儿子。大女儿嫁给壮族，儿子娶的也是壮族媳妇。他们的孩子和他们一样会听也会说壮语。"

车福村壮族人熟练使用母语在壮语 203 个核心词测试中也得以体现。我们随机抽取了不同年龄段的 8 位壮族人进行了母语核心词汇量测试。203 个基本词汇的具体测试结果如下:

表 2-5　　　　　　　　壮语 203 个核心词测试结果

姓名	年龄（岁）	A 级	B 级	A 级+B 级	百分比	C 级	D 级	百分比
韦某始	9	86	0	86	42%	10	107	58%
莫某贤	14	137	21	158	78%	21	24	22%
韦某侣	29	181	4	185	91%	0	18	9%
梁某美	34	161	9	170	84%	1	32	16%
韦某兴	47	195	0	195	96%	0	8	4%
黄某富	51	180	6	186	92%	0	17	8%
韦某兰	63	179	7	186	92%	0	17	8%
陶某色	71	189	3	192	95%	0	11	5%

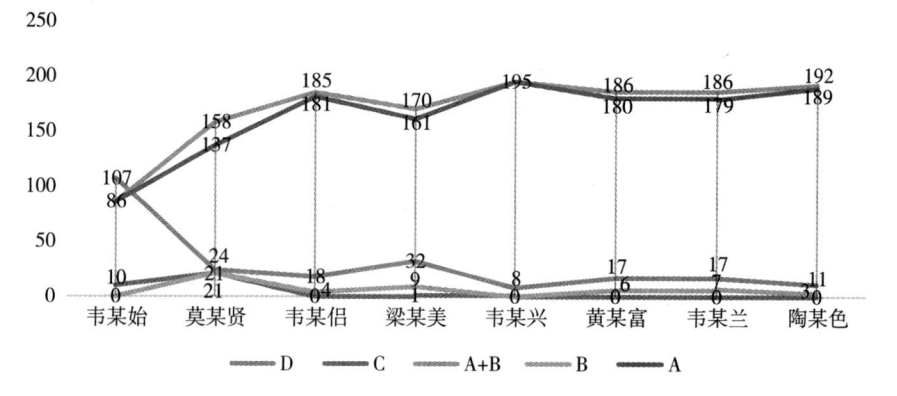

图 2-2　壮语 203 核心词测试结果折线图

表 2-5 和图 2-2 显示，以 A+B 的百分比来看，20 岁以上的各个年龄段在母语的词汇量测试中都有较好的表现。20—40 岁阶段略低于更高年龄段。但差距并不明显。20—40 岁段中，梁某美（34 岁）的词汇量相对较低，A 级+B 级占 84%。据了解，梁某美为广西壮族人，而广西和下帅乡的壮语又有差别，因此才在测试中有偏低表现，在她表示日常沟通对她来说并无障碍。20 岁以下韦某始（9 岁）A 级+B 级词汇量为明显较低，但根据与他的交谈发现，词汇量测试的结果一定程度上受到了他汉语水平的影响，他在日常的沟通中也可以自如地使用壮语交际。

综上，车福村壮族人总体的母语听说能力较强，壮语是车福村各民族共同使用的语言交际工具。壮语在当地仍具有很强的活力。

（二）车福村壮族兼用汉语的情况

1. 车福村壮族家庭汉语能力抽样调查

我们对车福村上寨的汉语使用情况也做了一定范围的调查。在车福村上寨，民族成分、地理位置以及临近周围村寨的语言不同，使不同家庭在汉语的使用情况上也存在着差异。调查组在调研时，汉语能力的调查既包含白话（粤语）也包括普通话。如白话和普通话中有一个为"熟练"水平，即计入汉语"熟练"范围；只有"白话"和"普通话"都是"一般"或者"不会"，才统计为汉语能力"一般"或者"不会"；如"白话"和"普通话"的语言能力情况不能统一，则取其中更高水平的一方来判定汉语能力。

根据调查结果（见表2-6），车福村汉语水平为"熟练"的人口占81%，"一般"级占18%，"不会"级仅占1%。两位"不会"汉语的壮族分别是65岁的韦某梅和刚刚6岁的莫某政。前者常年在家，与外界交流沟通较少，既不会普通话，也不会白话；后者上幼儿园较晚，母语熟练，白话和普通话都不太懂。总体来看，车福村的壮族居民多数都能兼用汉语。调查组在村中工作时，车福村壮族人见到我们都热情地用汉语和我们打招呼。

表 2-6　　　　　　车福村壮族汉语能力抽样统计

村寨名称	总人口	熟练		一般		不会	
		人口	百分比	人口	百分比	人口	百分比
车福村上寨	175	141	81%	32	18%	2	1%

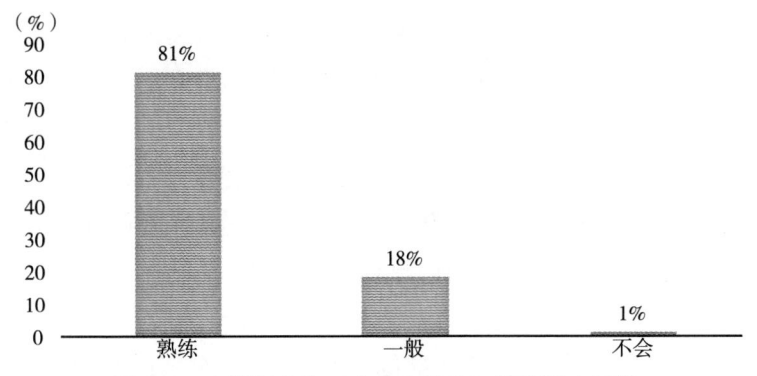

图 2-3　车福村壮族（户主为壮族）汉语能力统计

2. 车福村不同年龄段人群汉语能力情况

从年龄角度看，车福村壮族人的汉语水平有很大差异。集中表现在 6—19 岁青少年和 60 岁及以上老年人的汉语水平的落差。见表 2-7。

表 2-7　　　　　　　　不同年龄段汉语语言能力统计

年龄段	总人口	熟练		一般		不会	
		人口	百分比	人口	百分比	人口	百分比
6—19 岁	41	40	98%	0	0	1	2%
20—59 岁	114	97	85%	17	15%	0	0
≥60 岁	20	4	20%	15	75%	1	5%

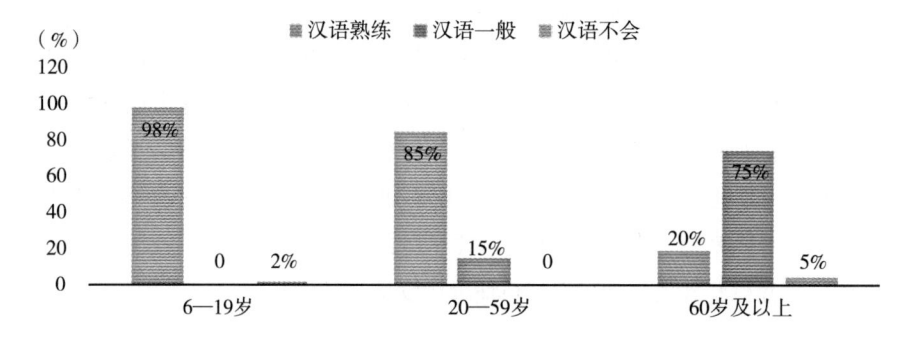

图 2-4　不同年龄段汉语语言能力统计图

表 2-7 和图 2-4 显示，6—19 岁青少年的汉语水平在三个年龄段中最高。汉语能力"熟练"程度达到 98%；"不会"者仅有 1 人，占 2%。主要原因，一方面是幼儿园和九年制义务教育的普及，孩子们从 3—4 岁起就接触并学习汉语；另一方面是青少年在学校读书和跟随父母外出时，都有更多的机会接触其他民族的同学，他们具有更多学习并使用汉语的场合和机会。车福村壮族初中生陈某玲告诉我们，她虽然从小和家人说壮语，但是学校经常可以听到别的汉族说白话，白话也是她最熟悉的语言之一。车福村初中生莫某祥说，因为妈妈每年暑假都会去广州打工，他也会跟着去，听到旁边的叔叔阿姨都讲白话，听得多了，自己也跟着说，在那里很快就学会了。

20—59 岁年龄段的汉语"熟练"程度为 85%。这一年龄段的壮族学习汉语的途径主要有两个：一是在下帅乡镇中心与汉族的接触。车福村距离下帅乡政府所在地较近，平时出门赶集比较方便，乡里的集市也会有外来商贩售卖货物，与这些商贩沟通就需要学习使用白话。车福村村民陈某妹说："我们平时如果需要买菜就去圩（菜市）里买，买家里的用品就在趁圩日（赶集日）买，在乡里一般讲壮语就可以了。如果遇到不会讲壮语的人，就和他讲白话。"二是外出打工的机会。由于与外界的汉族人交流，白话就说的很好。车福村村民莫某意告诉我们，他小时候在学校学了一些普通话，但是学得不好，也没有什么机会用，二十岁左右来到广州打工，听着别人说普通话，就跟着学习。现在虽然普通话不标准，但也能听懂。

60 岁及以上年龄段汉语"熟练"程度仅仅为 20%。课题组的实地走访也确认了这一点。当地 60 岁及以上老人中依然存在一部分单语人，有的汉语水平仅停留在打招呼阶段。这与他们日常生活仅局限于村寨内，与外界接触较少，使用汉语的机会不多有关。据车福村村支书李某香介绍，六七十岁的老人和长年在家务农的妇女都是汉语水平较低的主要人群。由于移动媒体和电视的普及，这些人虽然不会说，但还是可以听懂。

综上所述，车福村壮族汉语语言能力分布有以下几个特点：

（1）车福村壮族不同年龄段的人汉语使用情况存在差异。总的来说，汉语的熟练程度与年龄成反比。即年龄越大，汉语水平越低；年龄越小，汉语水平越高。

（2）车福村壮族人的汉语水平与接触汉族人或者汉语情况相关。接触汉族人或者汉语多，汉语水平高；反之，接触得少，汉语水平低。

（3）车福村壮族的汉语水平与受教育水平相关。从受教育程度来看，车福村壮族人汉语能力可以细分为多个层次。第一层，是在政府机关从事工作的壮族基层干部，他们的汉语熟练程度最高。汉语是他们日常工作的语言之一。在对车福村村支书李某香的采访中，我们问到"汉语和壮语哪一个更重要"时，他回答道："当然是白话，因为交流需要呀。懂白话可以出去做工、跟其他人交流，很方便。"第二层，是受过初中以上教育的壮族村民。他们可以根据不同的场合以及不同的对象在壮语和汉语间切换。但在汉语词汇丰富度和表达能力上较前一种稍低。第三层，是居住在离乡政府、集市较近的壮族人，以乡政府旁边的个体户经营者,如经营商店,超市,家庭餐馆的人。第四层,村内文化水平较低的壮族,尤其是60岁及以上的文盲老年人,大部分不会说汉语。

四 下帅乡车福村壮族不同场合的语言使用情况调查

语言的使用场合又称"语域"。在不同场合中,语言的选择和使用有不同的特点。下帅乡车福村是使用"壮语—汉语"的双语型地区。壮语和汉语的关系既有竞争的一面,又有和谐相处的一面;在不同的使用场合中,壮语和汉语既有分工,又有互补。不同场合和对象中语言的使用,主要取决于交际双方的语言能力和交际需要。下面具体分析一些主要场合中的语言使用情况与功能。

(一) 家庭内部用语

1. 单一壮族家庭

在壮族家庭内部,不论是长辈与晚辈之间的交流,还是同辈人之间的日常交际使用语言均为壮语。当地的壮族普遍对自己的语言有深厚的认同感,认为壮语是最重要的语言,也将世世代代流传下去。车福村的村民莫某稳说:"我的爸爸妈妈,我的媳妇都是壮族,我们全家都说壮话;我的四个孩子从小就教他们说壮语,最小的现在两岁半,就会说壮语了,让我很高兴。"尽管越来越多的人开始兼用汉语,壮族的年轻人也不断地去外地打工或者求学,但一旦他们回到村寨,也会立即转用壮语与所有人沟通。村干部李某香说:"我的孩子都在外地生活,在外地肯定都要说汉语的,但是他们回家时自然讲壮语啦"。可见,壮语在单一民族的家庭中,依然在被稳定地使用。

2. 族际家庭

从总体上看,车福村族际婚姻的家庭的语言主要分为"汉语+壮语"和单一壮语两类情况。前一种情况,主要见于家庭中某一成员来自其他民族,为了表示对他们的尊重,而选择他们在场的情况下用汉语交流。这种情况一般来说不会持续太久,等外来成员学会壮语后,家庭又会自然地恢复单一壮语的状态。车福村的整体壮语语言环境,给了汉族或瑶族人充分的学习机会。用当地人的话说,外面来的人"不用几年就可以把壮语学会了"。

我们采访到了一位车福村的瑶族村民陈某妹,陈某妹原本居住在竹六村，父亲和母亲是瑶族，他们日常使用竹六村的下坊话（汉语方言）和瑶语交流。后来陈某妹嫁到车福村，丈夫是壮族，就跟随丈夫学讲了壮语。作为瑶族人，她在日常生活中已经不再使用瑶语，而是更多说汉语（在外打工时）和壮语。陈某妹说："虽然我爸爸妈妈讲竹六村的话，不过我的孩子在车福村这里，跟爸爸的民族为壮族，我还是希望他讲壮语。现在他上学了，也希望他学好普通话和英语，以后找个好工作。"陈某妹作为瑶族，没有让孩子学习瑶语，而是支持孩子学习壮语。一方面是她包容与开放的语言态度的体现，另一方面也说明了壮族人对于壮语的强烈的语言认同，深刻地影响到家庭的每个成员。

陈某曙，也是居住在当地的土生土长的汉族人，由于妻子是壮族人，他也在与妻子的朝夕相处中学会了壮语，全家人都用壮语交流，只有出生在外地的小孙子还不太能说壮语，他表示也会鼓励父母去教。作为当地一位文化人，他主动承担起搜集整理壮语民歌方面的工作。学会壮语为他提供了极大的便利。不会壮文，他就将这些壮语歌谣用汉语记录下来。陈某曙在访谈中提到，下帅壮族人口多，大家日常都会使用壮语。他对壮族语言的未来很乐观。政府也积极组织民间艺术的收集，整理和出书，并提供一些平台给老百姓学习壮语和壮族文化，他非常乐意贡献自己的一分力量。

值得一提的是，车福村的瑶族家庭也会因为环境的影响而转用壮语。车福村村干部黄某富说："像我们村里姓涂的大多数是瑶族，他们中有的家庭内部会说瑶语，但是慢慢也跟我们改说壮语了。现在很多瑶族也不怎么说瑶语了。"

（二）公共场所用语

1. 集市和商店等场所

由于车福村没有集市，我们将对公共场所观察地点选择在离村口约1.5公里的下帅乡农贸市场和其附近的下帅民族文化广场。该市场位于一条主路的岔路口，是从乡里去各个村子的必进之路。下帅乡民族文化广场是乡里各个民族每逢节日举行活动的重要场所。例如三月三、四月八、龙王诞等。每当盛大的元宵节来临，下帅乡会有很多来自各个地方的人欢聚在一起，观看表演，庆祝节日。在平日里，民族文化广场也是大家茶余饭后聚集在一起娱乐的主要地点。

从对这两个主要公共场所的观察和走访中,我们能够确认的是,壮语是最常被使用的语言。如果双方都已知对方是壮族,那么一定会选择壮语进行交流。如果两者中有一方不是壮族,就取决于非壮族的一方是否会听和会说壮语,如果可以听说,那么依然用壮语交谈。有趣的是,如果壮族一方不会说,但能听懂汉语;而非壮族一方不会说,但能听懂壮语,那么,交际双方就会各自选择自己民族的语言来交流,互不干涉,相互配合,"双语"沟通很流畅。只有对方完全听不懂壮语的情况下,对话双方才会选择用汉语交流。

集市里的老板告诉我们,他们长期在这里做买卖,都会讲多种语言或方言。选择什么语言与顾客交流完全取决于顾客开口说什么。"他讲壮话我就跟他讲壮话,他讲白话他就跟他讲白话,他讲普通话也可以,我的普通话虽然不标准,但是也可以讲。"一位卖肉的人这样来描述他对语言的选择。

在集市旁,12岁的陈某玲帮助她的妈妈一起经营着一个小饭馆。访谈中,陈某玲告诉我们,她的爸爸是壮族,平时说壮语;妈妈是汉族,一般都和她说汉语。她从小就会两种语言。但因为饭馆里来往的客人大多都说壮语,所以陈某玲会代替妈妈和顾客交谈,还会用壮语帮助妈妈招揽客人,小饭馆生意也算红火。

2. 政府部门

针对政府部门的语言使用观察,我们选取了车福村村委会和下帅乡乡政府两个地点。车福村村委会的所有成员都是壮族,他们之间日常交流的语言以及和村民沟通的语言都是壮语。只有在正式场合,比如村委之间讨论村委工作时会用白话,村里开村民大会时,也会使用白话,在遇到老年人较多或者白话比较难表达的情况时,还会用壮语来解释。外人来访视对方背景使用白话或普通话。该村的村委成员的普通话水平都很流利。据车福村的村干部黄某富解释:"我们讲村委工作一般讲白话,领导开会一般也是讲白话啦,因为他们一般来自怀集县城——讲白话,所以我们也跟着;但我们同事之间,那就看他讲什么话啦,会讲壮语的我们一般讲壮语,有的不会就讲白话。"

下帅乡乡政府的干部也以壮族为主,还有少数的汉族和瑶族干部。壮族干部之间最常用的语言也是壮语。由于下帅乡壮族人口占57.7%,

壮族干部下乡时，多数时会用壮语和村民们交流，其次才用汉语。有些干部为了工作方便，还学会了使用瑶语。例如协助我们调查的乡政府工作人员韦某侣虽然是壮族，但是汉语和瑶语都说得很好。

下帅乡政府的工作人员中也有一部分非壮族，他们和壮族同事之间多数时候会用怀集本地方言交流。其中，有一位既不是少数民族，也不是本地人的汉族公务员，他和同事的交流用的是白话。对于乡政府陌生的访客，工作人员都会先用普通话询问其背景，再确认具体使用的语言。

总的来说，无论是在村委还是乡政府，工作人员普遍都有多种语言能力。大多都可以听说壮语，此外还会兼用普通话和当地汉语方言（客家话，标话，上坊话）。在日常沟通时，主要视对方的民族成分选择语言进行交流。但在正式会议场合，村委会选择用白话来宣传上级文件、政策，而乡政府则用普通话宣读。由于听众语言能力不一，壮语往往会被在宣读政策规定的场合用作翻译的工具。开会讨论环节依然多使用壮语，有时也会用到白话。

3. 学校用语

下帅乡已经建立了较为完善的九年制义务教育体系及学前教育。下帅乡3—4岁的小孩一般先在下帅乡中心幼儿园学习；然后根据离家的远近，选择下帅乡民族学校本部或者该学校在山奢村和东西村的两个教学点学习。小学读完后，学生会统一去下帅民族中学就读。学校开设的课程都是用汉语普通话授课，没有开设过壮语相关的课程。小学阶段，学生在普通话授课过程中遇到不懂的地方，老师会穿插壮语或者白话讲课，作为辅助性教学语言。这种情况在初中几乎不再出现。下帅乡民族学校德育处主任韦某元说："课上基本使用普通话，但是必要的时候也会穿插一些壮语，学生听起来就亲切嘛，老师讲着讲着课，用一两句壮语会引起他们关注。"

那么，母语为壮语的学生学习普通话的情况如何？根据老师们介绍，一些不会说当地汉语方言的壮族孩子，在学习普通话时，也有自己的优势。他们可以直接由母语转用到普通话，不会受到当地的汉语方言的干扰。老师们也一致认为，通过多年的观察，壮语作为母语并不会成为壮族孩子的学习障碍。

在学校环境下，老师们之间的沟通语言主要是汉语，这主要是由老师们具有不同的语言背景决定的。据下帅民族学校陈某翔主任介绍，学校的老师中，有20多个是壮族，10多个是瑶族，其他的老师大部分都是从外地来的，不太懂壮语，因此老师们之间用的最多的还是白话或者普通话。

在学生之间，课堂上的讨论仅使用普通话。课下壮语和汉语都会用。有些壮族的孩子刚来上学时，汉语能力相对比较差。但由于身边有很多汉族的同学，所以很快就会学会汉语。壮族学生间课下交流多用壮语，有其他民族的同学在场便改用汉语交流。总的来说，随着年级的增长，学生们都成为"壮语—汉语"双语人，并越来越多地使用汉语。尤其是讨论学习的问题时，他们认为使用壮语往往不易表达。

老师与学生之间，在课堂上都使用普通话；但在课下，老师与学生之间选择用哪种语言主要因人而异，学校也没有任何规定。相对来说，老师与学生之间讨论问题时更多用汉语，聊天时壮语和汉语都有；壮族老师在课下遇到壮族家长时，会说壮语，与非壮族家长之间说汉语。但在家访等比较正式的场合，还是使用汉语较多。据我们在校内时的观察，学生见到老师时，都是用汉语主动打招呼。

五 下帅乡车福村语言总体情况

通过对下帅壮族瑶族乡的田野调查和调研材料的梳理，总体上看，车福村壮族的母语能力在各个年龄段情况比较一致，熟练使用壮语的比例都很高。即使在双语人群中，包括儿童在内的各个年龄段的第一语言均为壮语，没有出现明显的语言转用或者语言断层的现象。在族际婚姻中，壮语也很有活力。车福村的大部分壮族能熟练地使用汉语或运用汉语进行简单的日常交际，双语人群的比例较高。

下帅乡是典型的多语多方言地区。我们在调研中深深感受到了各民族间友好、相互尊重的气氛。各民族都有平等使用自己的民族语言的权利，也往往能很好地兼用其他民族的语言。不同语言间各司其职，相互补充，共同构成了一个有机、相对平衡的语言生态系统。在这个系统中，一方面，处于同一文化环境中的各民族不断接受主流文化的同时仍然在继续发展、使用本民族的语言。这使壮语在未来一段时间内依然有较为乐观的保存空间。另一方面，虽然相对封闭、独立的民族聚居环境缓冲了外来文化所带来的影响，但随着我国现代化步伐的加快以及新媒体时代的加速发展，这种相对独立的乡镇生活局面最终会被打破。这种相对平衡的语言生态系统能否保持和延续，还要看壮族自身在新环境下的自我调节和适应能力。

第二节　连南瑶族自治县三排镇南岗村的语言生活

一　连南瑶族自治县人文历史概况

（一）人文地理

连南瑶族自治县位于广东省西北部，北回归线以北。北纬24°17′16″—24°56′2″与东经112°2′2″—112°29′1″之间。为山区，东北与连州市交界，东南与阳山县相连，南接怀集县，西邻连山壮族瑶族自治县，西北与湖南省江华瑶族自治县接壤。辖7个镇（三江、寨岗、大麦山、香坪、大坪、涡水、三排）71个村。连南县是广东省3个少数民族自治县中少数民族人口最多的县。县城设在三江镇。瑶族居住的地方占全县80%的面积。瑶族分布于占全县面积88%的山区，汉族分布于三江镇、寨岗镇等地，皆属平原丘陵地带，占全县面积的12%。据2018年人口统计，全县共有176067人，其中瑶族97723人，占总人口的55.5%；壮族1000多人；汉族7万多人，大部分为客家人。还有少量的回、满、黎、彝、土家、布依、朝鲜等民族。[①]

自治县境南北纵横距约71公里，东西最大距离约45公里。地势北、西、南高，东部低平。山脉多由北向西南走向。山体中上部亘连着数百座山峰，其中海拔1000米以上的高山有161座。连南属中亚热带季风湿润气候区，年平均气温19.5℃，气候温和怡人，平均年雨量1660.5毫米，雨量充沛且雨热同季。夏季盛行偏南风，冬季盛行东北风，因位于南岭山脉南麓，山区立体气候明显，高山与平地之间温差达

[①] 连南瑶族自治县人民政府网站：《连南概况》，2021年3月18日，http://www.liannan.gov.cn/zlln/lngk/index.html，2021年7月19日。

4℃—5℃。连南县的气候四季分明,夏长冬短,春秋过渡快,春季阴冷湿润,夏季炎热多雨,秋季凉爽风清,冬季寒冷干燥。①

(二) 历史发展

《隋书·地理志》载:"长沙郡又杂有夷蜒,名曰莫徭。自云其先祖有功,常免徭役,故以为名。"这里所说的"莫徭"所指为当今的瑶族。瑶族的名称最早见于《梁书·张缵传》:"零陵、衡阳等郡,有莫徭蛮者,依山险为居,历政不宾服。"由此可见,瑶族具有悠久的历史。经过长期的迁徙,到隋唐时期,已有一定数量的瑶族先民进入粤北地区居住。唐代诗人刘禹锡被贬连州时,曾写了题为《连州腊日观莫徭猎西山》的诗篇,反映了连州地区(连南当时属连州辖)瑶族人民的生产片断。阮元的《广东通志》卷二百三十二,也有这样的记载:"王睃永微初(650年)为连州刺史,民瑶安之。"到了宋代,在湘、桂、粤边境地区,形成了一个瑶族聚居的中心。《宋史·蛮夷列传》载:"庆历三年,桂阳监蛮僚内寇,诏发兵捕击之。蛮僚者,居山谷间,其山自衡州长宁县,属于桂阳、郴、连、贺、韶四州,环行千余里,蛮夷居其中,不事赋役,谓之徭人。"庆历年间,宋朝统治者不断发兵攻打这个瑶族聚居中心,湖南路兵马钤辖扬畋,又进一步把瑶族迫进韶州和连州的山区。明代,广东瑶族人口越来越多。据顾炎武《天下郡国利病书》记载,明代广东境内有瑶族的州县凡二十一,史籍关于连阳瑶族的记载屡见不鲜。连南瑶族,有排瑶和过山瑶之分,排瑶是因为瑶民习惯聚族而居,依山建房,其房屋排排相叠,形成山寨被汉人叫"瑶排",所以被称呼为"排瑶";过山瑶则因为其祖先以耕山为主,迁徙无常,"食尽一山过一山"而得名。排瑶分布居住的地方,在明代已经形成了"八排"。曾有"八排二十四冲"之称。排,即聚居数千人的大山寨;冲,即居住数百人以下的山村。到民国十七年(1928)时,据凌锡华的《连山县志》记载:"排之大者八,小者七,其冲一百七十三。属连山者五大排,三小排,一百二十大小冲;属连县者三大排,一小排,十三小冲;属阳山者三小排,三十四小冲。"新中国成立以后,人民政府为了改善瑶民的生活环境,逐年拨出专款,大批移民下山,排瑶大部分

---

① 连南瑶族自治县人民政府网站:《连南概况》。

迁离原居住地，到山下平地田峒的地方定居，六七十年代，分别归属白芒、九寨、南岗、三排、金坑、大掌、军寮、香坪、盘石等9个人民公社。80年代后，先后将人民公社改为区和乡、镇，排瑶人口主要分布在金坑、大坪、香坪、盘石、涡水、三排、南岗、大麦山镇内，部分分布在三江、寨岗等乡镇。

据连南的过山瑶的族谱记载，他们是二百多年前从广西和湖南迁来的，其语言、服饰和生活习惯，与湖南江华和广西贺州等地的瑶族相近，与排瑶则有较大的差异。过山瑶由于迁徙比较频繁，其村寨一般小而分散，一个村寨只有十几户人家，甚至有的只有三五户。新中国成立后，他们分别集中定居下来，现主要分布在寨岗镇山联的正坑、亩浪、新屋、长坑尾、白带、麦坳、红光、鹿暗、亚基寨、焦坪、板坳、凤坪、坑坪、对木冲等自然村以及白水坑、板洞、新寨、吊尾、石埂等村；大麦山镇的分别居住在黄连、塘凼等村，小部分分布在三江、寨岗等城镇。①

（三）社会经济

自乡村振兴战略实施以来，连南县以"生态与文化立县"为目标积极开展经济建设，大力扶持绿色产业。陆续引进茶叶、兰花种植、食用菌类等示范性产业助力产业扶贫。同时，该县全面打造发展全域旅游，突出民族特色，以文化旅游见长。通过上述政策以及一系列扶贫项目的支持，近年来当地企业不断扩大生产规模，提供更多的就业岗位以促进本县城乡劳动者充分就业、稳定就业。连南地区城乡居民生活水平稳步提升。

（四）教育发展

连南瑶族自治县中学教学点一共11个。乡镇中学规模小，城乡结合处学生较多、规模较大。按学制划分，其中九年一贯制学校7所，完全中学4所，职业技术学校1所。按民族区域划分，其中有6所中学为瑶区完全瑶族中学，两所瑶、汉中学还有3所汉区学校。

---

① 连南瑶族自治县人民政府网站：《连南概况》，2021年3月18日，http://www.liannan.gov.cn/zlln/lngk/index.html，2021年7月19日。

二 八排瑶族聚居村——三排镇南岗村概况

（一）人文地理情况

南岗村位于广东省连南瑶族自治县境内，该县城位于广东省的西北部。其东北部与连州市相交界，东南与阳山县毗邻，南部与怀集县接壤，西部紧挨着连山壮族瑶族自治县，西北处与湖南江华瑶族自治县相连。南岗村境内崇山峻岭，其均海拔 1000 米以上的高山大约有 160 余座。南岗村受三排镇管辖，毗连黄东坪村、横坑村、百斤洞村、油岭村。南岗村气候属于亚热带季风气候，温暖宜人，同时，南岗村是世界唯一的排瑶聚集地，聚族群居，排排相叠，错落有致，因此形成的村寨被汉族所称之为"排瑶"。其中，南岗千年瑶寨被誉为"中国瑶寨第一寨"。是连南最大、最古老、最具有特色的瑶族村寨。素有"首领排"之称，建于宋代，至今已有千余年历史，因此美其名曰："千年瑶寨"。南岗村全村总面积达 28.2 平方公里，耕地面积为 6142 亩，南岗村辖区内包含 8 个自然村，34 个村民小组、村民有 1598 户，总人口（2019 年最新数据）达到 5622 人，其中育龄妇女有 1686 人，已婚妇女 1046 人，党员 120 人，预备党员 4 人，全村贫困户有 109 户、276 人。先居住在村里的瑶族同胞主要有唐、邓、盘、房四个姓氏，他们传统的民俗活动"长鼓舞"被列为国家非物质文化遗产。

（二）文化教育

南岗村的教育以南岗中心学校为中心与重点。南岗中心学校是由创办于 1968 年的南岗中学与王东坪小学于 2007 年 8 月合并而成的一所九年一贯制学校。学校位于连南县三排镇南岗村，距离县城 20 公里。学校占地面积 25789 平方米，建筑面积 9783.4 平方米。校本部分中学部和小学部，开设九个年级，20 个教学班。同时辖管横坑小学、百斤洞小学、龙翔小学、油岭小学、油岭老排教学点、南岗教学点、牛栏洞教学点及镇中心幼儿园，全片共有中小学生 1696 人，其中中学部 511 人，小学部 298 人，村小学生 887 人，中心幼儿园 145 人，共有教职工 150 余人。学校教育以普通话为主，学校学生大部分为当地瑶族。

三　南岗村八排瑶语的使用现状

本章主要通过调查组实地调查的数据，分析南岗村八排瑶族人使用瑶语①的现状，考察八排瑶语在南岗村八排瑶族人语言生活中的活力。我们的调查覆盖不同生产小组、不同年龄段、不同场合、不同对象等多个方面。最后得出的结论为：现阶段南岗村八排瑶族人全民稳定使用八排瑶语，八排瑶语是南岗村民日常生活中最重要的交际工具之一。具体调查情况如下。

（一）南岗村瑶族语言能力抽样调查

南岗村分为八个自然村：王东坪、利高冲、拱桥洞、十二磅、天堂坳、牛栏洞、提高洞、大东坑，村委所在地在王东坪。我们抽样调查了利高冲第一、第二和第五生产小组，共110户村民的瑶语使用情况。调查对象是6岁以上（含6岁）、有正常语言能力（智障、聋哑人除外）的村民。② 调查结果统计见表2-8。

表2-8　　　　南岗利高冲生产小组瑶语使用情况

南岗利高冲 生产小组	调查对象 总人口	熟练		一般		略懂	
		人口	比例	人口	比例	人口	比例
第一生产小组	113	113	100%	0	0	0	0
第二生产小组	91	89	97.8%	2	2.2%	0	0
第五生产小组	164	160	97.6%	3	1.8%	1	0.6%
合　计	368	362	98.4%	5	1.3%	1	0.3%

表2-8统计数据显示，南岗利高冲三个生产小组村民的瑶语熟练使用率均达到97%以上，其中第一生产小组更是达到100%，由此可见南岗瑶族母语使用的全民性。

表2-8属"熟练"级的，表示能讲标准的南岗瑶语；属"一般"级的，南岗瑶语讲得不标准，但具备较强的南岗瑶语交际能力；属"略懂"级的，只会讲简单的日常会话，南岗瑶语交际能力较弱。下

---

① 这里的"瑶语"指瑶族勉语方言，遵循南岗瑶族对母语的习惯称谓以及一般语言学书的表述，本书将勉语统一称为"瑶语"。参见第一章第二节有关瑶族语言的论述。

② 由于6岁以下儿童的语言能力不稳定，因此将统计对象的年龄划定在6岁及以上。

面对这三个生产小组中一般与略懂南岗瑶语的情况加以说明。

（1）南岗利高冲三个生产小组中南岗瑶语属于"一般"级的有五位，且这五位都是从其他村镇嫁入南岗村的"外来媳妇"。分别是第47户的唐牙某二妹、第49户的唐水某三妹、第65户的唐四某沙、第93户的唐某妹、第96户的房某英。她们的第一语言都属于连南八排瑶语的某一土语，语音上和南岗瑶语有些许差异，但互相沟通并无障碍，因此她们在交际过程中使用母语为主。她们及家庭成员的基本情况见表2-9。

表2-9　　　　　南岗利高冲瑶语"一般"家庭情况

序号	家庭关系	姓名	出生年月	文化程度	第一语言及水平	第二语言及水平	第三语言及水平	备注
47	户主	唐亚某二贵	76/04	小学	南岗瑶语熟练	普通话熟练	客家话一般	在县城打工
	妻子	唐牙某二妹	80/08	初中	牛头岭瑶语熟练	普通话熟练	南岗瑶语一般	三排镇牛头岭村瑶族人
	长子	唐某飞	06/09	初中在读	南岗瑶语熟练	普通话熟练		
	长女	唐某新	08/11	小学在读	南岗瑶语熟练	普通话熟练		
49	户主	唐水某三妹	64/02	小学	大麦山瑶语熟练	客家话熟练	南岗瑶语一般	大麦山镇九寨村人，寨岗镇打工
	长子	唐某雄	90/04	初中	南岗瑶语熟练	普通话熟练	客家话熟练	
65	户主	唐某贵	76/01	初中	南岗瑶语熟练	普通话熟练	客家话一般	县城打工
	妻子	唐四某沙	78/05	小学	香坪瑶语熟练	南岗瑶语一般	客家话一般	香坪镇瑶族人，县城打工
	长子	唐四某一	02/03	高中在读	南岗瑶语熟练	客家话熟练	普通话熟练	在县城长大
93	户主	唐某明	74/04	高中	南岗瑶语熟练	普通话熟练	客家话熟练	南岗村委工作
	妻子	唐某妹	83/06	初中	油岭瑶语熟练	普通话熟练	南岗瑶语一般	三排镇油岭村瑶族人
	长女	唐某莲	04/09	初中在读	南岗瑶语熟练	普通话熟练		
	二女	唐某官	11/03	小学在读	南岗瑶语熟练	普通话熟练		
	长子	唐某昌	12/08	小学在读	南岗瑶语熟练	普通话熟练		

续表

序号	家庭关系	姓名	出生年月	文化程度	第一语言及水平	第二语言及水平	第三语言及水平	备注
96	户主	唐大某沙二妹	57/06	小学	南岗瑶语熟练	普通话一般	客家话一般	
	长子	唐某	86/12	初中	南岗瑶语熟练	普通话熟练	客家话一般	在外打工
	长媳	房某英	90/08	初中	吴公田瑶语熟练	普通话熟练	南岗瑶语一般	三排镇吴公田村瑶族人，打工
	孙女	唐某	11/02	小学在读	南岗瑶语熟练	普通话熟练		

（2）南岗瑶语属于"略懂"级的只有一位，即第五生产小组的盘某兴。盘某兴是湖南过山瑶族人，过山瑶语和八排瑶语差距较大，互相不能通话。盘某兴常年在外打工，因此学习南岗瑶语的机会不多，目前也只能不流利地讲一些简单的日常会话，平时和家人主要以普通话交流。他及家庭成员的基本情况见表2-10：

表2-10　　　　　南岗瑶语"略懂"家庭情况

家庭关系	姓名	出生年月	文化程度	第一语言及水平	第二语言及水平	第三语言及水平	备注
户主	盘某兴	73/10	小学	过山瑶语熟练	普通话熟练	南岗瑶语略懂	湖南过山瑶族人，在外打工
妻子	唐某妹	79/07	小学	南岗瑶语熟练	普通话一般	过山瑶语略懂	在家务农
长女	唐某粤	98/02	中专	南岗瑶语熟练	普通话熟练		县城上班
二女	唐某清	03/08	初中在读	南岗瑶语熟练	普通话熟练		
三女	唐某连	04/10	初中在读	南岗瑶语熟练	普通话熟练		
四女	唐某利	05/03	小学在读	南岗瑶语熟练	普通话熟练		
长子	唐某源	08/04	小学在读	南岗瑶语熟练	普通话熟练		

从表2-9、表2-10可看出，南岗瑶语属"一般"与"略懂"级的均不是南岗本地人，除盘某兴是湖南过山瑶族人外，另外的都是其

余村镇嫁过来的八排瑶族人。尽管以上人员南岗瑶语讲得一般,但这并未影响他们的后代熟练掌握南岗瑶语。第 65 户唐某贵沙的儿子唐某贵一从小在县城长大,但仍然能熟练掌握南岗瑶语。而南岗瑶语掌握程度最差的盘某兴,他的五位子女由于一直跟随母亲在南岗村生活,因此也都能说一口熟练的南岗瑶语。

在逐户调查过程中,我们发现利高冲生产小组有三点语言使用情况高度一致。一是无论哪个年龄段,只要是土生土长的南岗瑶民,均能熟练掌握南岗瑶语。上至 70 岁以上的老人,下至学龄儿童,他们的日常交际都是使用瑶语。二是所有南岗瑶民的第一语言都是南岗瑶语。在当下普通话高度普及的情况下,长辈们也依旧认为应该让小孩先学会瑶语,再慢慢学普通话。三是在外读书或打工的年轻人回到家乡后,仍然能流利地用瑶语和村民们交流,由此也可见母语地位的根深蒂固。

(二) 不同年龄段南岗瑶族人瑶语水平

为全面考察南岗瑶民的瑶语掌握水平,我们将调查对象分为四个年龄组:6—19 岁、20—39 岁、40—59 岁、60 岁及以上。在调查过程中,采取随机抽样的方式,对这四个年龄段的村民进行 200 核心词测试,考察他们的语言能力差异。在测试中,对调查对象每个词的掌握情况分为 A、B、C、D 四级:A 级为熟练型,表示听到汉语词后能迅速说出相应的瑶语词;B 级为亚熟练型,表示想一想后能说出瑶语词汇;C 级为非熟练型,表示要提示后说出瑶语词汇;D 级为不会型,表示即便提示了也说不出瑶语词汇。本书的第三章第一节将详细分析 6—19 岁年龄段的语言使用情况,这里主要分析 20—59 岁及 60 岁以上(含 60 岁)两个年龄段的 200 核心词测试情况。

1. 20—39 岁瑶语 200 核心词测试情况

表 2-11 20—39 岁瑶语 200 核心词测试情况

姓 名	年 龄	不同等级的词汇掌握数量				A 级+B 级类词比例
		A 级	B 级	C 级	D 级	
房某民	20 岁	120	2	24	54	61%
唐某霞	21 岁	191	7	2	0	99%

续表

姓　名	年　龄	不同等级的词汇掌握数量				A级+B级类词比例
		A级	B级	C级	D级	
唐某琳	23岁	189	6	3	2	97.5%
邓生某妹	27岁	161	20	4	15	90.5%
沈某驹	29岁	179	15	1	5	97%
邓某梅	30岁	166	25	8	1	95.5%
邓某明	32岁	189	4	1	6	96.5%
唐某燕	32岁	178	16	0	6	97%
盘某艳	32岁	180	10	10	0	95%
盘某钢	33岁	190	9	1	0	99.5%
盘某英	33岁	175	8	14	3	91.5%
房某龙	34岁	181	7	4	8	94%
唐某比	38岁	197	3	0	0	100%
唐京某一	38岁	192	3	5	0	97.5%
邓生某妹	38岁	180	14	5	1	97%
房某	39岁	189	2	8	1	95.5%

A级类和B级类的词是掌握能力较好的词汇，因此表2-11中A级+B级类词所占的比例在一定程度上能反映测试者对瑶语的掌握能力。如表2-11所示，20—39岁年龄段的南岗瑶族人除房某民外，A级+B级类词比例都在90%以上，且多数集中在95%以上。

房某民瑶语水平差是因为他从小在清远市读书，读书过程中主要使用普通话和粤语。初中毕业后，从事装修行业，在各地奔波，其间也多以普通话为交际用语。房某民家亲戚有很多族际婚姻家庭，他和外族亲戚们都是用普通话交流。长期在外生活的经历以及外族亲戚的加入让他长期脱离瑶语语言环境，这是导致其瑶语水平低的主要因素。另外，房某民也真诚地向我们表示，希望在学校能开设粤语培训班，以提高年轻瑶族人的社会适应能力。他说到，现在去清远市和广州市打工都要用粤语和别人交流，而不会讲粤语的瑶族人很难融入当地生活圈。从小在外地生活的他虽然不排斥讲瑶语，但认为粤语和普通话的实用性更强。

A级+B级类词比例偏低的还有邓生某妹和盘某英,她们两位都有外出打工的经历。邓生某妹之前在清远工作了六年,近两年才回到南岗做生意。而盘某英小学毕业后便去了珠三角打工,也是近年才回千年瑶寨做生意。测试200词时,她们的共同特点就是"缺乏自信",每遇一个不熟悉的词,总要问过旁人后才能确定。盘某英说到,她在外工作的十几年期间,回家次数以及和家人通话的次数都很少,在外打工的时候几乎不说瑶语,即使是同乡之间也较常以普通话交流。她也发现自己有些不常用的词汇会忘记如何表达,平时和别人交流的时候会偶尔混杂普通话,这也对她们的瑶语水平造成了一定的影响。

2. 40—59岁瑶语200核心词测试情况

表2-12　　　　40—59岁瑶语200核心词测试情况

姓　名	年　龄	不同等级的词汇掌握数量				A级+B级类词比例
		A级	B级	C级	D级	
邓某妹	40岁	188	5	6	1	96.5%
房某妹	42岁	193	6	0	1	99.5%
邓某贵	42岁	184	13	1	2	98.5%
刘某波	45岁	192	8	0	0	100%
房某妹	45岁	196	2	0	2	99%
邓生某妹	46岁	196	3	1	0	99.5%
邓某芳	47岁	187	9	3	1	98%
邓某春	47岁	150	19	30	1	84.5%
邓九某莎	47岁	183	5	11	1	94%
唐某九	54岁	193	7	0	0	100%
唐某	56岁	182	14	2	2	98%
夏某三	56岁	185	10	3	2	97.5%

如表2-12所示,40—59岁年龄段的人A级+B级类词比例总体偏高,唯一偏低的邓某春也是因为之前在广州工作了六年,对不常用的词有所遗忘。在测试过程中,一些词需问过家人后方能回忆起。他家人说到,邓某春平时和家人交流时并无障碍,但部分词一时想不起该如何表达。

3. 60 岁及以上瑶语 200 核心词测试情况

表 2-13　　60 岁及以上瑶语 200 核心词测试情况

姓　名	年　龄	不同等级的词汇掌握数量				A 级+B 级类词比例
		A 级	B 级	C 级	D 级	
唐某贵	64 岁	194	5	1	0	99.5%
邓火某中老	66 岁	193	6	1	0	99.5%
邓某民	68 岁	191	6	0	3	98.5%
邓莎某妹	70 岁	195	1	0	4	98%
邓八某三	79 岁	158	12	15	15	85%

如表 2-13 可知，60 岁及以上的瑶族老人的瑶语水平较好，这与他们长期在南岗村生活有密切关系，而且南岗村很多老人是单语人，即只会讲瑶语。79 岁的邓八某三从数据上看似乎是例外，但其实是因为调查过程中存在沟通障碍，老人对普通话的理解能力有限，不能准确说出相应的瑶语。在这种情况下，不能归结为其瑶语水平不高。

综上，南岗村三个年龄段瑶族人的瑶语水平总体偏高，而少数几位瑶语水平有所下降的人，都有着在外生活的经历，这说明瑶语水平与人们所处的语言环境息息相关。调查过程中，很多人都自信地表示，那些在外打工或学习的人回到南岗后肯定还会讲瑶语，他们自己的母语是不会丢失的。但我们在测试 200 核心词时发现，有打工经历的人与长期在南岗村生活的人相比，瑶语词汇量明显偏低。此外，我们还发现，在外打工后不仅会影响他们的瑶语水平，也会影响他们的语言态度。在做语言态度调查时，长期生活在南岗村的人会倾向于瑶语是最亲切、最好听也是最实用的语言。而有打工经历的人则倾向于粤语或普通话才是最好听或最实用的语言。语言态度的转变是否会影响未来几十年南岗村的瑶语使用情况，这是值得我们观察并思考的。

四　南岗八排瑶族人使用汉语的现状

南岗村瑶族人除了使用自己的母语外，大部分人都能兼用汉语。除了普通话，还有不少人会讲客家话和粤语，这是因为连南县城的汉语方言是客家话，而清远市的汉语方言是粤语。不同年龄段的人掌握普通话及方言的能力也不同,下文将根据不同年龄段和不同场合,考察南岗村瑶族人的汉语使用情况及其成因。

下面分别统计南岗村利高冲第一、第二、第五生产小组村民普通话、客家话、粤语的使用情况。统计数据如表 2-14 所示。

表 2-14　　　　　　　　南岗村普通话能力统计

年龄段	总人口	熟练		一般		不会	
		人口	比例	人口	比例	人口	比例
6—19 岁	99	95	96%	4	4%	0	0
20—59 岁	220	141	64%	74	33.6%	5	2.3%
60 岁及以上	49	3	6.1%	19	38.8%	27	55.1%
合计	368	239	64.9%	97	26.4%	32	8.7%

从表 2-14 可看出,南岗村瑶族人的普通话水平与年龄成反比关系。6—19 岁年龄段的人都是 2000 年后出生的青少年,这时学校已经大力推广普通话,因此入学后的青少年普通话水平基本都能达到熟练水平,除个别低年级学生还处于一般水平。20—59 岁年龄段的普通话水平与文化程度与工作经历息息相关,文化程度在初中及以上的人普通话均能达到熟练,有在外工作经历的人普通话至少也能达到一般水平,而不会讲普通话的都是文化程度较低且长期在家务农的人。60 岁及以上的人普通话水平明显低于其余两个年龄段,这是因为 20 世纪 60 年代前普通话还未推广,且南岗村 60 岁及以上的老人普遍文化程度较低,除个别长期与外界接触的人普通话能达到熟练水平。

表 2-15　　　　　　　　南岗村客家话能力统计

年龄段	总人口	熟练		一般		不会	
		人口	比例	人口	比例	人口	比例
6—19 岁	99	2	2%	7	7%	90	91%
20—59 岁	220	32	14.5%	179	81.4%	9	4.19%
60 岁及以上	49	5	10.2%	26	53%	18	36.7%
合计	368	39	10.6%	212	57.6%	117	31.8%

南岗村瑶族人的客家话水平高低取决于他们和县城汉族人的接触频

率。连南县城的汉族人多数是客家人,县城内通行客家话,因此长期居住在县城内的人客家话能达到熟练程度。由表2-15统计数据可知,6—19岁的青少年客家话水平不高,这是因为他们幼儿园到初中都在南岗村上学,直到高中才到县城读书,但高中校园里大家都讲普通话,所以他们接触客家话的机会很少。有两位青少年的客家话很熟练,是因为他们从小在县城生活,自然也就习得了客家话。20—59岁的人,是在外工作的过程中接触到客家人后才学会讲客家话,如果是长期在县城打工的人则客家话能达到熟练程度。60岁及以上的人客家话能达到熟练或一般是因为经常需要到县城做买卖,南岗村和三江镇都没有集市,因此村里老人经常需要到县城赶集,长此以往便慢慢学会了客家话。

表 2-16　　　　　　　　南岗村粤语能力统计

年龄段	总人口	熟练		一般		不会	
		人口	比例	人口	比例	人口	比例
6—19 岁	99	0	0	5	5%	94	95%
20—59 岁	220	14	6.4%	115	52.3%	91	41.4%
60 岁及以上	49	0	0	2	4%	47	96%
合计	368	14	3.8%	122	33.2%	232	63%

如表2-16可知,南岗村瑶族人的粤语水平明显低于普通话和客家话,主要是因为使用粤语的机会较少,只有在清远市或珠三角打工时才需要讲粤语。村里打工者的年龄集中在20—59岁,因此,他们的粤语水平比其余年龄段的人高。青年人当中,除几位初中毕业后就在外打工者会讲一点粤语,其他人还未具备粤语听说能力。大部分老年人的活动范围仅限于连南县内,外出机会少,粤语水平也较差。

综上可知,南岗村瑶族人的整体汉语水平为普通话最高,客家话次之,粤语最低。其中,会讲普通话的人更是达到了91%,随着普通话的推广,年轻人掌握客家话和粤语的能力也渐趋下降。总体而言,南岗村全民使用瑶语的同时也广泛兼用汉语。

五　南岗村不同场合语言使用情况

南岗村瑶族人广泛兼用汉语的现象也可从不同场合语言使用情况中

得到应证。我们随机调查了不同年龄段的 8 位村民，并统计出他们不同场合的各种语言使用次数，从而得出表 2-17 数据。（每人每个场景可以勾选不止一种语言或方言，表格中的数字是该语言被勾选的次数）

表 2-17　　　　　　　　不同场合语言使用情况

交际场合		瑶语	普通话	客家话	粤语
见面打招呼、聊天	瑶族人	8			
	汉族人		6	2	
	陌生人		7	1	
生产劳动		6	2		
买卖看病开会	村里	8			
	镇上	6	6	3	
	县城		7	6	
	市区		8		1
学校	课堂用语	4	8		
	课外用语	4	6		
节日/集会		8			
婚嫁/丧葬		8			
合计		55	50	12	1

由表 2-17 可知，这 8 位村民使用次数最多的是瑶语，其次是普通话。在村里，大家都使用瑶语，而在镇上或县城则使用普通话或客家话，青少年到了镇上、县城、市区都习惯讲普通话。由此可见，为了满足不同场合交流的需求，也促使南岗村瑶族人掌握汉语。关于"认为学好汉语最主要的目的"的调查，有 55% 的人认为是"方便与汉族人交流"。另外，我们还调查了 30 位只会讲瑶语的单语人，其中有 25 位表示迫切希望自己能学会汉语，因为学好汉语后在外才能和汉族人沟通。因此，语言态度也是南岗村瑶族人广泛兼用汉语的重要原因。

六　八排瑶语和汉语在南岗瑶族人社会生活中的使用功能

由上文可知，南岗村瑶族人都广泛兼用汉语，南岗村民对汉语的态度是顺应、接纳的。如果双方都是瑶族人且都熟练使用瑶语，则使用瑶语交流，如果一方是瑶族人，另一方是不会讲瑶语的外族人，则选择汉语交流。这正如村民们所说:"我们是见什么人说什么话。"选择什么语言,往往遵循顺应原则和礼貌原则,依据交际对象的语言能力和交际场所而定。以下分析一些具体场合中的语言使用情况。

(一) 家庭内部

族内婚姻家庭以瑶语为主。长期以来,由于南岗村地形闭塞,村民与外界接触较少,因此村里以族内婚姻家庭为主。在族内婚姻家庭中,无论哪个年龄段的瑶族人在家都用瑶语交流,小孩从小接触最多的也是瑶语。随着时代的发展,一些年轻父母也有意识地在小孩入学前教他们讲普通话,以让小孩顺利适应学校课堂教学。而父母均在外打工的小孩学习普通话的机会相对较少,普通话水平也较低。

族际婚姻家庭一般使用"瑶语—汉语"双语。随着村里打工潮的兴起,很多年轻人初中毕业后就到珠三角打工,这一形势也导致近几年村内族际婚姻家庭的增加。刚开始到南岗村生活的外族人只能用普通话和家人交流,随后在南岗生活了几年也能学会瑶语。族际婚姻家庭的小孩同时学普通话和瑶语,一般是爸妈会教他们讲普通话,爷爷奶奶教他们讲瑶语。另外,族际婚姻家庭的小孩需要用普通话和外族亲戚交流,因此他们使用普通话的场合比其他小孩多。如邓某杰的爸爸是瑶族人,妈妈是壮族人,他会讲普通话和瑶语,但他认为自己比较擅长普通话,因为平时更常用到普通话。

(二) 学校

南岗村的学校有南岗中心幼儿园和南岗中心学校。南岗中心学校包括小学部及初中部,南岗村的小孩4岁开始上幼儿园,幼儿园的老师大部分是附近的瑶族人,因此课堂上采用的是瑶语和普通话双语教学。这里的小孩第一语言多数是瑶语,很多父母在外打工的小孩只有上了幼儿园后才真正开始学讲普通话。有些学生到了一年级仍未能熟练掌握普通话,因此南岗中心学校一年级的老师也会适当地使用瑶语辅助教学,到二年级后就只用普通话教学。

学校目前有800多名在校生,除3名汉族学生外,其余都是瑶族学生。课上学校规定老师和同学都必须使用普通话,课外则无语言使用规定。学生们在课外习惯用瑶语交流,不会讲瑶语的外族学生为了融入集体,时常会让瑶族同学教几句简单的瑶语,瑶族学生也很乐意当他们的

"瑶语老师"。学校有 29% 的外地教师,他们主要来自江西、广西、湖南、湖北等地。出于职业习惯,老师们之间习惯用普通话交流,学生和外族老师交谈时也使用普通话。平时学校内部开会都是使用普通话,而开家长会的时候,考虑到有些学生的爷爷奶奶普通话理解能力有限,因此在会上使用瑶语。

(三)村委、商铺

南岗村村委目前一共有 8 位工作人员,除下乡负责扶贫工作的驻村第一书记不是瑶族人外,其余村委干部都是南岗村瑶族人。平时村委开会时,一般使用瑶语,但由于驻村第一书记不会讲瑶语,因此他在场的时候,则使用普通话。南岗村村民来村委办事时,瑶族工作人员都用瑶语和他们交流。村委工作人员的学历都是初中及以上文凭,因此他们至少能熟练掌握瑶语和普通话,有几位还会讲客家话或粤语。在调查过程中,工作人员和我们用普通话交流,但有当地人来访时,则立马转用瑶语和他们交谈,如果有镇政府工作人员来访,则互相用客家话交流。

南岗村的商铺集中在村委四周,有简易的早餐店、肉店等,每日清晨也会有村民在村委门口摆摊卖蔬菜。这些店铺的老板都是南岗村本地人,和客人们都是用瑶语交谈。南岗村最大的杂货铺开在南岗村邮局对面,这是南岗村中小学学生放学回家的必经之地,因此每到放学便是店里生意最好的时候。杂货铺的老板也是本地人,学生买东西时都跟老板讲瑶语。如果有汉族顾客来访,老板便用普通话和顾客交流。

(四)节日、婚丧

排瑶比较隆重的节日主要有"耍歌堂""开耕节""起愿节""开唱节"等,其中最为盛大的节日当属"耍歌堂"。"耍歌堂"是排瑶以祭祖和欢庆丰收为主要内容的宗教节日,活动时间为三至七天。在这期间,瑶族人会进行长鼓舞、打铜锣、吹牛角等比赛,唱《盘王歌》《历史来源歌》《生活规范歌》等。[①] 此外,各家各户还备有猪肉、豆腐、烧酒、糍粑等食物,自用和招待客人。在节日宴席上,大家敬酒、聊天时都是使用瑶语。

[①] 连南瑶族自治县地方志编纂委员会:《连南瑶族自治县县志》,广东人民出版社 1996 年版,第 667 页。

排瑶的婚俗要经历订婚、认亲、择日、送嫁、迎亲、喜宴等程序，整个婚礼过程中有一位重要参与人，即排瑶村寨的"先生公"（排瑶宗教活动主持者）。在出嫁当天，女家要请"先生公"在厅堂前念瑶经，并在新娘出门时交给新娘一把"僻邪"的油纸伞。新娘进男家大门前，还要请"先生公"在门口念完"僻邪经"，新娘才由媒人领进男家大门。排瑶的结婚喜宴设宴三天，其间新娘由新郎母亲带领介绍亲戚朋友认识，喜宴整个过程都是使用瑶语为主。

排瑶的葬俗也需要请"先生公"念经，如死者出殡前一天晚上，零时至五时许，"先生公"要在灵堂为死者举行"打斋"仪式，还要给死者取谥名，俗称"法名"。[①] 课题组在调查期间，偶遇了一场葬俗仪式，可以观察到，在整个葬俗的过程中，瑶族人除了招待外族来客外，在其他场合都只使用瑶语。

（五）景区

南岗千年瑶寨有着"世界瑶族第一寨"的美称，现在是国家4A级旅游景区。每年的盘王节是千年瑶寨最热闹的日子。过节的这几天游客如云，当地瑶族人会在千年瑶寨"歌堂坪"唱瑶歌、跳长鼓舞、吹牛角等。现在，大部分年轻人都不会唱瑶族歌曲，而景区为传播瑶族歌曲提供了一个平台，也能吸引更多年轻人学习瑶歌。现在千年瑶寨里还住有村民，互相之间用瑶语交流。近年来，由于千年瑶寨知名度渐高，吸引了各地游客前来观赏，村民们为方便和外地游客交流也自学了汉语。景区里面做生意的老人能用客家话、普通话和游客简单交流，年轻人则习惯使用普通话。

七 南岗村瑶族语言的总体情况

南岗村八排瑶族人全民稳定使用八排瑶语，八排瑶语是南岗村民日常生活中最重要的交际工具之一。各个年龄段的瑶族人在语言能力上的差异不明显，青少年在词汇的掌握上稍显不足。在兼用语方面，南岗村瑶族人的整体汉语水平为普通话最高，客家话次之，粤语最低。其中，

---

① 连南瑶族自治县地方志编纂委员会：《连南瑶族自治县县志》，广东人民出版社1996年版，第679—682页。

会讲普通话的人更是达到了 91%，随着普通话的推广，年轻人掌握客家话和粤语的能力也渐趋下降。总体而言，南岗村全民使用瑶语的同时也广泛兼用汉语。

南岗村瑶族人的语言生活方面，瑶语和汉语在不同的场合中会有不同的侧重，总的看来，瑶语和汉语的关系基本是和谐的。在家庭内部、族内节日与集会中，瑶语的语言功能价值高于汉语，因此瑶语是他们的首选。但在学校和与非瑶族人交际时，汉语的功能高于瑶语，这时汉语便成为第一选择。随着旅游经济的发展，汉语与游客之间的交际功能凸显，附着在汉语上的经济价值使部分瑶族对于汉语的认可稍高于瑶语。

第三节　惠州市博罗县嶂背畲族村的语言生活

一　博罗县横河镇嶂背村畲族概况

博罗县位于广东省中部偏南，珠江三角洲东北端。东北接河源市的东源县和紫金县，东南与惠阳市相连，南隔东江与东莞市相望，西连增城市，北临龙门县。据博罗县志记载，博罗县总面积 2870.5 平方公里，人口 679587 人。[①] 早在公元前 214 年就设置了博罗县，属南海郡，至今已有两千多年的历史。

横河镇位于博罗县的西北部，东与柏塘、响水两镇相邻；南与长宁、湖镇两镇接壤；西、北均与龙门县交界。横河镇地处于罗浮山东北麓，属罗浮山山脉、"珠三角"内边缘山区，是罗浮山和南昆山中间的一个重要驿站。全镇共有 19 个村，户籍人口 2.8 万人，辖区总面积 240 平方公里，其中山地面积 193 平方公里，耕地面积 25.3 平方公里。

千百年来，嶂背畲族依山而居，刀耕火种、采果狩猎，民族聚居的形式让他们自给自足。因为与外界接触少，村寨内讲畲语沟通能满足日常生活的需求。20 世纪 50 年代，在政府的帮助下畲族逐渐搬迁到平地区居住，大环境的改变，让嶂背畲族的生活也发生了很大的改变。因为迁徙下山，嶂背畲族渐渐要融入所在的汉族村落，嶂背畲族成为博罗县

---

① 博罗县地方志委员会编：《博罗县志》，中华书局 2001 年版，第 132 页。

横河镇唯一的少数民族聚居村寨,因为跟周边的汉族地区所讲的本地话、客家话、平婆话、白话不一样,嶂背成为真正的"语言孤岛"。在搬迁后的几十年中,畲族人因为生活工作所需,渐渐学会当地的汉语。

二 嶂背村畲族母语使用情况

(一)嶂背村畲语使用总体情况良好,但不同自然村之间差异明显

嶂背村一共有三个自然村。分别是新屋、大板田和新塘。课题组首先对三个村的畲语总体使用情况进行了穷尽式的调查。结果显示,嶂背村畲族基本掌握畲语人数为345人(包括表2-18的"熟练"和"一般"),占总调查人数的78.76%,不会讲畲语的人数为90人,占总调查人数的20.54%。从数据统计上来看,嶂背畲族母语掌握情况整体良好。

表2-18 各自然村畲族母语使用情况统计

村寨名称	总人口	畲语熟练		畲语一般		畲语不会	
		人口	百分比	人口	百分比	人口	百分比
新屋	156	125	80.13%	14	8.97%	17	10.90%
大板田	171	92	53.80%	13	7.60%	66	38.60%
新塘	108	86	79.63%	15	13.89%	7	6.48%

但对比三个村的具体数据,畲族人母语掌握程度在三个自然村的情况并不一致。

从"畲语熟练"程度看,掌握程度较高的是新屋,占该村总人口的80.13%,其次是新塘79.63%,最低的是大板田53.80%。从"畲语不会"的人数比重看,大板田母语不会的人口比重为38.60%,其次是新屋10.90%,最低的是新塘6.48%。总的来说,大板田村的畲语使用情况明显比另外两个村寨差些,原因何在?经过分析发现,这与村寨所处的地理位置和跨族际婚姻比例较高有关。大板田处在嶂背村三个自然村中间位置,邻近有丁子坑、高屋村等汉族村落,村里的畲族村民经常跟附近的汉族村落有密切的往来。跨族际的婚姻对大板田畲语的影响也非常大。家在高屋村的汉族媳妇刘某花在访谈时说道:"我就是隔壁村嫁过来的,其实住在大板田的畲族跟我们汉族没有什么差别,他们都会讲

客家话，我们沟通是没有问题的，而且我也能听得懂一些畲语。"据我们调查的数据显示（见表2-19），大板田一共有58户畲族家庭，其中族际婚姻家庭有40户，全部为妻子一方是汉族。占总户数的68.97%。因为与汉族的关系比较密切，母语的使用也会受到影响。

表2-19 大板田族际婚姻统计

序号	家庭关系	姓名	性别	年龄	民族	文化程度	职业
1	妻子	张某婷	女	33	汉	大学	务工
2	妻子	罗某婵	女	52	汉	初中	务工
3	妻子	刘某香	女	51	汉	小学	务工
4	妻子	刘某群	女	75	汉	小学	务农
5	妻子	官某珠	女	40	汉	初中	务农
6	妻子	陈某贤	女	67	汉	初中	退休
7	妻子	黄某好	女	52	汉	小学	务农
8	妻子	邓某妹	女	51	汉	小学	务工
9	妻子	邓某娣	女	49	汉	小学	务农
10	妻子	陈某莉	女	48	汉	大学	务工
11	妻子	廖某莲	女	65	汉	小学	务工
12	妻子	贺某连	女	42	汉	小学	务农
13	妻子	黄某玲	女	62	汉	小学	其他
14	妻子	钟某婵	女	41	汉	小学	务农
15	妻子	谭某连	女	36	汉	初中	其他
16	妻子	姚某兰	女	53	汉	小学	务农
17	妻子	李某孺	女	32	汉	初中	务工
18	妻子	李某炼	女	38	汉	初中	务农
19	妻子	张某玉	女	36	汉	初中	其他
20	妻子	张某娟	女	35	汉	大学	其他
21	妻子	陈某花	女	34	汉	高中	务工
22	妻子	刘某花	女	31	汉	初中	待业
23	妻子	黄某娣	女	45	汉	小学	务工
24	妻子	周某芳	女	24	汉	初中	待业

续表

序号	家庭关系	姓名	性别	年龄	民族	文化程度	职业
25	妻子	叶某贵	女	49	汉	小学	其他
26	妻子	陈某颜	女	35	汉	高中	其他
27	妻子	李某香	女	43	汉	初中	务工
28	妻子	李某双	女	40	汉	初中	务工
29	妻子	商某燕	女	29	汉	高中	其他
30	妻子	刘某清	女	76	汉	小学	务农
31	妻子	谢某兰	女	35	汉	初中	务工
32	妻子	黄某兰	女	51	汉	小学	务农
33	妻子	李某如	女	52	汉	小学	务工
34	妻子	钟某霞	女	57	汉	初中	务农
35	妻子	黄某群	女	55	汉	初中	务农
36	妻子	朱某英	女	51	汉	小学	务工
37	妻子	洪某带	女	48	汉	小学	务工
38	妻子	莫某燕	女	40	汉	初中	务工
39	妻子	吴某婷	女	29	汉	大学	教师
40	妻子	杨某梅	女	26	汉	大学	务工

(二) 畲族不同年龄段母语使用情况存在差异

为了了解不同年龄段母语的使用情况,我们将嶂背村三个自然村(新屋、大板田、新塘)的调查群体按年龄分为老、中、青、少年、少儿五个年龄段,分别是少儿段6—13岁、少年段14—19岁、青年段20—39岁、中年段40—59岁、老年段60岁及以上。具体分析如下。

1. 60岁及以上

表2-20　　　　　　老年段母语语言能力统计

调查点	总人口	畲语熟练		畲语一般		畲语不会	
		人口	百分比	人口	百分比	人口	百分比
新屋	18	18	100%	0	0	0	0
大板田	14	12	85.72%	0	0	2	14.28%

续表

调查点	总人口	畲语熟练		畲语一般		畲语不会	
		人口	百分比	人口	百分比	人口	百分比
新塘	10	9	90%	1	10%	0	0
总计	42	39	92.86%	1	2.38%	2	4.7%

调查可见，对母语的熟练掌握是嶂背村畲族 60 岁及以上这一年龄段最显著的特点。唯一一位"畲语一般"的老人，是大板田村 70 岁蓝某波。据我们走访了解到，老人小时候走丢在湖南生活了 16 年，后来被家里人找回来，从那以后才开始学习畲语。后来又长住外地，所以语言能力一般。

2. 40—59 岁

表 2-21　　　　　　　　中年段母语语言能力统计

调查点	总人口	畲语熟练		畲语一般		畲语不会	
		人口	百分比	人口	百分比	人口	百分比
新屋	38	38	100%	0	0	0	0
大板田	45	40	88.89%	0	0	5	11.11%
新塘	28	27	96.43%	1	3.57%	0	0
合计	111	105	94.59%	1	0.9%	5	4.5%

这一年龄段"畲语熟练"比例占 94.59%，说明畲语在 40—59 岁的中年段依然有良好的保存。仅有 5 人处于"畲语不会"的类别。课题组对这五人家庭语言环境的具体情况进行了逐一的调查。

表 2-22　　　　　　　　部分不会畲语的畲族家庭语言情况

序号	家庭关系	姓名	年龄	民族	文化程度	职业	是否常年在外	第一语言水平	第二语言水平
1	户主	蓝某德	70	畲	初中	公务员	是	畲语熟练	客家话熟练
	长女	蓝某华	42	畲	高中	公务员	是	白话熟练	无
2	户主	蓝某波	70	畲	小学	务工	是	普通话熟练	畲语一般
	长女	蓝某	41	畲	初中	务工	是	普通话熟练	无
3	户主	蓝某青	50	畲	初中	务工	是	白话熟练	客家话熟练
	长女	蓝某爱	20	畲	高中	教师	是	客家话熟练	无

续表

序号	家庭关系	姓名	年龄	民族	文化程度	职业	是否常年在外	第一语言水平	第二语言水平
	二女	蓝某娴	13	畲	初中	学生	是	白话熟练	无
4	户主	蓝某明	54	畲	小学	务工	是	客家话熟练	无
	长子	蓝某	22	畲	高中	待业	是	客家话熟练	无
5	户主	蓝某康	54	畲	小学	务工	是	客家话熟练	无
	长子	蓝某义	27	畲	高中	务工	是	客家话熟练	无
	二子	蓝某豪	23	畲	高中	其他	是	客家话熟练	无

户籍情况统计表的信息所示，1号家庭的蓝某华、2号家庭的蓝某、3号家庭的蓝某青、4号家庭的蓝某明、5号家庭的蓝某康均不会畲语，共同的特点是常年在外工作。缺少语言环境和父母语言的影响，使得他们第一语言都转用了汉语。村委会理事雷某兴在访谈中说道："在嶂背许多畲族会选择去城里或到镇上打工，外出务工人口每年都有百来人，这些畲族出去要么是自己一个出去，要么夫妻两人都外出务工，有一些积蓄后，就把孩子接出去直接在城市里置房安家了。离开我们嶂背畲语就用不上了，这部分常年在外的人渐渐地母语都不会讲了，甚至影响到他们的下一代。"

3. 20—39岁

表2-23　　　　　　　青年段母语语言能力统计

调查点	总人口	畲语熟练		畲语一般		畲语不会	
		人口	百分比	人口	百分比	人口	百分比
新屋	50	45	90%	0	0	5	10%
大板田	73	37	50.68%	8	10.95%	28	38.35%
新塘	44	40	90.90%	3	6.82%	1	2.27%
总计	167	122	73.05%	11	6.59%	34	20.36%

这一年龄段是五个年龄段里人数最多的，但他们的畲语使用能力较之上一个年龄段（中年段）整体却是下降的，"畲语熟练"占比下降了21.54%，"畲语不会"占比增长了15.86%，这一年龄段畲语使用情况开始出现下降的趋势。

4. 14—19 岁

表 2-24　　　　　少年段母语语言能力统计

调查点	总人口	畲语熟练		畲语一般		畲语不会	
		人口	百分比	人口	百分比	人口	百分比
新屋	16	11	68.75%	1	6.25%	4	25%
大板田	14	4	28.57%	3	21.43%	7	50%
新塘	7	4	57.14%	2	28.57%	1	14.29%
合计	37	19	51.35%	6	16.22%	12	32.43%

我们把这一年龄段称为少年段，在国家推行实行九年义务教育下这个年龄段的孩子除了少数辍学以外，大多数都在中学读书。因为在嶂背村内没有中学，所以这个年龄段的孩子都需要到镇上的中学读书。通过上表数据显示，三个自然村"畲语熟练"和"畲语一般"的总人数为 25 人。占该年龄段的 67.57%，"畲语不会"的占 32.43%。这一年龄段的孩子，都会到横河镇上的初中读书，离开嶂背村，孩子们受到汉语语言环境影响，日常在外讲普通话或汉语方言（客家话、横河本地话），只有回到村寨内或回到家里才讲畲语。正在读初三的蓝某坤接受访谈时说道："我们在镇上的中学读书都是寄宿制，就只有周末才能回村里，平时在学校我们都讲普通话，在校内碰到同族人会讲畲语，但如果有汉族朋友在一起那我还是比较愿意讲普通话，他们听不懂也会尴尬，为了避免这种情况，我讲普通话多一些。现在在镇上待久了，我还学会了横河本地话。"

5. 6—13 岁

表 2-25　　　　　少儿段母语语言能力统计

调查点	总人口	畲语熟练		畲语一般		畲语不会	
		人口	百分比	人口	百分比	人口	百分比
新屋	24	8	33.33%	11	45.83%	5	20.83%
大板田	25	0	0	2	8%	23	92%
新塘	15	2	13.33%	9	60%	4	26.67%
合计	64	10	15.63%	22	34.37%	32	50%

这一年龄段为少儿段，是正处于小学阶段的孩子，这个年龄段的孩

子大部分都在嶂背村的民族小学读书，除了个别因家长工作就业的缘故在外读小学。这一年龄段的畲语掌握的特点是：会讲畲语的人和不会讲畲语的人各占一半，"畲语熟练"级占比最小，仅占该年龄段的15.63%，语言转用较为突出，第一语言往往转用为当地的客家话，为五个年龄段畲语使用程度较低的一个年龄段。

（三）不同年龄段的词汇量分析

词汇量的大小是一个人语言能力高低的重要标志。为了更好地认识畲族不同年龄段的母语情况，调查组制定了"畲族100核心词汇测试表"，从少儿段（6—13岁）、少年段（14—19岁）、青年段（20—39岁）、中年段（40—59岁）、老年段（60岁及以上）不同年龄段中抽选畲族村民进行测试。下面将被测的基本情况及测试结果列举如下：

1. 被调查人情况

（1）雷某平，9岁，新塘，畲族，畲族小学四年级学生；
（2）雷某升，11岁，新屋，畲族，畲族小学生六年级学生；
（3）雷某坤，15岁，大板田，畲族，在横河镇初中读初二；
（4）蓝某云，18岁，新屋，畲族，隔壁镇上读专科；
（5）蓝某华，20岁，畲族，大板田，在家务工；
（6）雷某莲，26岁，畲族，新塘，在家；
（7）蓝某强，45岁，畲族，新屋，做散工；
（8）蓝某明，47岁，畲族，新屋，做散工；
（9）蓝某培，51岁，畲族，在村里打工；
（10）蓝某娣，68岁，畲族，在家带孙子。

2. 测试结果统计分析

表 2-26　　　　　　畲语 100 核心词汇测试结果统计

姓名	年龄（岁）	A级	百分比	B级	百分比	A级+B级	C级	百分比	D级	百分比
雷某平	9	50	50%	6	6%	56	18	18%	26	26%
雷某升	11	49	49%	2	2%	51	23	23%	26	26%
雷某坤	15	90	90%	1	1%	91	0	0%	9	9%
蓝某云	18	77	77%	12	12%	89	9	9%	2	2%
雷某莲	26	87	87%	10	10%	97	1	1%	2	2%

姓名	年龄（岁）	A级	百分比	B级	百分比	A级+B级	C级	百分比	D级	百分比
蓝某华	38	95	95%	4	4%	99	1	1%	0	0%
蓝某强	45	78	78%	6	6%	84	8	8%	8	8%
蓝某明	47	86	86%	7	7%	93	0	0%	7	7%
蓝某培	51	94	94%	4	4%	98	3	3%	0	0%
蓝某娣	68	95	95%	2	2%	97	2	2%	1	1%
平某值		80.1		5.4			6.4		10.9	

从测试结果的平均值来看，所有被测试者的 A 级和 B 级词汇量相加，达到 85.5 个，总体而言畲族的母语词汇掌握程度较好。但是不同年龄段之间 A 级+B 级的值存在明显的差距，老年段的掌握情况比较稳定，A 级类词数高达 95 个；相比较之下的 9 岁和 11 岁两位少儿段的测试者的词汇量仅有 50 个左右。总的来看，除少儿段外，其他年龄段母语基本词汇的掌握情况总体良好，但不同年龄层畲语熟练程度不一，老年段和中年段母语能力相对较高。畲语词汇掌握量随着年龄段的下降而急剧减少，少年段和少儿段表现尤为明显，嶂背畲语的传承已出现断层。

三　嶂背村畲族汉语使用情况

（一）畲族汉语掌握总体情况

课题组以家庭为单位对畲族的汉语能力进行逐户调查。根据当地的实际情况，我们将使用人数较多的客家话、横河本地话和普通话均划入汉语能力考察范围。在具体的统计中，我们遵循以下的标准：如被调查者的客家话、横河本地话和普通话中有一种达到"熟练"水平，即计入"汉语熟练"的人群；只要有一种为"一般"，即计入"汉语一般"人群。只有被调查者任何一种汉语方言或普通话都不会，才统计为"不会汉语"，最终得到统计数据如表 2-27 所示。

表 2-27　　　　　　　嶂背村畲族汉语使用情况统计

村寨名称	总人口	熟练		一般		不会	
		人口	百分比	人口	百分比	人口	百分比
嶂背村	438	436	99.54%	0	0	2	0.46%

表 2-27 显示，嶂背村畲族几乎全民兼用使用汉语，绝大部分畲族人都能熟练使用汉语，汉语已经成为嶂背村畲族人日常生活中不可或缺的交际工具。

（二）嶂背畲族不同年龄段汉语使用情况

为了进一步了解不同年龄段的畲族汉语能力的差异，我们分年龄段考察了汉语的兼用和转用情况。

1. 嶂背畲族不同年龄段汉语兼用情况

我们将考察的人群按年龄段划分为老、中、青、少年、少儿五个部分：60 岁及以上、40—59 岁、20—39 岁、14—19 岁、6—13 岁。具体数据如下：

（1）60 岁及以上：嶂背畲族有两位母语单语人和一位不会讲畲族的老人，剩下的都兼用汉语，其中兼用情况见表 2-28。嶂背畲族村寨使用汉语情况比较复杂，村民普遍掌握普通话和多种汉语方言。兼用一种方言占该年龄段人数 30.95%，兼用两种占 47.62%，其中兼用客家话的人数居多，占该年龄段的 92.86%。

表 2-28　　　　　畲族 60 岁以上语言兼用情况统计

语言情况		语言	人数	合计	百分比
	单语	仅会畲语或汉语	3	3	7.14%
语言或方言兼用	兼用一种	畲语、客家话	13	13	30.95%
		畲语、普通话	0		
	兼用两种	畲语、客家话、普通话	16	20	47.62%
		畲语、客家话、白话	4		
	兼用三种	畲语、客家话、普通话、白话	6	6	14.28%
合计				42	

（2）40—59 岁：除去三位语言转用为汉语的畲族村民，这个年龄段的汉语兼用情况见表 2-29。此年龄段没有母语单语人，兼用一种方言的人数占该年龄段的 22.02%，兼用两种方言的占 54.13%，兼用三种方言的情况较之上一个年龄段有所增多，占该年龄段的 23.85%，会讲客家话的人数占该年龄段的 98.17%。

表 2-29 畲族 40—59 岁语言兼用情况统计

语言情况		语言	人数	合计	百分比
语言转用	单语	畲语或汉语	0	0	0
	兼用一种	畲语、客家话	22	24	22.02%
		畲语、白话	2		
	兼用两种	畲语、客家话、普通话	48	59	54.13%
		畲语、客家话、白话	11		
	兼用三种	畲语、客家话、普通话、白话	26	26	23.85%
合计			109		

（3）20—39 岁：这个年龄段也无畲语单语人，兼用两种方言的人数占该年龄段的 58.62%，无同时兼用"畲语、客家话、白话"的情况，同时兼用客家话、普通话、白话的占 17.24%，仅兼用一种方言或普通话的占 24.14%。

表 2-30 畲族 20—39 岁语言兼用情况统计

语言情况		语言	人数	合计	百分比
语言兼用	单语	畲语或汉语	0	0	0
	兼用一种	畲语、客家话	6	7	24.14%
		畲语、普通话	1		
	兼用两种	畲语、客家话、普通话	17	17	58.62%
		畲语、客家话、白话	0		
	兼用三种	畲语、客家话、普通话、白话	5	5	17.24%
合计			29		

（4）14—19 岁：在这一年龄段中，同时兼用普通话和某一汉语方言的人数占该年龄段总人数的 51.28%，兼用一种方言"畲语、客家话"的人数占该年龄段的 33.33%，无兼用"畲语、普通话"的情况，兼用三种方言的人数占该年龄段总人数的 15.38%，无母语单语人。

表 2-31　　　　　畲族 14—19 岁语言兼用情况统计

语言情况		语言	人数	合计	百分比
语言兼用	单语	仅会畲语	0	0	0
	兼用一种	畲语、客家话	13	13	33.33%
		畲语、普通话	0		
	兼用两种	畲语、客家话、普通话	16	20	51.28%
		畲语、客家话、白话	4		
	兼用三种	畲语、客家话、普通话、白话	6	6	15.38%
合计			39		

（5）6—13 岁：这一年龄段兼用两种方言的比重是五个年龄段里最高，兼用畲语、客家话、普通话的人数占该年龄段的 80.49%，兼用的情况相对比较集中。

表 2-32　　　　　畲族 6—13 岁语言兼用情况统计

语言情况		语言	人数	合计	百分比
语言兼用	单语	仅会畲语	0	0	0
	兼用一种	畲语、客家话	4	4	9.76%
		畲语、普通话	0		
	兼用两种	畲语、客家话、普通话	33	33	80.49%
		畲语、客家话、白话	0		
	兼用三种	畲语、客家话、普通话、白话	4	4	9.76%
合计			41		

通过上文的统计，可以看出，除了老年段外，其他年龄段的嶂背畲族都是双语人。当地畲族人的汉语掌握程度最好的是客家话，其次是普通话、白话。

2. 嶂背畲族不同年龄段汉语转用情况

语言转用，也称语言替换，是指一个民族或民族中的一部分人放弃了本民族语而转用另一民族语言的现象。语言转用往往是在一定的社会条件下发生的，反应了语言关系和语言功能的变化。表 2-33 是对嶂背畲族居民汉语转用情况的统计。

表 2-33　　畲族不同年龄段汉语转用情况

	语言	≥60 岁	40—59 岁	20—39 岁	14—19 岁	6—13 岁	合计
语言转用	客家话	0	2	11	2	9	24
	普通话	1	1	4	4	11	21
	白话	0	1	0	0	1	2
	客家话、普通话	0	0	9	5	2	16
	白话、普通话	0	0	4	1	3	8
合计		1	4	28	12	26	71
该年龄段总人数		42	111	167	37	64	438
百分比		2.38%	3.60%	16.77%	32.43%	40.63%	16.21%

表 2-33 显示，在老、中、青、少年、少儿五个年龄段都已发生语言转用的情况，依次是少儿段（6—13 岁）转用人数共 26 人，占该年龄段总人数的 40.63%；少年段（14—19 岁）转用人数为 12，占该年龄段总人数的 32.43%；青年段（20—39 岁）转用人数共 28 人，占 16.77%；中年段（40—59 岁）转用人数为 4 人，占 3.60%；老年段（60 岁及以上）转用人数为 1 人，占 2.38%。嶂背畲族汉语转用总人数为 71 人，占村内总人口的 16.21%。转用为客家话的人数最多，普通话次之。

从转用人数的比例上来说，一个民族的语言转用可分为全部转用、大部分转用和局部转用三种情况。全部转用，即所有人完全放弃使用本民族固有的语言；其次是大部分转用，大部分转用以转用人数不少于总人口的 80% 为划分的标准；第三是局部转用，指一个民族一部分人使用本民族的语言，另一部分人转用其他民族的语言，转用人数不超过总人数的 50%。① 根据上文的统计，可以将嶂背畲族的语言转用划定为局部转用。转用人数的比例随年龄的递减有显著的增加。

从转用发生的速度上看，语言转用有缓慢型与急促型之分。缓慢型是在经历了较长时间的累积之后引发的语言转用，这类转用一般需要先经过一个较长的语言兼用阶段才能最终实现。在演变过程中，转用语的

---

① 张永斌：《黔西北民族杂居区语言生态与语言保护研究》，博士学位论文，中央民族大学，2011 年，第 76 页。

成分会逐渐进入母语结构,各个导致母语结构发生衰变。① 嶂背畲族人的语言转用正属于这种缓慢型。嶂背畲族自从20世纪60年代以后陆续从山地迁出,在与山下的汉族村寨交往的过程中开始学习汉语,其间虽已历经六七十年,但依然还处于以语言兼用为主的阶段。但从青少年的语言转用的情况来看,他们转用的占比15%—40%,远超中老年10%左右的转用率。语言转用发生的速度在20岁以下的年轻人中有明显加快的趋势。在缺乏有效干预的情况下,嶂背畲族人可能在较短时期内发生母语全部转用汉语的情况。

(三) 嶂背畲族学习汉语的途径和双语能力的类型

1. 嶂背畲族学习汉语的途径

通过对嶂背畲族人的访谈,我们观察到他们在学习汉语过程中尚存在不同的途径。主要有以下三种:一是通过系统的学校教育获得,二是通过家庭的语言教育获得,三是日常生活交往中自然而然地掌握。在20世纪60年代政府动员嶂背畲族从山地迁出前,学校教育是畲族学习汉语的唯一途径。自畲族搬下山后,与汉族的交往越来越密切,外来汉族媳妇成为了提高畲族"双语"能力的关键,儿童自幼接受汉族母亲的语言熏陶,在学习畲语的同时学会汉语。夫妻间也习惯使用汉语对话。在畲汉家庭的推动下,畲族村第一次发生语言上的巨变。这也为儿童的入学以及与周边汉族村寨的联系带来了方便。在商品买卖、外出务工、外出求学的过程里,缺乏家庭汉语环境的畲族也逐渐在与汉族人交往中掌握了汉语。

2. 嶂背畲族双语能力的类型

我们按习得顺序的不同,将嶂背畲族的双语人的语言能力分为两种不同的类型:"畲语—汉语"双语型和"汉语—畲语"双语型。"畲语—汉语"双语型指的是第一语言为畲语,兼用汉语的情况;"汉语—畲语"双语型指的是畲语降为第二语言甚至第三语言,汉语为第一语言的情况。从表2-34的统计来看,现阶段总体而言,"畲—汉"类型的双语人仍占绝对优势。但两种"双语"类型的占比的变化与年龄有着

---

① 杨艳:《元江县羊街乡中梁子彝族的语言使用现状》,《玉溪师范学院学报》2008年第4期。

明显的相关性。"畲—汉"类型的双语人随着年龄段的降低从95.24%降至50.74%。"汉—畲"型双语人的比例随年龄降低而增高,但由于受到汉语单语人人数激增的影响,其增幅并不大。

表2-34　　　　　　　　畲族各个年龄段双语类型统计

	老年段 ≥60岁		中年段 40—59岁		青年段 20—39岁		少年段 14—19岁		少儿段 6—13岁	
	人数	比例	人数	比例	人数	比例	人数	比例	人数	比例
"畲—汉"	40	95.24%	107	98.17%	135	80.84%	27	65.85%	34	50.74%
"汉—畲"	0	0%	2	1.75%	4	2.39%	2	4.88%	7	10.44%
单语	2	4.76%	0	0%	28	16.77%	12	29.27%	26	38.82%

为了更进一步地了解语言习得顺序的变化背后的原因,我们对表2-34出现"汉语—畲语"双语型人群的家庭背景环境进行了逐户调查,有5户家庭接受了我们的问询,具体情况如表2-35所示。

表2-35　　　　　　　　"汉语—畲语"型家庭情况统计

序号	家庭关系	姓名	年龄(岁)	民族	文化程度	第一语(方)言水平	第二语(方)言水平	第三语(方)言水平
1	户主	蓝某成	49	畲	初中	畲语熟练	客家话熟练	普通话熟练
	妻子	汪某玲	42	汉	初中	客家话熟练	普通话熟练	粤语熟练
	儿子	蓝某雄	19	畲	中专	客家话熟练	畲语一般	普通话熟练
	女儿	蓝某芳	12	畲	小学	客家话熟练	畲语一般	普通话熟练
2	户主	蓝某汉	67	畲	小学	畲语熟练	客家话熟练	普通话熟练
	妻子	雷某华	61	畲	小学	畲语熟练	客家话熟练	普通话熟练
	儿子	蓝某榕	36	畲	初中	畲语熟练	客家话熟练	普通话熟练
	儿媳	罗某	37	汉	初中	客家话熟练	普通话熟练	无
	孙子	蓝某旭	13	畲	初中	客家话熟练	畲语一般	普通话熟练
	孙女	蓝某雪	11	畲	小学	客家话熟练	畲语一般	普通话熟练
3	户主	蓝某添	55	畲	小学	畲语熟练	白话一般	无
	妻子	邓某娣	49	汉	小学	客家话熟练	无	无
	长子	蓝某明	29	畲	初中	客家话熟练	畲语一般	无

续表

序号	家庭关系	姓名	年龄(岁)	民族	文化程度	第一语(方)言水平	第二语(方)言水平	第三语(方)言水平
	长女	蓝某霞	27	畲	初中	客家话熟练	畲语一般	无
	二女	蓝某霞	25	畲	大学	客家话熟练	畲语一般	无
	长孙	蓝某鸿	7	畲	小学	普通话熟练	无	无
4	户主	蓝某林	87	畲	小学	畲语熟练	客家话熟练	白话熟练
	妻子	雷某坤	77	畲	小学	畲语熟练	客家话熟练	白话熟练
	女儿	蓝某群	45	畲	小学	白话熟练	畲语一般	无
5	户主	雷某兴	41	畲	高中	畲语熟练	客家话熟练	普通话熟练
	妻子	卢某英	39	汉	高中	横河本地话	客家话熟练	普通话熟练
	长女	雷某莉	16	畲	高中	客家话熟练	普通话熟练	畲语一般
	二女	雷某怡	13	畲	小学	客家话熟练	普通话熟练	畲语一般
	儿子	雷某昊	10	畲	小学	客家话熟练	普通话熟练	畲语一般

入户访谈的资料显示,"汉语—畲语"双语型人群主要存在于族际婚姻家庭,仅有蓝某群一人出生于族内婚姻家庭里。经过调查了解到,蓝某群年幼时一直随父母在外地生活,离开畲语的使用环境,此外,她的父母出于对其教育的考虑,没有对她说畲语,家庭内部用白话沟通,使其进一步远离了母语。她仅仅在逢年过节回家乡时,和长辈学了一些有限的畲语。

"畲语—汉语"和"汉语—畲语"两种双语型的差异不仅体现在习得顺序上,也体现于两种语言的社会功能差异。"畲语—汉语"双语型的人群以畲语为家庭成员间主要交际工具,使用频率高,汉语只针对特定的场合或人群使用。这类人群通常是畲语比汉语熟练。而"汉语—畲语"双语型的人群以汉语为主要交际工具,而畲语只在少数情况下使用。畲族村的青少年是这一类双语人的典型代表。校园是他们的主要生活环境。畲语只有在家庭内部甚至仅与长辈对话才被使用。这类双语人的汉语通常比畲语熟练。

四　畲语在畲族人社会生活中的使用功能

为了了解畲语在现代畲族人的社会中所承担的具体功能，我们对嶂背村家庭内部、公共场所和学校三个不同环境做了针对性的调查。具体情况如下。

（一）家庭内部

嶂背畲语的使用情况在族内婚姻家庭与族际婚姻家庭存在明显差异，下面分开讨论：

1. 畲语在族内婚姻家庭中的使用

族内婚姻家庭是指家庭内部所有成员都是畲族人。我们调查的对象既有3—4口人的小家庭，也有几代同堂的大家庭。无论人数的多寡，在大多数的畲族家庭中，畲语是家庭成员之间的主要沟通语言。在与来访客人对话时，他们所选择的语言依访客语言而异。下面选取展示两个具有典型性的畲族家庭不同对象之间语言使用情况调查结果（见表2-36、表2-37）。

表2-36　　畲族家庭不同对象之间语言使用情况（一）

新屋蓝某清一家语言使用情况　　　问卷编号：005

交际双方		户主：蓝某清（畲族）	妻子：雷某娣（畲族）	儿子：蓝某清（畲族）
长辈对晚辈	父母对子女	畲语	畲语	畲语
	祖辈对孙辈	畲语	畲语	畲语
晚辈对长辈	子女对父母	畲语	畲语	畲语
	孙辈对祖辈	畲语	畲语	畲语
同辈之间	兄弟姐妹之间	畲语	畲语	畲语
	父母之间	畲语	畲语	畲语
	（外）祖父母之间	畲语	畲语	畲语
客人来访	亲戚	畲语、客家话	畲语、客家话	畲语、客家话
	干部	畲语、客家话	畲语、客家话	畲语、客家话
	老师	客家话	客家话	客家话
	陌生人	普通话	普通话	普通话
	熟人	畲语、客家话	畲语、客家话	畲语、客家话

表 2-37　　　　畲族家庭不同对象之间语言使用情况（二）

大板田蓝某培一家语言使用情况　　　问卷编号：016

交际双方		户主：蓝某培（畲族）	妻子：雷某好（畲族）	孩子：蓝某华（畲族）
长辈对晚辈	父母对子女	畲语	畲语	畲语
	祖辈对孙辈	畲语	畲语	畲语
晚辈对长辈	子女对父母	畲语	畲语	畲语
	孙辈对祖辈	畲语	畲语	畲语
同辈之间	兄弟姐妹之间	畲语	畲语	畲语
	父母之间	畲语	畲语	畲语
	（外）祖父母之间	畲语	畲语	畲语
客人来访	亲戚	畲语、客家话、普通话	畲语、客家话、普通话	畲语、客家话、普通话
	干部	畲语、客家话	畲语、客家话	畲语、客家话
	老师	畲语、客家话	畲语、客家话	畲语、客家话
	陌生人	普通话	普通话	普通话
	熟人	畲语、客家话	畲语、客家话	畲语、客家话

在上述两个畲族家庭中，"长辈对晚辈""晚辈对长辈""同辈之间"均使用畲语进行沟通；遇到认识的畲族人，也会使用畲语；在与陌生人或者汉族人交谈的时候，他们首先选择使用汉语客家话或普通话。一直生活在嶂背村的蓝某请在访谈中谈道："我们家里都是畲族，很自然地会讲畲语。我的父母教我讲畲语，我也教我的孩子讲畲语。因为周围都是汉族村落，我们也会讲客家话、普通话，但是回到家里，我们还是会讲回自己的语言。"

2. 畲语在族际婚姻家庭中的使用

据我们的调研数据显示，嶂背村有 52 户跨族际婚姻家庭，占调查家庭的 35.13%，而在这些家庭里，以汉族媳妇嫁到嶂背为主。外来媳妇大多来自省内其他地区，也有的家乡远在广西、湖南。相比畲族家庭，这些族际婚姻家庭的畲语使用发生了很大的改变。下面选取展示三个具有典型性的家庭语言调查结果（见表 2-38）。

表 2-38　　族际婚姻家庭不同对象之间语言使用情况（一）

新屋蓝某景一家语言使用情况　　　问卷编号：003

交际双方		户主：蓝某景（畲）	妻子：廖某敏（汉）	小孩：蓝某观（畲）
长辈对晚辈	父母对子女	畲语	客家话	客家话
	祖辈对孙辈	畲语	客家话	畲语、客家话
晚辈对长辈	子女对父母	畲语	客家话	客家话
	孙辈对祖辈	畲语	客家话	畲语、客家话
同辈之间	兄弟姐妹之间	畲语、客家话	客家话	客家话
	父母之间	畲语	客家话	客家话
	（外）祖父母之间	畲语	客家话	客家话
客人来访	亲戚	畲语、客家话	客家话	客家话
	干部	客家话	客家话	客家话
	老师	畲语、客家话	客家话	普通话、客家话
	陌生人	普通话	普通话	普通话
	熟人	畲语、客家话	客家话	客家话

表 2-39　　族际婚姻家庭不同对象之间语言使用情况（二）

新塘蓝某平一家语言使用情况　　　问卷编号：011

交际双方		户主：蓝某平（畲）	妻子：王某霞（汉）	女儿：蓝某雅（畲）
长辈对晚辈	父母对子女	畲语	本地话	畲语
	祖辈对孙辈	畲语	本地话	畲语
晚辈对长辈	子女对父母	畲语	本地话	畲语
	孙辈对祖辈	畲语	本地话	畲语
同辈之间	兄弟姐妹之间	畲语	本地话	畲语、普通话
	父母之间	畲语	本地话	畲语、普通话
	（外）祖父母之间	当地话	本地话	本地话
客人来访	亲戚	畲语	本地话	畲语
	干部	畲语、客家话	普通话	畲语
	老师	畲语、客家话	普通话	普通话
	陌生人	客家话	普通话	普通话
	熟人	畲语	普通话	畲语、普通话

表 2-40　　族际婚姻家庭不同对象之间语言使用情况（三）
村委雷某枫一家语言使用情况　　问卷编号：012

交际双方		户主：雷某枫（畲）	妻子：黄某莲（汉）	孩子：雷某健（畲）
长辈对晚辈	父母对子女	白话	白话	白话
	祖辈对孙辈	白话	白话	白话
晚辈对长辈	子女对父母	白话	白话	普通话
	孙辈对祖辈	白话	白话	白话
同辈之间	兄弟姐妹之间	畲语	客家话	普通话
	父母之间	白话	白话	白话
	（外）祖父母之间	白话	白话	白话
客人来访	亲戚	畲语普通话	白话客家话	普通话
	干部	畲语	客家话	普通话
	老师	普通话	客家话普通话	普通话
	陌生人	客家话	客家话普通话	普通话
	熟人	畲语	客家话	普通话

可以看出，上面三个族际婚姻家庭的家庭内部用语不尽相同。产生差异的主要原因取决于妻子的语言能力。003 号家庭的妻子只会说客家话，因此家庭主要成员的沟通都使用了客家话，很少用畲语。011 号家庭的妻子是横河本地人，会讲多种汉语方言也可以听得懂畲语，因此家庭成员之间沟通中使用畲语的情况相对 003 号家庭更多，本地话、客家话、普通话等方言也会间杂使用。012 号家庭从长辈开始就主动与孩子用汉语沟通，加上妻子是汉族人，家庭内部几乎全部使用汉语，只有丈夫在与本族客人沟通时才会使用畲语；孩子对内使用白话较多，对客人均使用普通话。

从上述两类家庭来看，畲语在族内家庭中依然有较好的保存，但在族际家庭中已有显著的消退倾向。从情况调查的结果看，长辈更倾向对晚辈使用畲语，而晚辈主动使用畲语与长辈交流相对较少，甚至不少家庭出现了长辈使用畲语提问、晚辈用汉语回答的情境。青少年之间基本使用普通话和方言交流。

（二）公共场所

由于嶂背村面积较小，公共场所有限。从村民的流动性大小考虑，我们选择以村民委员会和村口的卫生站为主要观察点。

1. 村民委员会

嶂背村的村委都来自于该村，因此畲语是干部之间的日常沟通语言。但所有村委会的干部都能熟练使用普通话、客家话以及横河本地汉语方言来接待不同的来访对象。村支部委员蓝某林告诉我们："我们村委几个人都是在嶂背土生土长的畲族，所以平日里讲话都是讲畲语，除非有外人来我们才会讲汉语。村民有问题来找我们，在我们这边也都是讲畲语；我们村委内部开会也是用畲语的。对于外来的客人，就看对方开口讲什么话了，抑或是我们先用畲语，讲不通的话再用客家话或者普通话代替，总是可以听懂的。"在访谈中，我们还了解到，村委在传达上级文件、政策的时候通常会使用普通话，但如有年纪较大、普通话水平较差的畲族人在场会再用畲语翻译大意。总的来说，畲语是村委会中最常使用的语言。

2. 卫生站

卫生站位于嶂背村村口处，每天会有一位医生值班。到卫生站看病的以嶂背村居民为主，偶尔也会有周围西角村、丁子坑的村民来问诊。卫生站面积约十来平米，内有一桌一椅一药柜，还有一个检查室。相比较村委会，卫生站接触的人群在语言构成上更加复杂。据观察，医生与同村的族内成年人讲畲语，但在与青少年病人的沟通中，往往需要使用普通话，在与周边村的汉族村民又大多使用客家话；在沟通病情时，由于畲语中缺少现代医学词汇，需要汉语和民族语夹杂使用。这对医生的语言能力也提出了要求。畲族医生蓝某培告诉我们："以前如果是村里的来看病，都知道是族内人，一开口就是讲畲语的。但现在是年龄较小的人来就不行了。他们一般都是家人带过来，问诊的时候却得讲普通话，用畲语回答不上来。"

（三）学校

嶂背耀伟畲族小学是嶂背村唯一一所学校。绝大多数的嶂背村适龄青少年会选择这所小学上学。从这里毕业后，多数人会去横河镇上的中学继续读书。嶂背小学的招生对象覆盖嶂背三个自然村和周边其他汉族村寨。学校3/4是汉族学生，其余的为畲族。嶂背小学是课题组调研的三所民族学校中唯一一所开设民族语课程的学校，体现了教育者对传承畲族语言文化的重视。

为了了解这所学校的语言情况,课题组两次入校走访并旁听课堂。我们了解到,该校自 2016 年起设立了以畲语教学为目的的畲语课堂。由当地的畲族老师担任授课教师,授课对象为所有的在校生。授课内容围绕基础的畲语词汇和对话。由于学生畲语水平不同,在畲语课堂上依然需要使用普通话作为主要的教学语言。普通话也是其他课程中唯一被使用的语言。在课下,老师之间、学生之间以及老师与学生之间,说畲语还是汉语主要取决于说话对象的自主选择,学校没有强制性的要求。老师之间习惯性使用当地的汉语方言交流;老师在与学生讨论学习的问题时多使用普通话,但在聊天时既会用普通话也会用畲语,依双方的畲语水平而定。汉族和畲族、畲族和畲族学生之间都是以普通话交流为主,偶尔会用畲语。老师和家长之间,只有畲族老师与畲族家长交流说畲语,其他情况都使用汉语。校内的会议和集体活动场合都使用普通话。一方面的原因是汉族的学生和老师占多数,所以使用畲语会在沟通上产生困难;另一方面在讨论课程内容或做宣传活动时,畲语很多情况下不方便表达。

在这所学校内,我们看到了无论畲族和汉族学生都普遍掌握了标准、熟练的普通话,民族语言也得到了关注和保护。尽管畲语课堂对语言能力的提升作用有限,但这门课程明显提升了当地青少年对畲语的价值和对畲族文化的认识。这一问题将在下一章节作进一步讨论。

除了上述村内三个场所外,我们以横河镇的不同生活场合为背景,对畲语的使用情况进行了整体调查。调查发现,在畲族村周边的活动区域内,畲族人除了在与本族人在"见面打招呼""聊天""生产劳动""节日聚会"等多个场合依然使用畲语外,一般性公共场所活动如"买卖""看病"都使用普通话或汉语方言。青少年在此问题上表现得更加明显。只有与很熟悉的畲族人之间才部分使用畲语,其他情况多第一选择使用普通话。下面选取展示两个具有典型性的调查案例(见表 2-41、表 2-42)。

表 2-41　　　　调查对象:蓝某景,男,畲族,40 岁,村内待业

交际场合	与本族人	与非本族人	既有本族人又有非本族人
见面打招呼	畲语	客家话	畲/客

续表

交际场合		与本族人	与非本族人	既有本族人又有非本族人
聊天		畲语	客家话	畲/客
生产劳动		畲语	客家话	畲/客
买卖		客家话	客家话	客家话
看病		客家话	客家话	客/普
开会	开场白	畲语	客/普	畲/客/普
	传递上级指示	畲语	客/普	畲/客/普
	讨论、发言	畲语	客/普	畲/客/普
公务用语		客/普	客/普	客/普
广播用语		无	无	无
节日、聚会		畲/客	客家话	畲/客
婚嫁		畲/客	客家话	畲/客
丧葬		畲/客	客家话	畲/客
电子通信	微信	普通话	普通话	普通话
	电话	畲/客	客家话	畲/客

表 2-42　　调查对象：蓝某纯，男，畲族，9 岁，小学三年级

交际场合		与本族人	与非本族人	既有本族人又有非本族人
见面打招呼		畲	普通话	普通话
聊天		畲/普	普通话	普通话
生产劳动		普通话	普通话	普通话
买卖		普通话	普通话	普通话
看病		普通话	普通话	普通话
学校	课堂用语	普通话	普通话	普通话
	课外用语	畲/普	普通话	畲/普
节日、聚会		普通话	普通话	普通话
婚嫁		普通话	普通话	普通话
丧葬		普通话	普通话	普通话
电子通信	微信	普通话	普通话	普通话
	电话	畲/普	普通话	畲/普

五 博罗嶂背村畲族的语言态度调查

"语言态度又称语言观念,是指人们对所使用语言的态度、看法或观点。不同的民族,由于社会历史不同,社会条件和人们心理特征不同,语言观念也会有所不同……一个民族的不同成员,在语言观上可能有所不同,因为人们的条件、认识水平、认识方法都不同。"[①] 语言态度深刻地影响人们对一种语言的认识,也会影响着人们对语言的选用并长期以往影响语言的保存和发展。从上述的语言调查来看,嶂背村的母语使用者群体正在逐渐减少,母语语域范围也日渐缩小,母语能力在青少年人群中出现明显断层,畲语呈现濒危态势。

为了对畲语在未来的发展做出更准确的预测,我们从嶂背三个自然村中随机抽取了200人进行语言态度的问卷和访谈。调查内容覆盖对畲语和汉语的认同、对子女语言能力的期望、对其他社会成员语言态度等多个方面。共收回有效问卷189份,其中女性92人,男性97人。老、中、青年龄段分别占调查人数的31.7%、37.6%和33.7%。我们将有代表性的问题及选项分别列入下面两个表格中,以体现当地畲族的语言态度。

(一)畲族人对母语和汉语的语言认同调查

表 2-43　　　　　畲族村民对母语/汉语的语言认同

您怎么看待畲族人掌握畲语的作用?	A. 很有用 (71.87%)	B. 有些用 (28.13%)	C. 没有用 (0%)	
您认为掌握畲语最重要的目的是什么?	A. 找到好的工作 (0%)	B. 方便与畲族人交流 (31.25%)	C. 了解和传承畲族的历史文化 (68.75%)	
您怎么看待畲族人掌握汉语的作用?	A. 很有用 (81.25%)	B. 有些用 (18.75%)	C. 没有用 (0%)	
您认为掌握汉语最重要的目的是什么?	A. 升学或工作的需要 (12.49%)	B. 方便与外族人交流 (84.37%)	C. 了解汉族文化 (3.14%)	
如果畲族人只会讲汉语,你的态度是什么?	A. 迫切希望 (0%)	B. 顺其自然 (49.87%)	C. 无所谓 (9.26%)	D. 不希望 (40.87%)

---

① 戴庆厦:《语言和民族》,中央民族大学出版社1994年版,第34页。.

续表

| 如有人从外地返乡后不再说畲语,您觉得? | A. 能理解 (63.5%) | B. 挺反感 (3.15%) | C. 不习惯 (15.62%) | E. 无所谓 (17.73%) |

表 2-43 中的六个问题集中体现了畲语人对于母语和汉语的不同态度。2/3 以上的畲族人依然认为畲族人掌握畲语"很有用",有 1/3 的人认为"有些用",没有人否认畲族人掌握畲语的作用。可见嶂背村畲族对本民族语依然保留有较为强烈的认同感。但相对比而言,嶂背畲族对汉语的认同感更高,有 81.25%的畲族选择了"畲族人掌握汉语的作用很有用"。体现了汉语在当地人生活中不可或缺的地位。在掌握畲语和汉语的目的的设问上,被调查者的选择体现了母语和通用语语言功能的差异性:68.75%认为学习畲语是为了"了解和传承畲族的历史文化";选择为了"与畲族人交流"仅占被调查人数的 31.25%;84.37%的人认为学习汉语是为了"方便与外族交流",12.49%的人选择是"升学或工作的需要",选择"了解汉族文化"仅占 3.14%。

在对语言转用的态度问题上,多数畲族人都表达了对这一现象的包容性。在面对"如果畲族人只会讲汉语,你的态度是什么?"的提问中,选择"顺其自然"的占总调查人数的 49.87%;在回答"如有人从外地返乡后不再说畲语"的态度是,选择"能理解"的占总调查人数的 63.5%。

(二) 畲族人对下一代学习母语的态度调查

表 2-44　　畲族父母对后代学习母语的态度调查

您希望子女一定要掌握的语言是?	A. 畲语 (46.63%)	B. 普通话 (40.21%)	C. 客家话 (11.22%)	D. 白话 (0%)	E. 英语 (1.94%)
您的孩子学说话时,您(准备)最先教给他哪种语言?	A. 畲语 (74.98%)	B. 普通话 (6.25%)	C. 客家话 (15.62%)	D. 白话 (3.15%)	
如果您的孩子不会说畲语,您的态度是?	A. 同意 (9.37%)	B. 无所谓 (62.5%)	C. 反对 (28.13%)		
如果您的孩子不肯说畲语,您的态度是?	A. 同意 (9.37%)	B. 不习惯 (43.75%)	C. 反对 (46.88%)		
您父母希望您平时说什么话?(多选)	A. 畲语 (100%)	B. 普通话 (0%)	C. 客家话 (9.34%)	D. 白话 (0%)	

如表 2-44 所示，嶂背畲族在"希望子女一定要掌握的语言"的选择上，畲语和普通话都有同等重要的地位；在选择教授子女的第一语言的问题上，74.98%的人选择了母语，其次是当地通行较多的客家话。从这两个问题中，我们可以看到嶂背畲族对于母语和第二语言的态度比较复杂。一方面，多数人对于母语仍有较多的依恋，希望把母语和传统文化保存并世代传承下去；另一方面又有很多人认识到熟练掌握通用语言对下一代融入现代社会的重要性，有一半以上的人认为最需要掌握的语言是汉语（包括方言）。

在下一代是否选择学习使用母语的态度上，62.5%的人选择"无所谓"，只有不到 1/3 的人明确表示反对下一代放弃学习母语。在孩子能够讲畲语却不肯用的情境下，46.87%的人明确表示"反对"，还有 43.75%的人觉得"不习惯"。在这一组对比设问的过程中，我们看到，有相当一部分人对母语的消失持听之任之的态度，对子女是否学习母语没有强制要求，但是绝大多数的人都不能接受自己的下一代主动回避使用母语。

这一组调查的最后一个问题是关于被调查者与长辈之间语言选择。所有被调查者都一致认为，他们的长辈希望自己使用畲语。有 9.34%的人增选了客家话，这些人主要是来自族际家庭的青少年。这一个问题的调查结果从侧面反映出嶂背村两代人间在语言使用和语言态度的上的显著变化。

（三）嶂背村畲族语言态度小结

结合我们的调查问卷和访谈，总体而言，嶂背畲族受访者对母语的情感评价显著高于其他语言，显示出畲族人多自身族群的归属感和情感依附，但对汉语方言和普通话的认同度也在增高。在功能评价方面，受访者更多认为汉语的实用性更强，对工作、学习有较大帮助，对汉语学习表现出的意愿度显著高于母语。在整个畲族社区的语言兼用和转用上，多数人持开放、包容的态度，但在自己子女的语言学习和选择上有着复杂的感情。一方面，他们依然希望自己的下一代继承本民族的语言；另一方面，很多父母对孩子学好汉语的愿望也十分迫切，他们中的部分人甚至为了孩子能够更好地学习汉语和英语从而搬离了嶂背村，居住到教育资源更好的地方。结合受访者的年龄和文化背景，这种对于民族语言和通用语的多重认同又存在内在矛盾的现象在年轻一代、文化程度较高的群体中就显得更为突出。这正体现了现代社会中的语言与族群关系的动态性和多元性，也是我们在处理语言关系和族群关系中需要积极关注的。

六　嶂背村畲族母语使用现状总结

（一）嶂背村畲族仍能基本保持母语的稳定使用

在整个畲族村内，畲语依然是最稳定使用的语言。能够熟练使用畲语的人群占到总人数的七成。大部分的畲族家庭依然保持着代际间的畲语交流。在畲族村内的村委、商铺、社区等公共区域畲语的使用也随处可见。三个自然村中除了受地理位置和族际婚姻影响的大板田村外，新屋村和新塘村的常用畲语人数比例均达到九成。

（二）嶂背村已成为一个畲语使用的"语言孤岛"

从地理位置和分布状况看，嶂背村是整个横河镇地区唯一一个畲族聚居村，掌握畲语的人群总人数不过三百来人。与嶂背村邻近的都是汉族村寨。畲语处于客家话、本地汉语方言和白话的包围之中，自然而然地形成了畲语使用的孤岛。在语言孤岛或方言岛中，出于实际生存的需要，居民们必须学习和兼用交际所需的第二或第三语言。由于民族语言使用人数和语域的受限，兼用语的成分将不可避免地借入另一种语言而成为变体甚至替换原有的成分。同时，随着青少年一代放弃母语的人数的迅速增加，"语言孤岛"面临生存危机。

（三）畲语在嶂背畲族生活中的语域不断缩减

在现阶段，大多数的畲族依然能将家庭使用母语视为传统，并愿意在该环境中创造更多的母语文化氛围。在村内的公共场所中，畲语也依然是主要的交流工具。但推广到更大范围内的语言环境来看，由于畲族人群的总体数量有限，他们不得不使用双语来满足更大社区的语言环境需要。在村寨以外的公共场所、学校、机构及单位等，畲语的语域随着环境开放的程度不断增大而减少。这一趋势也影响到畲族村内部的学校和卫生站对于畲语的使用。

（四）母语熟练并兼用汉语是嶂背村现阶段主要的双语类型，但这种"畲—汉"双语型有向"汉—畲"双语型转型的趋势

除了极少量的高龄畲语单语人和一定数量的低龄汉语单语人外，多

数嶂背的畲族都是畲汉双语人。根据语言学习的顺序和熟练程度的不同，可以将嶂背村的这些双语人分为两种类型："畲—汉"双语型和"汉—畲"双语型。前一种类型占大多数。在"畲—汉"双语型的人群中，不同年龄段的人兼用的汉语方言有所差异：年长者多兼用的是周围汉族村寨使用的客家话，普通话和本地话（白话）仅能听辨或完全不懂；中青年则对普通话、客家话和本地话都比较熟悉。"汉—畲"型的双语人仅出现在青少年群体中。汉语是他们的第一语言，与祖父母辈有限的交流、村内畲语环境的影响及畲族小学畲语教学是他们学习畲语的主要途径，从而产生了一批汉语熟练、畲语能力个体差异较大的"汉—畲"型双语人。随着家庭语言转用情况的增多，这一群体有继续增加的趋势。

第三章　广东世居民族青少年语言能力调查

青少年的母语能力往往是反映一门语言的现状和未来的基础。社会的变迁带来的语言改变常常在青少年中经常表现得最为敏感，也最为迅速。其语言的使用特点对下一代语言传承有着重要的影响。因此，研究一个语言社区中青少年的母语能力、语言使用情况和语言态度，是衡量语言活力的重要指标，也能有效预测这门语言在未来的发展轨迹。本章节通过对下帅乡壮族、南岗村瑶族和博罗畲族中6—19岁年龄段青少年语言生活状况的调查，尝试对不同民族背景下，青少年语言母语使用和兼用语特点进行初步总结。

第一节　不同民族地区青少年母语能力现状

一　下帅乡壮族青少年母语能力状况

（一）壮族青少年母语能力概况

壮语是下帅乡壮族青少年最主要的交际工具。当地壮族青少年普遍掌握壮语的基本词汇和基本的语法规则，能够自如地用壮语与亲戚、朋友、长辈就日常生活中的各种话题交流自己的看法。我们随机抽样调查了下帅乡车福村40户壮族家庭中43名5—18岁的青少年的语言状况。根据语言能力不同，我们划分了三个等级，即：熟练、一般、不会。三个等级划分的标准为：①熟练，听说能力俱佳，在生活中可以熟练使用该语言交际；②一般，听说能力一般或者较差，抑或听力较好而欠于表达，在日常生活中主要以兼用该语言为主；③不会，听说能力均较差或者完全不懂，在生活中几乎不使用该语言。43名青少年的具体情况见

表 3-1。

表 3-1　　　　　　车福村壮族部分青少年母语使用情况

村寨	总人口	熟练		一般		不会	
		人口	百分比	人口	百分比	人口	百分比
车福	43	41	95.3%	0	0	2	4.7%

通过抽样发现，除了两名青少年第一语言不是壮语外，其他青少年普遍熟练使用母语壮语。这两名青少年的家庭状况见表 3-2。莫某泽和莫某凡生活在族际婚姻家庭，母亲的第一语言是汉语。此外，兄弟俩由于长期跟随父母外出打工，失去了下帅乡的语言环境，所以第一语言转为了白话。不过，这在青少年中是少数的情况。总体来看，壮语在下帅乡的青少年中依然保存得较好，而且这一状态在未来的一段时间内还将继续保持下去。

表 3-2　　　　　　第一语言转用汉语的家庭情况

家庭关系	姓名	民族	年龄	文化程度	第一语言水平	第二语言水平	备注
户主	莫某通	壮族	31	初中	壮语熟练	白话熟练	普通话熟练
妻	刘某珍	汉族	32	初中	白话熟练	壮语一般	普通话一般
子	莫某凡	壮族	8	小学	白话熟练	普通话熟练	壮语不懂
子	莫某泽	壮族	7	小学	白话熟练	普通话熟练	壮语不懂

(二) 壮族青少年母语词汇水平

词汇量是衡量个人语言掌握程度和水平的可量化的一个重要依据，由于时间、人力的有限，本次调查选取了 203 个核心词汇，以随机抽样的方式抽取 11 名不同年龄下帅乡土生土长的壮族青少年进行了语言能力测试。评定标准分为 A、B、C、D 四级，A 级为熟练型，表示听到汉语词后能迅速说出相应的壮语词；B 级为亚熟练型，表示想一想后能说出壮语词；C 级为非熟练型，表示要提示后说出壮语词；D 级为不会型，表示即便提示了也说不出相应的词。本次调查过程中遇到较多借用汉语方言词的情况，这里处理为 D 级。这 11 个被试的具体情况如表 3-3 所示。

表 3-3　　　　　　　　青少年母语能力测试结果

编号	1	2	3	4	5	6	7	8	9	10	11
年龄	7岁	9岁	9岁	10岁	11岁	12岁	13岁	14岁	14岁	14岁	14岁
A级	136	119	88	133	183	156	185	166	181	135	153
B级	16	11	0	7	0	6	3	13	6	23	19
C级	1	6	10	3	0	2	0	0	0	21	6
D级	50	67	105	60	19	39	15	24	16	24	26
A级+B级	152	130	88	140	183	162	188	179	187	158	172

一般来说，A 级类和 B 级类的词可以理解为掌握能力较好的词汇。A级和 B 级之和可以从一定程度上反映测试者对这门语言的掌握能力。我们总结了这 11 名青少年的 A 级+B 级之和后归纳见图 3-1。从图 3-1 可以明显看出，下帅乡壮族青少年的母语力在青少年阶段保持较好，低龄阶段的（10 岁以下）儿童受汉语理解能力和认知能力的影响，有明显个体差异。

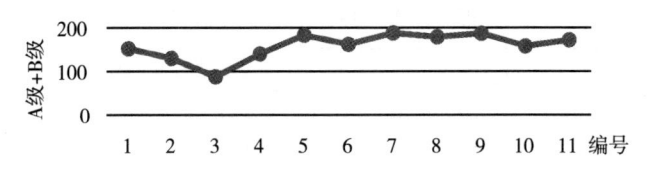

图 3-1　被试青少年 A 级+B 级类词统计结果

（三）壮族青少年词汇量下降的具体表现

以随机抽取的 11 位青少年的 203 词测试结果为依据。每个词对于不同青少年可能会有 A 级、B 级、C 级、D 级不同的测试结果。若 A 级为 3 分，B 级为 2 分，C 级为 1 分，D 级为 0 分的计分方式来给每个词计分，可以分别获得每一个词在这 11 名青少年中的掌握程度。掌握程度最好的词（即每个被试均得 A 级）可达 33 分，掌握情况最差的词（即每个被试都给了 D 级）只有 0 分。我们将 203 个词的计分结果以四分取值。得分为 33 的词有 47 个，我们称为甲类词。具体见表 3-4。

表 3-4　　　　　　青少年掌握情况较好母语词（甲类词）

[jam^{214}]	水	[thui^{53}]	推
[khun^{42}]	雨	[tshui^{53}]	吹（火）

续表

[khjo³¹hin⁴²]	石	[muk⁵⁵]	大
[na:ᵐ³¹ɬa⁴²]	沙	[niŋ³⁵]	小
[tso³¹uan¹³²/ko³¹uan¹³²]	明天	[la:i⁵³]	多
[ma⁵³]	狗	[li⁵³]	好
[ta:ŋ³¹]	蛇	[kau³⁵]	旧
[pja⁵³]	鱼	[jit⁵⁵]	一
[ua⁴²]	花	[ȵi³¹]	二
[koŋ³¹kjo⁵³]	头	[ɬa:m⁵³]	三
[fəŋ¹³²]	手	[ha⁵⁵]	五
[ten⁵³]	脚	[joŋ⁵³]	六
[lə³¹]	血	[tsək⁵⁵]	七
[tsak³¹]	绳	[pe:n¹³²]	八
[ty:ŋ¹³²]	糖	[kjo⁵⁵]	九
[tsa:i³⁵]	蛋	[ɬjɔm³¹]	十
[tau⁵⁵]	来	[ku⁵³]	我
[nam⁵⁵]	想	[mɔŋ⁵³]	你
[la:u⁵³]	怕	[te⁵³niŋ³⁵]	他们
[ta:i⁵³]	死	[jau⁵³niŋ³⁵/ku⁵³niŋ³⁵]	我们
[hi:u⁵³]	笑	[tu³¹niŋ³⁵/tu⁵³ni⁵un³⁵]	这个人
[thiŋ³⁵]	听	[moŋ³¹an⁵⁵]	那里
[pan⁵³]	给	[tu²¹⁴lau⁵³]	谁
[kam⁵³]	拿		

计分为 29—32 的词有 52 个,我们称为乙类词,具体见表 3-5。

表 3-5　　青少年掌握情况较好的母语词汇(乙类词)

[lik³¹ma:k³⁵]	果	[him⁵³]	满
[le⁵³/kat⁵⁵]	咬	[hœ³⁵]	干(衣物)
[ɬoŋ¹³²]	站	[tum¹³²]	湿
[lu:n⁵³]	圆	[nak⁵⁵]	重
[tsai⁵³/kjai⁵⁵]	远	[ɬi:u⁵⁵]	少

[nam⁵³/kap⁵³/ka:m³¹/kɔʊ³¹]	和	[lə:n³⁵]	热
[jai¹³²]	长长的	[tse:ʊ¹³²]	冷（天气）
[nau³⁵]	山（谷）	[mo³⁵]	新
[fi¹³²]	火	[ɬi⁵⁵]	四
[le³³ɭok³¹]	鸟	[te⁵³]	他
[no:n⁵³]	虫	[mɔʊ⁵³niŋ³⁵]	你们
[hy:ʊ⁵³]	尾	[ku³¹ma³³]	什么
[phat³¹]	眼	[u⁵⁵]	脏
[kjo³¹¹aŋ⁴²/pɔ:³¹ʧhu⁴³]	鼻	[he:u¹³/wa:u⁵⁵]	叫
[joŋ⁵⁵]	牙	[tu³¹niŋ³⁵/tu³¹an⁵⁵]	那个人
[lek⁵⁵mei³¹]	女	[wun¹³²]	人
[ɬa⁵⁵]	锁	[pɔ³¹ɬai⁵³]	男
[ji:n⁵³]	烟	[nɔ³¹/ŋai³¹]	肉
[tɔ³¹¹o³¹/ȵen³⁵]	东西	[ka:ʊ⁵⁵]	说
[jo³⁵]	知道	[jam³⁵]	喝（水）
[tsoŋ⁵⁵]	肿	[kən⁵³]	吃
[ɬu:i³⁵]	洗（菜）	[lo:m⁵³]	看（书）
[pei⁵³/pjai⁵³]	走	[ȵaŋ³¹]	坐
[Pjau⁵³]	烧火	[niŋ⁵³]	睡
[liŋ⁵³]	红	[tsam¹³²]	玩
[lam⁵³]	黑	[ji⁵⁵moŋ³⁵/moŋ³⁵ȵin³⁵]	这里

计分为21—28的词我们称为丙类词，有52个，具体见表3-6。

表3-6　　　　青少年掌握情况较差的母语词汇（丙类词）

[kai³⁵]	鸡	[pui⁴²]	年
[fei²¹⁴]	树木	[fəŋ¹³²laŋ⁴²/hən³⁵]	背
[mum³¹]	胡子	[lo:k³⁵]	骨
[tsun³¹kau²¹⁴]	转（弯）	[(a³¹)au⁵³]	爸爸
[lau⁴²li⁵⁵]	星	[ɬiŋ⁵³]	姓（氏）
[fəŋ¹³²kan³⁵]	指甲	[jau¹³²/jəu¹³²]	滑

续表

[(a³¹)ku³⁵]	妈妈	[kjau⁵⁵]	近
[jen⁵³]	黄	[moŋ³¹lou³¹/məŋ³¹lan⁵³]	哪里
[nam⁵⁵]	软	[ɟum⁴²]	风
[jo³⁵ma:i⁵³]	认识	[nœ⁵⁵]	草
[y:k³¹]	呕吐	[pœ³¹pjɔm⁵³]	头发
[thoŋ⁵³]	杀（鸡）	[ki¹³²]	旗子
[kai³¹ɬu³⁵]	计（算）	[niŋ⁵⁵liu⁵³]	醒
[te⁵³]	对（我对他说）	[jœ³⁵]	住
[mi³³ȵim³³]	有的（人）	[pu⁵⁵/liu⁵⁵]	缝补（衣）
[na:³¹]	地（水田）	[we:t³⁵]	挖
[lən⁵³/juek³¹]	月	[ha:u⁵³]	白
[ham¹³²tsaŋ³¹]	夜	[ten⁵⁵]	短
[jœ¹³²]	耳（朵）	[mun⁴²]	天
[ɬim⁵³]	心脏	[tshən³¹hə⁵³]	集市
[fu¹³²]	浮	[tsu⁵³]	盐
[tshjɔŋ⁵⁵]	唱（壮歌）	[min⁵³]	飞
[ma:t⁵⁵]	擦（桌子）	[œ⁵³/thæ⁵³]	吐
[noŋ⁵³/tik³¹lai⁵⁵]	不	[lam⁵³]	种（树）
[lin³⁵]	舌	[kan⁵⁵]	切（菜）
[tok⁵⁵]	落（树叶）	[lau⁵³an⁵⁵]	里面

计分为 0—20 的词称为丁类词，这类词是被试青少年掌握程度最差的词，测试反映这类词有 52 个，具体见表 3-7。

表 3-7　　青少年掌握程度最差的母语词汇（丁类词）

[pa:ŋ¹³²ka⁴²]	大腿	[la³¹lau³⁵]	丈夫
[sap⁵⁵]	肝	[mei²¹⁴]	妻
[ɬoŋ³¹/ɬai⁵⁵]	肠	[jiu⁵³/tian³⁵jin¹³²/tiam⁵³]	游（泳）
[uaŋ³¹/lən⁵³]	皮肤	[hɔ³¹tsoŋ⁵⁵]	谷种
[kuŋ⁵³]	罐	[uan⁴²]	刺（植物）
[mo:k³¹]	钝	[te:k³⁵hɔi⁵³]	裂开

续表

[ta⁵³]	河	[ɬo³¹/tsi³¹]	直
[na:m¹³²]	南	[niŋ³⁵/ju⁵⁵]	细
[kuaŋ⁵⁵/kuaŋ³¹]	宽	[ma¹³²mək⁵⁵/toŋ¹³²]	虱
[ja:k³¹]	根	[fu:t³¹]	翅（膀）
[kjo³³hɔ³⁵]	膝盖	[jen⁵³/lu³¹]	路
[jɚu³³]	右	[nœi⁴²]	雪
[ho:i⁵⁵]	海	[uan¹³²]	日
[tso³⁵]	左	[ho¹³²]	颈
[mi¹³²/fu⁵⁵]	富	[məŋ⁵⁵]	拉
[toŋ⁴²]	冬季	[lam⁵⁵mo:n⁵⁵]	雾
[taŋ⁵⁵]	抖（衣服）	[jam²¹⁴bja⁵³/mjai⁵³]	口水
[hœ⁵³/yœ⁵³]	弱	[liu⁴²]	流
[məu⁵³]	叶	[ju¹³²/yui⁵³/jiu³¹]	绿
[tsho⁵⁵/uai³¹]	坏（人）	[jam⁵⁵/jau⁵⁵/jiu⁵⁵]	温
[un⁵⁵]	云	[wan⁵³tsaŋ³¹]	白天
[phoŋ⁵³/nam⁵³]	尘	[fu⁵⁵]	斧头
[fei²¹⁴ŋæ⁵³]	树枝	[soŋ³⁵]	吸
[hɔŋ⁵³/fui³¹]	灰	[tsha³⁵/mo³¹]	磨（刀）
[lin⁵³/kə⁵³/niŋ⁵³]	窄	[na⁵³]	厚
[man⁵³]	薄	[jai?³¹]	尖

根据对以上数据的分析，可以看出：壮族青少年对母语词汇掌握不够牢固。尽管测试所使用的都是基础核心词，但其中不熟悉的 C 级和 D 级类的词总和都达到了 50%。这与我们在当地看到的青少年普遍熟练使用壮语交流的现象有明显不一致性。我们在随后的访谈中找到了产生这种不一致的原因：一是青少年的壮语能力正在减退，往往只有在实际交流中才能让他们"记起来"某个意思的壮语表达；二是青少年口语中已经存在大量的当地汉语普通话或方言词，这些外来词的使用加速了民族词语的遗忘。

为了进一步了解不同类别词在调查对象中的掌握情况，我们从词义、语音等角度分别进行了考察，结果如下：

1. 对于一些日常生活常见的、特征明显的、易于感知的事物，它们相应的词汇往往更加容易被青少年习得。例如常见的家禽、动物、植物的名词："鸟""虫""狗""蛇"等；常用的动作，如："吃""喝（水）""玩""睡"等；使用频率高的人称代词，如："我""你""他们""我们"等；明显的身体部位和器官，如："眼""鼻""牙""脚"；区分度比较高的形状、颜色，如："红""黑""圆""长"等。

2. 对于日常生活已经不常见甚至消失的、特征不明显、不外现、感知区分度不高的事物，它们相对应的词汇往往不易被青少年掌握。例如现在已经不常见的"虱"；生活中见得较少的"海""雪""雾"等；感知区分不是特别鲜明的形容词，如："薄""窄""厚""尖""宽"等；不外现的身体器官，如："肝""颈""肠""骨""舌"等。

3. 单音节词在代际传承方面比双音节或多音节复合词有优势。青少年掌握得比较好的多数是单音词、单纯词。有一些很常见的事物，例如"指甲""大腿""星星""夜晚"等，都因其是复合词而难以被准确记忆。在动词方面更加明显。甲类词中大部分都是单音节的常用动词，而像"裂开""游泳""算"等，虽然也是常用动词，但是都进入了丙、丁类词。

4. 主要的亲属名词、地名、日期、方位名词、具有书面语色彩词语都更加容易被转用汉语。例如壮语中的"爸爸""妈妈"等，下帅乡青少年多使用汉语称谓，甚至模仿港台电视剧中"妈咪""爹地"的叫法。提及传统称谓，他们都认为"这些都是长辈他们的叫法了"；对于当地的村寨、河流和山名，部分青少年还可以用壮语称呼，但是大部分都直接改用汉语的表达；日期、方位类的名词因与现代生活相关性较大，而被集体转用，如"右""左""南"等；一些具有书面语色彩的词语，例如问到"富""丈夫""妻子"，绝大多数青少年都转用了汉语。

在上述各类词中，有一类甲类词比较特殊，即基数词。根据以往在民族地区的调查经验，因基数词与现代生活息息相关，所以被转用汉语的情况非常常见，青少年更是很少可以用民族语数到三以后。但在下帅地区，我们调查的每一名被试都可以非常流利地使用壮语数词。这一现象背后的原因值得进一步挖掘。

(四) 壮族青少年母语词汇与其他年龄段比较

综上可见,壮族青少年母语能力保存较稳定,但语言能力差异较大,那么总体来看,他们与父辈相比,语言能力是否有下降?我们随机抽取了7名青少年和7名不同年龄段的成人,对这14名土生土长的壮族村民作了上述的词汇量测试,得到的具体结果见表3-8,表3-9,图3-2。

表3-8　　　　　　　不同年龄段壮族语言能力测试结果

编号	1	2	3	4	5	6	7
年龄/岁	7	9	10	11	12	13	14
A级	136	119	133	183	156	185	166
B级	16	11	7	0	6	3	13
C级	1	6	3	0	2	0	0
D级	50	67	60	19	39	15	24
A级+B级	152	130	140	183	162	188	179
编号	8	9	10	11	12	13	14
年龄/岁	29	34	34	47	51	63	71
A级	181	162	160	195	180	179	189
B级	4	9	8	0	6	7	3
C级	0	2	1	0	0	0	0
D级	18	30	34	8	17	17	11
A级+B级	185	171	168	195	186	186	192

表3-9　　　　　　　　青少年和成人词汇量对比

	A级+B级平均值	占词汇量比例	C级+D级平均值	占词汇量比例
5—18岁	162	80%	41	20%
18岁以上	183	90%	20	10%

对比表3-9中青少年和其他年龄段的语言能力,可以明显看出,中老年人A级和B级的词汇量总和更多,D级词明显较青少年少。语言掌握能力最好的两名壮族分别是一位47岁的和一位71岁的壮族。A级和

下帅乡不同年龄段壮族母语词汇量比较

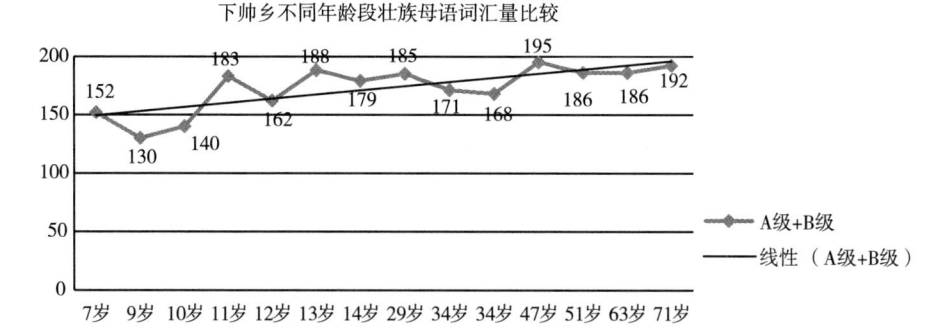

图 3-2　不同年龄段壮族母语词汇量比较

B 级词之和可以从一定程度上反映测试者对这门语言的掌握能力。从表 3-9 的统计可得，5—18 岁壮族青少年的 A 级+B 级之和的平均值为 162（占总测试总词汇量的 80%），稍低于 18 岁以上壮族的平均值 183（占总测试词汇量的 90%），可见下帅乡壮族青少年的语言能力与父辈相比有一定差距。

再从图 3-2 的波形图走势来看，A 级+B 级之和总体上与年龄的增长成正相关，即年龄越大的下帅乡壮族壮语词汇总量越大，母语能力越强。18 岁以下的青少年曲线波动较大，而 29 岁以上的壮族词汇量曲线较为稳定。至此我们可以大致了解到，下帅乡壮族母语能力的强弱基本上与年龄的大小成正相关。10 岁以下的儿童语言能力最薄弱。40 岁以上的壮族语言能力个体差别较小，整体语言能力较好。

二　南岗村瑶族青少年母语能力状况

（一）瑶族青少年母语能力概况

根据实地调查，在随机抽取的南岗村三个生产小组的 110 户村民中，6—19 岁的青少年共有 99 名。笔者根据语言能力不同，划分了三个等级，即：熟练、一般、不会。三个等级划分的标准为：①熟练，听说能力俱佳，在生活中可以熟练使用该语言交际；②一般，听说能力一般或者较差，抑或听力较好而欠于表达，在日常生活中主要以兼用该语言为主；③不会，听说能力均较差或者完全不懂，在生活中几乎不使用该语言。这 99 名青少年的具体情况见表 3-10。

表 3-10　　　　　　　南岗瑶族部分青少年母语使用情况

村寨	总人口	熟练		一般		不会	
		人口	百分比	人口	百分比	人口	百分比
南岗	99	98	98.9%	1	1.01%	0	0

我们在调查中看到，南岗瑶语是大多数瑶族青少年日常生活最主要的交际工具，他们能用瑶语与亲戚长辈、同学、朋友，就生活中的各种话题进行谈话、交流各自的观点以及看法。多个受访的青少年表示，南岗瑶族青少年绝大多数在家里都说瑶语，在村子中遇到熟人也说瑶语。高三刚毕业的盘某兰说："我们家都是瑶族人，在家一般和爸爸妈妈全部讲瑶话，和姐姐弟弟基本也讲瑶话。"

唐四某一是在我们的调查对象中唯一一位第一语言转用为客家话的青少年。我们对他的家庭语言情况做了进一步了解，见表 3-11。

表 3-11　　　　　　　　　唐四贵一家庭情况

家庭关系	姓名	年龄	民族	文化程度	第一语言水平	第二语言水平	备注
户主	唐某贵	43	瑶族	初中	南岗瑶语熟练	普通话熟练	县城打工
妻子	唐四某沙	41	瑶族	小学	香坪镇瑶语熟练	南岗瑶语一般	县城打工
儿子	唐四某一	17	瑶族	高中在读	三江客家话熟练	南岗瑶语熟练	县城长大

唐四某一从出生起就和父母生活在三江。他的父母虽然都是瑶族，但是因为母亲是香坪镇的瑶族，和父亲讲的南岗瑶语在语音上差别较大，不方便沟通，因此家庭内部的语言使用了三江客家话，这也是唐四某一第一语言为汉语的原因。不过他也会经常在假期回到南岗村生活，很快也学会了使用瑶语与人沟通。唐四某一的情况在青少年中是少数。总体来看，南岗瑶语在青少年中仍然保留并熟练使用，这是瑶族青少年在母语使用上最重要的特点，这种状态将持续一段时间。

（二）瑶族青少年母语词汇水平

本次调查，我们选取了 200 个核心词作为测试内容，所收词汇涉及名词中的天文地理、人体部分、动植物名称，以及数词、动词、形容词等词类。以随机抽样的方式抽取 28 名 6—19 岁年龄段的在南岗村土生土长的瑶族青少年进行了语言能力测试。在测试标准上，我们采用 A、

B、C、D 四级标准。A 级：听到汉语词后能迅速说出相应的瑶语词；B 级：听到汉语词后需要想一想才能说出相应瑶语词；C 级：听到汉语词后想不出瑶语词怎么说，但提示后可以答出；D 级：经提示也说不出瑶语词。这 28 名被试的具体情况见表 3-12。

表 3-12　　　　　青少年 200 词母语能力测试统计

姓名	性别	年龄	不同等级的词汇掌握数量				A 级+B 级数量
			A 级	B 级	C 级	D 级	
邓某峰	男	7 岁	120	30	34	15	150
邓某静	女	9 岁	83	51	34	32	134
喻某美	女	11 岁	165	11	20	4	176
邓某梅	女	12 岁	110	31	11	48	141
邓某瑰	女	12 岁	180	5	11	4	185
唐某贵	男	13 岁	176	14	3	7	190
邓某	女	13 岁	165	7	10	18	172
刘某群	男	13 岁	155	8	11	26	163
邓某轩	男	13 岁	159	8	10	23	167
房某强	男	14 岁	174	13	10	3	187
邓某杰	男	14 岁	148	20	14	17	168
邓某唯	男	14 岁	180	0	11	8	180
沈某红	女	15 岁	178	6	7	9	184
房某妹	女	15 岁	178	7	8	7	185
房某海	男	15 岁	135	35	20	8	170
唐某	男	15 岁	121	14	7	57	135
邓某	女	16 岁	149	11	25	15	160
唐大某贵	男	17 岁	160	12	14	14	172
唐某辉	男	18 岁	176	10	7	7	186
盘某兰	女	18 岁	167	10	16	7	177
房某明	男	18 岁	170	12	2	16	182
邓某贵	男	18 岁	184	0	10	5	184
唐某	男	18 岁	159	8	18	15	167
沈某荣	男	19 岁	162	9	5	21	171
邓某龙	男	19 岁	190	2	6	2	192
沈某新	男	19 岁	184	8	4	4	192

姓名	性别	年龄	不同等级的词汇掌握数量				A级+B级数量
			A级	B级	C级	D级	
沈某城	男	19岁	179	8	5	8	187
房某明	男	19岁	184	10	2	4	194

为了反映测试者对这门语言的掌握能力，我们总结了这28名青少年的A级+B级之和后归纳如图3-3所示。通过该图可以明显看出，南岗瑶族青少年的母语能力具有一定的差异性。

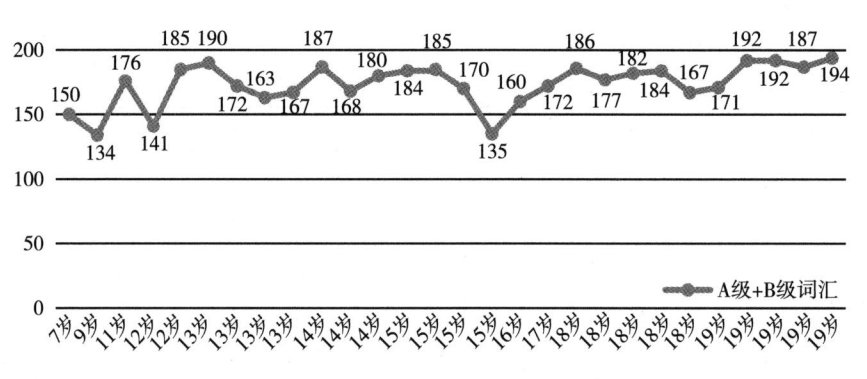

图3-3 28名青少年A级+B级词汇统计

如图3-3所示，有三名青少年A级+B级词汇低于150个，我们对他们的语言学习经历做了进一步的了解：

邓某静，女，9岁。年纪小，母语为瑶语，对汉语词汇理解翻译能力较差。

邓某梅，女，12岁。母语为瑶语，汉语水平欠佳，对汉语词汇理解翻译能力较差。

唐某，男，15岁。幼年时跟随打工的父母生活在广州，在当地上完幼儿园后回到南岗小学读完一年级，后又回到广州读二、三年级，三年级下学期再次回到南岗读书，直到初中结束。白话是他的第一语言，回到南岗后才学习了瑶语。

（三）瑶族青少年词汇量差异的具体表现

本节将通过分析不同类别词汇中在青少年中的掌握程度的不同，进一步观察南岗村瑶族青少年的母语词汇量差异的具体表现。我们统计了每一个核心词在测试过程中所获得的等级次数。记获得一次 A 级为 3 分，B 级为 2 分，C 级为 1 分，D 级为 0 分，逐词统计，可以分别获得每一个词在 28 名青少年中的整体掌握程度。掌握程度最好的词（即每个被试均得 A 级）可达 84 分，掌握情况最差的词（即每个被试都给了 D 级）只有 0 分。我们将 200 个词的计分结果以四分取值。第一阶梯为得分 84 的词，共有 31 个，我们称为甲类词。具体见表 3-13。

表 3-13　　　　　青少年掌握情况较好母语词（甲类词）

词汇	国际音标	词汇	国际音标	词汇	国际音标
我	[tsia^{44}/tsia^{44}]	鸡	[kui^{44}]	石头	[ju^{44}pɛi^{24}]
五	[ŋ̍^{44}pia^{31}]	鱼	[ɓiu^{44}]	火	[tu^{44}]
六	[tɔ^{44}/liak^{4}]	狗	[ku^{24}]	山	[ɓɛn^{31}]
七	[ni^{44}/vut^{2}]	笑	[tut^{4}/tut^{2}]	红	[sia^{44}]
八	[jat^{2}/ɓat^{2}]	哭	[niam^{24}]	坏	[vai^{22}]
冷	[liŋ^{41}/kuŋ^{24}]	踢	[jia^{41}/ɓuɛ^{24}/ɗiam^{242}]	小孩	[hau^{22}kan^{41}/siau^{44} kan^{44}ɗan^{44}]
人	[min^{242}]	死	[tai^{22}]	说	[ɓau^{31}/kɔŋ^{24}]
坐	[hɛi^{44}]	看	[tsɔu^{44}]	白	[pa^{22}]
黑	[kia^{44}]	十	[siap^{4}]	脚	[tau^{24}]
睡	[ɓui^{31}/jap^{2}]	水	[m̩m^{24}]	打（人）	[kɛt^{2}/ɗaŋ^{24}]
坏	[vai^{22}]				

计分为 56—83 的词有 146 个，我们称为乙类词，具体见表 3-14。

表 3-14　　　　　青少年核心词掌握的乙类词汇

词汇	国际音标	词汇	国际音标	词汇	国际音标
你	[ŋui^{31}/mui^{41}]	这时	[la^{31}vun^{44}/ŋa^{22}vuŋ^{44}]	多	[tsɔŋ^{44}]
他	[vɛi^{44}]	那里	[vɛi^{22}hai^{22}/nu^{44}hai^{22}]	少	[vu^{22}]
我们	[vɔn^{41}na^{44}]	谁	[si^{2}min^{41}/si^{44}lɔ^{31}]	一些	[ʔa^{44}ɗui^{24}]
你们	[niu^{31}vɔn^{31}]	什么	[si^{41}ni^{44}]	名字	[miaŋ^{41}ɓu^{31}]

续表

词汇	国际音标	词汇	国际音标	词汇	国际音标
他们	[vei²¹lui²⁴/	哪	[paŋ²²na²⁴]	一	[ʔa⁴⁴/jɔt⁴]
这个	[ni⁴⁴hai⁴⁴]	什么时候	[paŋ²²tun²²/si⁴¹mi⁴⁴]	二	[ni²²]
那个（近）	[ni⁴⁴na⁴⁴]	不	[ʊ̀⁴⁴/ʊ̀²⁴²]	三	[ɓu³¹/hɔm²²]
四	[hɛi³¹]	肩膀	[ɓʊ⁴⁴ɓɛn²⁴]	肠子	[kiaŋ²⁴²]
九	[ku⁴²]	眼泪	[mai⁴¹m m²⁴]	脖子	[kɔŋ²²kan⁴⁴]
远	[kɔ⁴⁴]	毛	[pɛi⁴⁴]	背	[lai⁴⁴in²⁴]
绳子	[ɗiu⁴¹]	头发	[pɛi⁴⁴]	心	[vum⁴⁴]
脸	[mɛn⁴⁴]	头	[pɛi⁴⁴fɔ⁴⁴]	肝	[hɔŋ²²]
血	[jɛm²⁴]	翅膀	[ɗɔt²/ɗɔt⁴]	喝	[vup⁴]
骨头	[jiŋ²⁴]	屁股	[kai⁴⁴sin⁴⁴]	吃	[niɛn²²]
杀	[ɗai⁴¹]	飞	[sɛi⁴⁴]	月亮	[lɔu³¹]
切	[ɗai²²]	跑	[piu³¹]	上面	[ʔa⁴⁴ɗiŋ⁴¹]
分	[van⁴⁴]	来	[lau⁴⁴]	铁	[lia⁴⁴]
刺	[sin³¹]	推	[nu³¹]	河	[ɗɔi²⁴²]
抓	[tsau⁴⁴]	扔	[jiu³¹/nɛn²⁴]	盐	[jɛm²⁴²]
挖	[vɛt²]	夹	[ŋɛm⁴¹]	山洞	[ʔa²²ɓiam²⁴]
扶	[hat⁴]	缝	[ɗup⁴]	路	[tsu²⁴]
月	[lɔu³¹]	旧	[kɔ³¹]	重	[nɛi²⁴]
白天	[pa³¹nai⁴⁴]	好	[jɔŋ³¹]	小	[hɛi³¹]
年	[niaŋ³¹]	便宜	[pɛn⁴²]	短	[naŋ²⁴]
暖	[siu³¹siaŋ⁴]	近	[tsan²²]	热	[tsam⁴⁴]
冷	[liŋ⁴¹/kuŋ²⁴]	大	[lɔu⁴⁴]	女人	[sa⁴⁴min⁴¹pia⁴¹]
满	[ɓaŋ²⁴]	长	[ɗu²⁴]	男人	[kiaŋ⁴⁴min²⁴²]
新	[siaŋ⁴⁴]	厚	[vu²⁴]	妻子	[sa⁴⁴]
丈夫	[kiaŋ²²]	树	[ɗiaŋ⁴¹]	鼻	[ɓi⁴⁴kiaŋ⁴¹]
母	[ji⁴⁴]	树皮	[ɗiaŋ⁴⁴ɗip²]	嘴	[ji⁴⁴ɗip⁴]
父	[ʔa²²ɓa⁴⁴]	花	[piaŋ⁴¹/piaŋ²⁴²]	牙	[nia²⁴²]
马	[ma⁴⁴]	草	[mia²⁴]	舌	[ɓɛt²]
猪	[tiŋ⁴⁴]	果子	[ɓɛu²⁴]	指甲	[vui³¹/tu⁴⁴tau²⁴]

续表

词汇	国际音标	词汇	国际音标	词汇	国际音标
蛇	[nɔŋ²²]	耳	[ɓiu²⁴²]	绿/蓝	[mɛŋ⁴⁴]
虫	[tsaŋ⁴⁴ɗan⁴⁴]	喉咙	[kɔŋ⁴⁴niaŋ³¹]	大腿	[tam²²si²⁴²]
手掌	[pu⁴⁴sin⁴⁴]	问	[nɔi²²]	擦	[tsat²/kat⁴]
咬	[ŋau²²kui³¹]	尖	[hɛ²²]	拉	[lɔi⁴⁴]
吸	[vu²⁴]	给	[khai⁴⁴]	唱	[ʔai⁵¹]
吐（气）	[sui³¹]	站	[fu²⁴]	脱	[ɓɔŋ³¹]
呕	[fɔn⁴⁴]	转（头）	[liɛt²/fin⁴²]	写	[siɛ²⁴]
吹（气）	[sui³¹]	抱	[ɗiam⁴⁴]	追	[na⁴⁴/lɛt²]
听（说）	[maŋ³¹]	给	[ɓan⁴⁴]	肿	[m̩ m̩³¹]
知道	[ɓɛi²²¹ɛi²²]	拿	[nɛu³¹]	太阳	[nai²²]
想（去）	[siaŋ⁴¹]	偷	[niam²²]	沙子	[ha⁴⁴tsiu⁴⁴]
怕	[jia³¹]	洗	[ɗou²⁴]	地	[ti²²]
天	[vaŋ⁴¹]	干净	[liaŋ⁴¹li⁴⁴]	滑	[ɠut⁴]
风	[jau³¹]	窄	[hɛp²]	湿	[kap²]
雷	[ɓia²²kuŋ⁴⁴]	直	[laŋ⁴⁴]	干	[ɠɔi⁴⁴]
炊烟	[tu⁴⁴ʔɛn⁴⁴]	圆	[vin⁴¹]		

计分为 28—55 的词有 22 个，我们称为丙类词，具体见表 3-15。

表 3-15   青少年核心词掌握的丙类词汇

词汇	国际音标	词汇	国际音标	词汇	国际音标
如何	[hɔŋ³¹ti⁴⁴]	摇	[tɛu²²]	宽	[kiaŋ²⁴]
种子	[num⁴⁴]	星	[vut²nɛn²²]	森林	[ɗiaŋ⁴⁴kan⁴⁴]
皮肤	[ɗip²]	湖	[kɔŋ⁵¹]	树枝	[ɗiaŋ⁴⁴ki⁴⁴]
尾巴	[ɗui²⁴]	灰尘	[kɛi²⁴]	树根	[ɗiaŋ⁴⁴ɠɔŋ]
胃	[ɓiŋ²⁴²/tam²⁴tɔi²²]	左	[ɗɔi³¹]	膝盖	[ɗiaŋ⁴⁴pɛi²⁴/niaŋ⁴⁴pɛi²⁴]
拌（饭）	[kɛu²⁴]	霜	[sɔŋ⁴⁴]	磨（碎）	[mɔ²²]
劝	[saŋ²¹kai⁴⁴]	井	[pɛn²⁴/tɛŋ³¹]	云/雾	[vɔ⁴⁴m̩ m̩³¹/vɔn⁴¹m̩ m̩²²]
钝	[tun⁴¹]				

计分为 0—27 的词仅有 1 个,我们称为丁类词,具体见表 3-16。

表 3-16　　　　　　青少年核心词掌握的丁类词汇

词汇	国际音标
胳膊肘	[$pu^{44}tui^{24}$]

根据对以上表格数据的整理、分析,并且结合实地访谈,我们认为,南岗瑶族青少年在母语词汇的掌握上有以下特点:

1. 总体掌握情况较好。甲、乙类词占总测试数的 88.5%。丙类词汇 22 个,占词汇总量的 11%;丁类词汇只有 1 个,占词汇总量的 0.5%。在我们所调查的三个民族中,南岗瑶族青少年的词汇掌握程度是最高的。

2. 乙类词占比最高,接近所测试的词汇总量的 3/4。我们在调查中观察到,影响乙类词汇记忆的主要原因是汉语词的借入。例如:尽管瑶族青少年多数能够回答"父亲""母亲"的瑶语称谓,但是"爸爸"和"妈妈"仍然是不少被试的第一反应;其他借用汉语的亲属名词还有"哥哥""姐姐"等。还有一些例如方位名词"左""右";基数词"一""二""三"等,都处于民族语和汉语共用的阶段。这一竞争阶段必然是短暂的、过渡性质的。这部分词汇的生命力完全取决于青少年的使用频率。如没有人为地在母语使用上进行引导和干预,那么乙类词很可能逐步降级成为丙类甚至丁类词汇。在被问到"想""那里"用瑶语怎么说时,瑶族少年邓某瑰想了一会儿,然后不好意思地笑着说:"感觉很简单,可是好像也不怎么常用到,得想一下才行。"

(四) 瑶族青少年母语与其他年龄段比较

前文显示南岗瑶族青少年母语能力仍有较好保存,但语言能力差异较大,为了探析南岗瑶族青少年母语能力是否存在下降,我们随机抽取 10 名青少年和 10 名不同年龄段的成人,对这 20 名土生土长的瑶族都作了上述的词汇量测试,得到的具体结果见表 3-17、表 3-18,图 3-4。

表 3-17　　　　　　不同年龄段瑶语 200 核心词测试结果

姓名	邓某峰	邓某静	喻某美	刘某群	房某强	沈某红	邓某	唐某焦贵	唐某辉	邓某龙
年龄	7岁	9岁	11岁	13岁	14岁	15岁	16岁	17岁	18岁	19岁
A 级	120	83	165	178	135	160	149	160	176	190
B 级	30	51	11	6	35	12	11	12	10	2
C 级	34	34	20	7	20	14	25	14	7	6
D 级	15	32	4	9	8	14	15	14	7	2
A 级+B 级	150	134	176	163	187	184	160	172	186	192
姓名	唐某琳	沈某驹	盘某钢	房某	刘某波	邓九某莎	唐某九	邓某民	邓莎某妹	邓八某三
年龄	23岁	29岁	33岁	39岁	45岁	47岁	54岁	68岁	70岁	79岁
A 级	189	179	190	189	192	183	193	191	195	158
B 级	6	15	9	2	2	5	7	6	1	12
C 级	3	1	1	8	0	11	0	0	0	15
D 级	2	5	0	1	2	1	0	3	4	15
A 级+B 级	195	194	199	191	194	188	200	197	196	180

表 3-18　　　　　　青少年和成人词汇量对比

年龄段	A 级+B 级平均值	占词汇量比例	C 级+D 级平均值	占词汇量比例
6—19 岁	170	85%	15	7.5%
19 岁以上	193	96%	3	1.5%

对比可见，6—19 岁青少年所掌握的 A 级和 B 级的词汇量平均为 170，占词汇比例的 85%；19 岁以上人群所掌握的 A 级和 B 级的词汇量平均为 193，占词汇比例的 96%。相比较而言，19 岁以上的人群对母语的词汇掌握得更好。其中，54 岁的唐某九在 200 核心词的测试中，A 级词为 193，B 级词为 7，总和达到了 100%。79 岁的邓八某三老先生因为汉语水平有限，才导致测试时不能快速、准确地说出对应的瑶语词汇，但通过观察他与其他同族人交流的情况，我们认为其实际瑶语水平是很高的。

此外，从图 3-4 的折线图看，代表 19 岁以上的人群曲线幅度很小，语言能力个体差异小，几乎所有被试都熟练地掌握了母语。在 19 岁以下的人群中，曲线波动较大，个体之间语言能力差异较大。

```
        195    194    199          194   188    200    197    196   192
200 ●━━━━━●━━━━━●━━━━━●━━━━━●━━━━━●━━━━━●━━━━━●━━━━━●
                      191                                              180
          150         176          187   184                     186
150                         163                       172
                134                              160
100

 50

  0
    23岁   29岁   33岁   39岁   45岁   47岁   54岁   68岁   70岁   19岁
    7岁    9岁    11岁   13岁   14岁   15岁   16岁   17岁   18岁   79岁
                            ●— 6—19岁   ■— 19岁以上
```

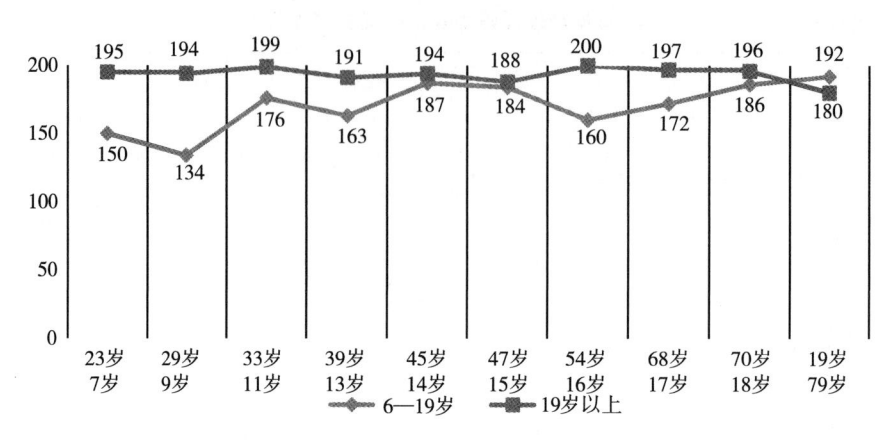

图 3-4 不同年龄段瑶族母语词汇量比较

三 嶂背村畲族青少年母语能力状况

(一) 畲族青少年母语能力

由于嶂背村畲族总人数较少,我们地毯式地调查了嶂背村三个村寨 113 名 6—19 岁青少年的母语使用情况,并将语言能力划分了"熟练""一般""不会"三个等级进行统计。具体划分的标准为:①熟练,听说能力俱佳,在生活中可以熟练使用该语言交际;②一般,听说能力一般或者较差,或听力较好而欠于表达,在日常生活中主要以兼用该语言为主;③不会,听说能力均较差或者完全不懂,在生活中几乎不使用该语言。统计结果见表 3-19。

表 3-19 嶂背村三个自然村畲族青少年母语使用情况

村寨名称	总人口	熟练		一般		不会	
		人口	百分比	人口	百分比	人口	百分比
新屋	44	7	15.91%	3	6.82%	34	77.27%
新塘	28	15	53.57%	7	25.00%	6	21.43%
大板田	41	4	9.76%	37	90.24%	0	0
合计	113	26	23.01%	47	41.59%	40	35.40%

依据表 3-19,畲族青少年的母语水平总体较低,"畲语熟练"的青少年仅占被调查人数的 23.01%。被调查者的语言能力主要集中在"畲

语一般"这个等级。在这个等级及以下的青少年中,畲语已经不是他们的第一语言,在日常生活中以兼用畲语为主。

(二) 畲族青少年母语词汇水平

我们在调查走访过程中,随机观察了在小卖部、村道上和田野里玩耍的青少年,他们与同龄人都在使用汉语(客家话或者普通话)交流。根据他们的描述,只有在与长辈尤其是祖父母辈沟通时,才会用到畲语,并且他们的畲语也往往是和祖父母学习的。

为了进一步探究现阶段畲族青少年语言的实际母语能力,我们按照年龄的分布,共抽取了 7—19 岁的 15 名畲族青少年进行词汇量测试。考虑到畲族青少年的母语词汇量有限,我们将本次的词汇测试范围缩小为 100 核心词并将评定标准分为 A、B、C、D 四级:A 级为熟练型,表示测试者听到汉语词后能迅速地说出相应的畲语词;B 级为亚熟练型,表示测试者需要思考回忆后说出相应的畲语词;C 级为非熟练型,表示测试者在提示后才能说出相应的畲语词;D 级为不会型,表示提示了也不会说相应的畲语词。本次调查过程中遇到较多借用汉语方言词的情况,统一处理为 D 级。结果见表 3-20。

表 3-20　　　　　　　　嶂背村青少年母语能力测试结果

编号	1	2	3	4	5	6	7	8	9	10	11	12	13	14	15
年龄	7岁	8岁	9岁	10岁	10岁	10岁	11岁	12岁	13岁	13岁	14岁	15岁	16岁	18岁	19岁
A 级	33	25	50	12	36	38	52	78	88	92	74	90	82	77	78
B 级	2	1	6	0	4	2	3	3	4	2	9	1	1	12	6
C 级	11	13	18	1	3	27	24	13	2	0	0	0	1	9	0
D 级	54	61	26	87	57	33	21	6	6	6	17	9	16	2	16
A 级+B 级	35	26	56	12	40	40	55	81	92	94	83	91	83	89	84

一般来说,A 级和 B 级的词汇量的总和可以作为词汇掌握程度的参考值之一。词汇量从一定程度上反映了被试者对母语的掌握能力。在分析这 15 名青少年 A 级+B 级之和时发现:11 岁为一个较为明显的分界线,11 岁及以下的 7 位学生畲语核心词汇掌握程度较低。掌握过半的只有两人,其余的仅仅在 25—40 之间。

（三）畲族青少年词汇下降的具体表现

我们将进行 100 核心词汇测试的 15 位学生的测试结果进行量化，通过对每一个词的赋值来观察畲族青少年在不同类别的词汇中的具体掌握情况。其中 A 类记为 3 分，B 类记为 2 分，C 类记为 1 分，D 类记为 0 分。按分值高低排序，将 100 词分为甲、乙、丙、丁四类。具体见表 3-21、表 3-22。

表 3-21　　分值为 31—45 的甲-乙类词汇（甲类词仅有一个）

博罗畲语	词项	累计分数	博罗畲语	词项	累计分数
[vaŋ^{53}]	我	45（甲）	[thu^{24}]	咬	37（乙）
[pa^{33}]	三	44（乙）	[u^{55}]	那	36（乙）
[muŋ^{42}]	你	44（乙）	[a^{24}]	不	36（乙）
[u^{33}]	二	42（乙）	[le^{42}]	人	36（乙）
[pi^{24}]	四	42（乙）	[tɔ^{31}]	脚	36（乙）
[pi^{33}]	五	42（乙）	[si^{55}]	血	36（乙）
[ko^{31}]	六	42（乙）	[pɔ^{31}]	睡	36（乙）
[tsung^{54}]	七	42（乙）	[le^{42}pu^{55}]	男人	35（乙）
[ha^{31}a^{31}]	什么	42（乙）	[lia^{55}]	这	35（乙）
[khiu^{42}]	九	42（乙）	[kia^{55}]	狗	34（乙）
[khiɔ^{24}]	十	42（乙）	[laŋ^{31}]	个	34（乙）
[i^{24}]	一	41（乙）	[tsau^{31}]	爪子	34（乙）
[pi^{24}]	八	41（乙）	[khua^{53}]	手	34（乙）
[pia^{53}]	鱼	41（乙）	[fa^{55}]	烧	34（乙）
[ɲiuŋ^{33}]	坐	41（乙）	[kaŋ^{24}khu^{31}]	头	33（乙）
[mɔ^{24}phu^{24}]	看见	41（乙）	[kuŋ^{31}]	听见	33（乙）
[u^{31}]	多	40（乙）	[puŋ^{33}]	给	33（乙）
[hɔ^{24}]	喝	40（乙）	[le^{42}va^{55}]	女人	32（乙）
[khaŋ^{33}]	热	40（乙）	[thɔ^{53}]	火	32（乙）
[ɔŋ^{42}]	水	39（乙）	[vɔŋ^{42}]	大	32（乙）
[sɔŋ^{33}]	小	39（乙）	[ka^{42}khuŋ^{55}]	耳朵	32（乙）
[luŋ^{42}]	吃	39（乙）	[ta^{31}]	杀	32（乙）
[pe^{33}]	知道	39（乙）	[kue^{33}kia^{33}]	鸡蛋	31（乙）
[lu^{53}]	来	39（乙）	[kaŋ^{24}khu^{31}pi^{33}]	头发	31（乙）
[pe^{51}e^{42}]	谁	39（乙）	[ka^{33}khɔ^{55}]	眼睛	31（乙）
[tha^{53}]	死	39（乙）	[su^{55}]	站	31（乙）

续表

博罗畲语	词项	累计分数	博罗畲语	词项	累计分数
[kuŋ^{33}]	说	39（乙）			

表 3-22　　　　　分值为 0-15-30 的丙-丁类词汇

博罗畲语	词项	累计分数	博罗畲语	词项	累计分数
[luŋ^{53}]	雨	30（丙）	[kjoŋ^{33}]	针	22（丙）
[mun^{55}]	牙齿	30（丙）	[kiaŋ^{33}]	黑	22（丙）
[tu^{24}un^{22}]	新	29（丙）	[si^{31}]	红	21（丙）
[ka^{33}pi^{33}]	走	29（丙）	[pi^{24}]	舌头	21（丙）
[pa^{33}]	我们	29（丙）	[ta^{33}]	土地	20（丙）
[kue^{42}]	肉	29（丙）	[kiɔ^{33}]	白	20（丙）
[suŋ^{55}kɔ^{55}]	骨头	29（丙）	[si^{55}]	灰	18（丙）
[tiɔ^{42}]	嘴	28（丙）	[phui^{31}]	条	17（丙）
[ŋjɔ^{55}ka^{55}]	肚子	28（丙）	[ka^{33}tɔ^{55}]	尾	16（丙）
[lɔ^{53}taŋ^{33}]	鸟	27（丙）	[taŋ^{31}]	虱子	22（丙）
[ka^{33}ta^{55}]	长	27（丙）	[khu^{31}]	皮肤	15（丁）
[tɔŋ^{31}]	树	27（丙）	[tɔ^{31}thiu^{53}kui^{55}]	膝	15（丁）
[ŋ^{55}piu^{53}]	鼻子	27（丙）	[tɔŋ^{31}khu^{31}]	树皮	13（丁）
[ka^{55}kien^{33}]	脖子	26（丙）	[fun^{33}]	心脏	12（丁）
[lɔ^{33}kɔ^{55}]	太阳	26（丙）	[hia^{33}]	沙子	12（丁）
[kia^{55}]	路	26（丙）	[ka^{24}phu^{42}]	绿	11（丁）
[pjɔŋ^{42}]	叶子	25（丙）	[kaŋ^{33}]	角	11（丁）
[ŋi^{31}]	飞	25（丙）	[fun^{33}]	肝	11（丁）
[za^{33}kɔ^{55}]	石头	25（丙）	[le^{31}]	月亮	10（丁）
[ɔŋ^{42}]	躺	24（丙）	[ka^{55}lɔ^{33}]	种子	7（丁）
[khiuŋ^{42}]	根	23（丙）	[khun^{42}]	黄	7（丁）
[ka^{33}tu^{24}kue^{42}]	游泳	23（丙）	[le^{31}taŋ^{33}]	星星	6（丁）
[pi^{33}]	羽毛	23（丙）	[tsɔŋ^{33}ɔŋ^{42}/fv^{33}]	云（白云）	0（丁）
[in^{33}]	烟	23（丙）			

根据表 3-21、表 3-22 的统计和测试后的访谈，我们对畲族青少年的词汇量掌握情况进行了如下总结：

1. 对基本词汇的掌握能力较差,能够熟练使用的单词极其有限。乙类词有 52 个,仍是占比最大的类别,占总测试量的 52%;丙类和丁类的总和是 47 个。但与壮族、瑶族青少年产生鲜明的对比的是:畲族青少年掌握的甲类的词语有且仅有"我"一个。

2. 畲语是当地多数畲族青少年的第二语言,社区和学校是这些青少年学习母语的主要场所,词汇的掌握量与学校的畲语教学有一定相关性。经访谈了解到,不少学生可以答出的乙类词多是在学校的畲语课本上出现过的。他们仅在课堂上以背单词的方式记忆,但并不常在日常交流中使用。一些稍微复杂的词如"种子""沙""树皮""灰(草木灰)"因为中低年级的畲语课本还没有学到,因此答不出。此外,我们在测试中还发现,学生们频繁地出现用客家话替代畲语的情况,例如颜色的名词:"黄""绿""白""红"等。在询问中,他们并不太能分辨自己讲的究竟是哪一种语言。

在完成核心词汇测试以后,我们邀请畲族人与被试青少年进行简单的情景对话。多数学生只能用畲语说出一些简单句子,如"早上好""你吃饭了吗?""去哪里?",并不具备使用畲语围绕话题讲述的能力。这与我们的词汇量测试结果是一致的。

(四)畲族青少年母语能力与其他年龄段比较

为了更清晰地观察畲语在不同年龄段之间的使用差异,进一步了解青少年语言能力的下降速度,我们从 20—68 岁的成年人中按年龄抽取了 10 人重复了上述的 100 核心词汇测试,与青少年对比得到具体结果见表 3-23、表 3-24、图 3-5。

表 3-23　　　　　　不同年龄段畲族核心词汇测试结果统计

姓名	蓝某纯	雷某平	蓝某晶	雷某升	蓝某雅	蓝某芳	蓝某芬	蓝某英	蓝某云	雷某雄
年龄/岁	8	9	10	11	12	13	14	16	18	19
A 级	25	50	36	52	78	88	74	82	77	78
B 级	1	6	4	3	3	4	9	1	12	6
C 级	13	18	3	24	13	2	0	1	9	0
D 级	61	26	57	21	6	6	17	16	2	16
A 级+B 级	26	56	40	55	81	92	83	83	89	84

续表

姓名	蓝某华	雷某莲	蓝某胜	蓝某华	蓝某景	蓝某华	雷某球	雷某娣	蓝某清	蓝某娣
年龄/岁	20	26	39	38	40	47	56	59	65	68
A 级	72	87	99	95	96	92	98	97	96	95
B 级	0	10	0	4	3	7	2	2	2	2
C 级	0	1	0	1	0	1	0	1	2	2
D 级	28	2	1	0	1	0	0	0	0	1
A 级+B 级	72	97	99	99	99	99	100	99	98	97

表 3-24　　　　　　青少年和成人词汇量对比

年龄段	A 级+B 级平均值	占词汇量比例	C 级+D 级平均值	占词汇量比例
6—19 岁	68.9	68.9%	31.1	31.1%
19 岁以上	95.9	95.9%	4.1	4.1%

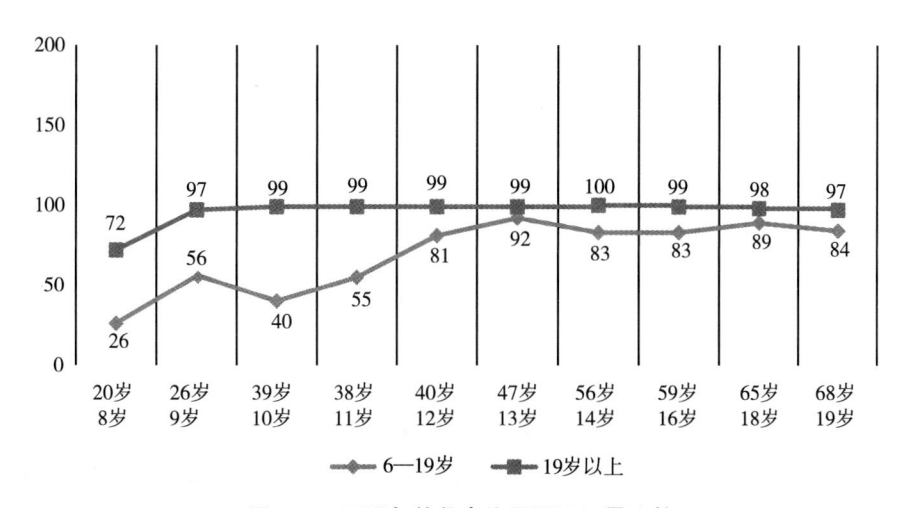

图 3-5　不同年龄段畲族母语词汇量比较

表 3-23、表 3-24 显示，青少年所掌握的 A 级和 B 级的词汇量平均为 68.9，占词汇比例的 68.9%；19 岁以上人群所掌握的 A 级和 B 级的词汇量平均为 95.9，占词汇比例的 95.9%。其中，56 岁的雷某球在 100 核心词的测试中，A 级和 B 级的词汇量总和是 100，C 级、D 级词汇为 0。图 3-5 更清晰地表明：畲族成年人的词汇量明显超出青少年。在 20—68 岁的人群中，A 级+B 级词汇之和与年龄相关性不高，尤其是

26岁以上的9个人的母语词汇水平几乎没有差距。而6—19岁畲族青少年语言能力差异较大,从整体上看,有随年龄增张而逐渐提升的趋势。这主要得益于畲族村的语言环境和畲族学校对畲语学习的重视。

第二节　广东世居民族青少年语言使用总体特点

一　整体母语水平降低,部分地区代际断层明显

根据上一节的调查结果来看,无论是畲族、瑶族还是壮族世居地区,青少年的母语水平与其他年龄段相比,均有明显的降低趋势。这一结论主要来自于不同年龄段的词汇量测试的结果对比,并主要由 A 级+B 级类词的掌握比例来判断的。从三个地区分别来看:壮族地区青少年中,5—18岁壮族青少年的 A 级+B 级之和的平均值为162(占总测试词汇量的80%),明显低于 18岁以上壮族的平均值 183(占总测试词汇量的90%);瑶族地区青少年中,6—19岁壮族青少年的 A 级+B 级之和的平均值为170(占总测试词汇量的85%),明显低于 19岁以上瑶族的平均值 193(占总测试词汇量的96%)。值得注意的是,畲族地区青少年的母语能力在年龄上有断层发展的趋势。以 11岁为分界线,明显能看出词汇能力掌握的差异,11岁及以下的 7 位学生在畲语核心词测试时显示掌握程度较低。A 级+B 级类词过半的只有两人,其余的在 25—40 之间(见本章第一节第三小节)。

畲族青少年母语水平的急剧下降还反映在母语听辨能力上。D 级词汇是指被试者经提示也不能听辨的畲语词。D 级词汇的词越多,畲语听力能力越差。表 3-25 是对 7—19 岁的 15 名青少年被试 D 级词汇数量的统计。

表 3-25　　　　嶂背村青少年母语能力测试 D 级词汇

编号	1	2	3	4	5	6	7	8	9	10	11	12	13	14	15
年龄	7岁	8岁	9岁	10岁	10岁	10岁	11岁	12岁	13岁	13岁	14岁	15岁	16岁	18岁	19岁
D级	54	61	26	87	57	33	21	6	6	6	17	9	16	2	16
百分比	54%	61%	26%	87%	57%	33%	21%	6%	6%	6%	17%	9%	16%	2%	16%

从表 3-25 可见，与 A 级+B 级词汇的断层情况相同，11 岁及以下的青少年不仅说的能力出现断层式下降，畲语听辨能力也相应下降。这一情况从整个年龄段的横向比较中看更加明显。表 3-26 是对不同年龄段词汇测试中 D 级词汇的平均值的比较。

表 3-26　　　　　　嶂背村不同年龄段 D 级词汇平均值

序号	年龄段	D 级词汇平均值	比例
1	7—11 岁	49.25	49.25%
2	12—14 岁	8.75	8.75%
3	15—18 岁	9	9%
4	19—39 岁	7.67	7.67%
5	40 岁及以上	3.46	3.46%

虽然低龄儿童的词汇测试受的干扰因素相对其他年龄段大，他们的认知和汉语能力也或多或少地对测试结果产生一定影响。但这并不能归为上述现象的主要原因。在我们调研的瑶族、壮族地区，一些低龄儿童由于长期和祖父母在一起生活，使用母语的机会较多，他们的词汇量反而超过 10 岁以上的青少年。畲族低龄儿童的母语能力的下降，主要还是受到了家庭语言环境的影响。以嶂背村 10 岁的雷某仁为例，他的 A 级+B 级词汇之和低于 20。根据对他的进一步采访，了解到他的家庭语言环境见表 3-27。

表 3-27　　　　　　雷某仁的家庭语言使用情况

序号	家庭关系	民族	姓名	年龄	文化程度	第一语言或方言	第二语言或方言	第三语言或方言
1	户主	畲	雷某培	37	高中	畲语熟练	客家话熟练	普通话熟练
2	母亲	汉	钟某娣	74	小学	畲语熟练	客家话熟练	无
3	妻子	汉	杨某婷	38	初中	普通话熟练	无	无
4	儿子	畲	雷某仁	10	小学	普通话熟练	客家话熟练	无

可以看出，10 岁的雷某仁生活在族际婚姻家庭里，父亲、奶奶的畲语都很熟练。他三岁以前，父母在外地工作，由奶奶抚养，"那时候，他是会说畲语的。"他的父亲告诉我们，"后来我们回到村里，孩子妈

妈带他。妈妈只讲普通话，孩子慢慢就不讲畲语了。因为孩子要读书嘛，普通话还是主要的语言，那我们就随他了。"现在的雷某仁只能够使用一些简单的畲语表达，一些基础的词汇还是在学校的畲语课堂里重新学了一遍，才知道怎么讲。而这种情况，在我们调查的低龄畲族学生中比较常见。

11岁以上的青少年在测试中表现出掌握更多的词语，但他们也承认，测试中的基础词汇相当一部分是他们在畲语课堂上学习过，因而才知道畲语怎么说，在日常的交际中，他们并不会经常使用这些词。除了跟祖父母对话外，他们很少会使用畲语。

二 普遍兼用一种或多语言，由兼用方言向兼用普通话转变

根据我们在下帅、南岗和嶂背三个民族地区的调查，6—18岁的青少年普遍能够在母语之外兼用汉语普通话或汉语方言，在兼用语的习得顺序和语言能力上有一定差异。从年龄分布来看，有从先兼用汉语方言向先兼用普通话的方向转变的趋势。下面将对三个民族的青少年的具体情况进行分别说明。

（一）下帅乡车福村壮族青少年语言兼用情况

我们一共随机调查了50名5—19岁的下帅乡青少年，在这50名青少年中，能够熟练使用母语的有48人，占总数的96%；所有人都能够熟练使用汉语（包括方言和普通话）。下帅乡壮族青少年基本属于全民双语人。为了进一步了解语言习得的顺序和兼用语的能力，我们又选取其中6—18岁的41名青少年语言进行了进一步的调查，详细结果见表3-28。

表3-28　　　　　　下帅乡青少年语言兼用情况

姓名	年龄/岁	文化程度	第一语言	汉语/方言	备注
莫某政	6	幼儿园	壮语，熟练	普通话，一般	白话，不会
莫某昌	6	幼儿园	壮语，熟练	普通话，熟练	白话，一般
陶某阳	6	幼儿园	壮语，熟练	普通话，熟练	白话，一般
莫某泽	7	小学	白话，熟练	普通话，熟练	壮语，不懂
莫某仁	7	小学	壮语，熟练	普通话，熟练	白话，一般

续表

姓名	年龄/岁	文化程度	第一语言	汉语/方言	备注
莫某凡	8	小学	白话，熟练	普通话，熟练	壮语，不懂
莫某凤	8	小学	壮语，熟练	白话，熟练	普通话，一般
莫某明	8	小学	壮语，熟练	普通话，熟练	白话，一般
莫某县	8	小学	壮语，熟练	白话，熟练	普通话，一般
莫某莹	10	小学	壮语，熟练	白话，熟练	普通话，熟练
陶某壕	11	小学	壮语，熟练	白话，熟练	普通话，熟练
覃某翻	11	初中	壮语，熟练	白话，熟练	普通话，熟练
莫某晓	11	小学	壮语，熟练	白话，熟练	普通话，熟练
莫某便	11	小学	壮语，熟练	白话，熟练	普通话，熟练
莫某优	11	小学	壮语，熟练	白话，熟练	普通话，熟练
莫某祺	12	小学	壮语，熟练	白话，熟练	普通话，熟练
韦某彤	12	小学	壮语，熟练	白话，熟练	普通话，熟练
莫某柠	12	初中	壮语，熟练	白话，熟练	普通话，熟练
莫某健	13	初中	壮语，熟练	白话，熟练	普通话，熟练
陶某媛	13	初中	壮语，熟练	白话，熟练	普通话，熟练
陶某	14	小学	壮语，熟练	白话，熟练	普通话，熟练
莫某警	14	初中	壮语，熟练	白话，熟练	普通话，熟练
莫某龙	14	初中	壮语，熟练	白话，熟练	普通话，熟练
莫某焱	14	初二	壮语，熟练	白话，熟练	普通话，熟练
覃某燕	14	初中	壮语，熟练	白话，熟练	普通话，熟练
莫某梅	14	初中	壮语，熟练	白话，熟练	普通话，熟练
莫某钰	15	初中	壮语，熟练	白话，熟练	普通话，熟练
韦某	15	初中	壮语，熟练	白话，熟练	普通话，熟练
莫某恩	15	初中	壮语，熟练	白话，熟练	普通话，熟练
莫某因	16	初中	壮语，熟练	白话，熟练	普通话，熟练
莫妍某之	16	初中	壮语，熟练	白话，熟练	普通话，熟练
莫某锦	16	初中	壮语，熟练	白话，熟练	普通话，熟练
莫某俭	16	初中	壮语，熟练	白话，熟练	普通话，熟练
覃某珊	16	初中	壮语，熟练	白话，熟练	普通话，熟练
莫某乙	16	初中	壮语，熟练	白话，熟练	普通话，熟练
覃某好	17	初中	壮语，熟练	白话，熟练	普通话，熟练
莫某桥	17	初中	壮语，熟练	白话，熟练	普通话，熟练

续表

姓名	年龄/岁	文化程度	第一语言	汉语/方言	备注
韦某如	18	初中	壮语，熟练	白话，熟练	普通话，熟练
莫某兰	18	初中	壮语，熟练	白话，熟练	普通话，熟练
莫某静	18	初中	壮语，熟练	白话，熟练	普通话，熟练
莫某佳	18	初中	壮语，熟练	白话，熟练	普通话，熟练

从表 3-28 可见，在这 41 名青少年中，有 38 人熟练使用普通话，36 人熟练使用白话，其中 34 人对白话和普通话都非常熟练。从习得的顺序看，10 岁以上的青少年第一语言都是壮语，并在掌握母语后第一时间学习的均是白话。但 10 岁以下的 9 名儿童中有 2 名儿童的第一语言已经转用了汉语（白话）。在以壮语为母语的 7 名儿童中，有 5 名在母语之后先学习普通话。普通话在低龄青少年的兼用语中已经占据明显的优势。

下帅乡青少年的双语能力是由当地的语言环境决定的。据当地乡干部介绍，下帅乡使用"壮语—汉语"双语的历史很早，是广东省内著名的多方言、多语言地区。白话是下帅乡汉族主要使用的方言之一。根据我们在下帅民族学校的调查，多数壮族学生在学校都是在与汉族同学的交往中学习使用白话的；此外，学校的大多老师都来自省内其他地区，以粤方言背景为主。在课下老师之间和师生之间往往也会使用白话，无意中对学生起了示范和带动作用，促进了白话在壮族学生中的学习和使用。孩子们也会向我们提及自己喜欢的一些粤语的歌曲、电影和明星，流露出对学讲粤语很大的兴趣。《七十二家房客》是孩子们多次提到的电视剧，孩子们对其内容津津乐道。

但随着幼儿园教育的普及和家长们对国家通用语的重视。普通话的学习正越来越早地发生在壮族孩子们的生活中。在进入幼儿园之前，不少家长就开始有意识地给孩子看普通话的电视节目，并教孩子说普通话了。家长们一方面担心孩子只会说壮语，会难以适应普通话作为教学语言的幼儿园；另一方面，家长们也一致表示，早一点掌握汉语对孩子读书、适应社会都有好处。

值得一提的是，下帅乡壮族青少年不仅是双语人，而且双语的水平都不错。根据我们在民族学校的观察，壮族和汉族的孩子在一起用白话或普通话沟通时，完全听不出壮族和汉族的区别。壮族孩子的普通话语音和语法也与汉族孩子在同一水平，几乎听不出母语对于汉语的负迁移影响。在学校担任教学任务的老师也认为，母语是否是壮语并不对学生的学习成绩造成影响，现阶段壮族的学生入学时就已经基本解决了普通话的问题，不再像过去一样需要一到两年的语言适应期。他们和汉族学生在学习上没有差距。

(二) 南岗瑶族青少年语言兼用情况

根据对南岗村三个生产小组 6—19 岁年龄段的 99 名青少年的调查，除了较为特殊的个案外，他们普遍在母语之外兼用普通话，绝大多数为"瑶—汉"双语人。具体数据见表 3-29。

表 3-29　　　　　　南岗村瑶族部分青少年双语使用状况调查

村寨	人数	南岗瑶语熟练		普通话熟练	
		人数	百分比	人数	百分比
南岗村一组	31	31	100%	27	87.1%
南岗村二组	26	25	96.2%	25	96.2%
南岗村五组	42	41	97.6%	41	97.6%
合计/人	99	97	98.0%	93	93.9%

表 3-29 显示，南岗村第一生产小组的 31 名青少年母语熟练程度达到 100%，另外两个小组也高达 96% 以上，能够熟练使用普通话的有 93 人，占调查总人数的 93.9%。这些青少年的母语和普通话相比，总体上是母语的熟练程度比普通话略高一些。普通话水平较低的人群主要集中在 10 岁以内的低龄儿童。这一情况也反映在低龄学生家长对于孩子学语言的关注上。采访过程中，很多家长都表示，虽然从小在家讲瑶语，但在孩子快上小学的前一两年，他们会有意识和小孩说普通话，哪怕自己说得也不好，也会尽量去让孩子看看普通话的电视节目。这样做的目的是帮助他更好地开始学校的学习。

根据我们在南岗中心学校的采访，相比较下帅壮族地区，南岗村青少年入学年龄普遍偏晚，幼儿园普及力度不大，瑶族儿童如果直接从瑶语环境进入以普通话为主的小学，的确比较吃力。南岗中心学校副校长介绍说："在南岗小学一年级我们会使用双语教学。老师们都选用来自当地的、会讲瑶语的，就是为了照顾这些还不太听懂普通话的瑶族学生。但孩子们学习语言很快，基本上到了二年级，就只用普通话教学了。"

除了广泛兼用普通话外，部分青少年还会兼用客家方言和白话，但占总比例较小。这些青少年的具体情况见表3-30。

表3-30　　　　　　　　南岗村瑶族青少年语言使用情况

姓名	年龄/岁	性别	文化程度	第一语言	汉语/方言	其他
唐某昕	8	男	小学	瑶语熟练	客家话熟练	普通话熟练
唐某强	18	男	初中	瑶语熟练	普通话熟练	客家话一般 白话一般
唐某妹	19	女	中专	瑶语熟练	普通话熟练	客家话一般
唐火某一	19	男	初中	瑶语熟练	普通话熟练	白话一般
唐某妹	18	女	初中	瑶语熟练	普通话熟练	白话一般
唐某玲	18	女	初中	瑶语熟练	普通话熟练	白话一般
唐某	18	男	小学	瑶语熟练	普通话熟练	客家话一般 白话一般
唐某贵	15	男	初中在读	瑶语熟练	普通话熟练	客家话一般
唐某	17	男	高中在读	瑶语熟练	普通话熟练	客家话熟练
唐二某一	18	男	初中	瑶语熟练	普通话熟练	客家话一般 白话一般
唐某辉	18	男	初中	瑶语熟练	普通话熟练	白话一般
唐某贵	18	男	小学	瑶语熟练	普通话熟练	客家话一般
唐火某二贵	17	男	高中在读	瑶语熟练	普通话熟练	客家话一般
唐某贵	19	男	初中	瑶语熟练	普通话熟练	客家话一般 白话一般

8岁的唐某昕因为跟随讲瑶语的外婆生活在连南县城，所以瑶语、客家话和普通话都很熟练。15岁的唐某贵也是因为跟随在县城打工的父母在县城生活，学会了一些客家话。

除了上述几位外，其他能够兼用白话或客家话的青少年平均年龄都超过了16岁，他们学习汉语方言的主要途径都是在外务工。在我们的采访中，多位在外务工和准备外出工作的年轻人都向我们表达了迫切希望学习粤语的想法。"不会说白话就不能去清远那边做工。"一位回来参加葬礼的年轻人告诉我们，"要是有白话的培训就好了，一定有很多人去学，这样出去打工就方便多了。"

（三）嶂背村畲族青少年语言兼用情况

在嶂背村畲族青少年语言兼用情况相对复杂。客观地说，嶂背村有一定数量的青少年是在畲语和汉语的双语环境中长大的,家庭内部使用的语言不尽相同。很难说是他们的第一语言是畲语还是汉语。根据我们对 113 名 6—19 岁的青少年的语言能力统计。既会用畲语又熟练使用汉语(普通话、地方方言)的双语人占调查总数的 64.6%,剩下 35.4% 是汉语单语人。这部分单语人主要使用的方言种类不一,包括客家话、地方话、粤语和普通话。表 3-31 是对这 113 名青少年语言能力情况的具体统计。

表 3-31　　　　　　　　畲族青少年语言兼用转用情况

	语言情况	语言	人数	合计	百分比
	单语	仅会畲语	0	0	0
语言兼用	兼用一种语言	畲语、客家话	13	15	13.27%
		畲语、普通话	2		
	兼用两种语言	畲语、客家话、普通话	51	51	45.13%
	兼用三种语言	畲语、客家话、普通话、白话	7	7	6.19%
语言转用	转用一种语言	普通话	12	23	20.35%
		客家话	10		
		白话	1		
	转用两种语言	白话、普通话	7	17	15.04%
		客家话、普通话	10		

可以看到,在畲语之外同时兼用客家话和普通话的人数最多,占总比例的 45.13%。在 35.4% 的汉语单语人中,20.35% 的青少年只会使用某一种汉语方言或只会用普通话,15.04% 的青少年可以在白话或客家话之外同时使用普通话。

我们又针对普通话的使用能力做了单项的统计。113 名畲族青少年中"普通话熟练"占调查总人数的 78.76%。超过了畲语使用 64.6% 的比例,成为青少年掌握比例最高的语言。我们在村中的观察也证实了这一点,孩子们不管是在学校还是在其他公共区域玩耍时,交流所使用的语言都是普通话。

学校教师雷某堂告诉我们,现在嶂背村的孩子在入学前就已经基本掌握了普通话的听说能力。"现在的媒介那么发达,小孩子要学普通话途径比以往多很多,电视节目、网络、手机随时随地都能学,普通话对于小朋友来说基本没问题。"

三 语言能力个体差异大

在对上述三个世居民族地区语言能力的调查中,虽然不同使用者的语言能力存在一定差异,但总的来说,成年人的母语能力相对比较一致。同一年龄段的母语能力相差不大。与之产生对比的是,青少年的语言能力的个体的差异非常显著,这些差异体现在以下多个方面。

(一) 不同民族居住类型区域的青少年母语能力差距大

一般来说,在聚居区内,由于母语环境良好、民族文化氛围浓重、青少年母语能力一般较好;相对来说,处于杂居和散居状态、使用母语的频率较低的地区,青少年母语能力较差,甚至出现语言完全转用和语言严重受侵蚀的现象。在语言转用的青少年中,一般以当地的汉语方言为第一转用语言,也有极个别出生在城镇的儿童第一语言转用了普通话。在语言受侵蚀的青少年中,大多是汉语和民族语并用,并且居住环境中很少使用民族语的儿童,他们基本上只掌握了少量的民族语词语,大多在"会听但不怎么会说"的状态,在实际使用中往往将当地的汉语方言(如客家话)的词语和母语混淆,分不清楚哪个是民族语。他们的语言能力是残缺破碎的。

(二) 不同家庭环境母语能力差距大

家庭环境的差异主要分为语言环境的差异和语言态度的差异。家庭语言环境的差异主要来自族内婚姻和族际婚姻的差别。在族内婚姻或主要养育者使用母语的家庭,青少年母语能力保持良好。这一情况已在上文的案例中有所提及,不再赘述。家庭语言态度的差异,表现在母语的继承态度的差异和对汉语学习的需求强弱的差异,抑或两者均有之。在对畲族村的采访中,我们遇到一位前来村委会的畲族少年,他却使用普通话和村干部对话。问他是否会使用畲语?他的回答是畲语是用来和爷爷奶奶说的,爸爸妈妈从小和他说普通话,爸爸妈妈还告诉他,对外面的干部、老师说话是要用普通话的,这样更显得有礼貌。

(三) 10岁以下的青少年语言能力个体差异较大

这一现象在对三个民族村的调查中都得到了一致的结论。出现这样的个体差异的原因，一部分来自于低龄儿童（5—10 岁）的汉语理解能力的差异，导致词汇测试的误差。但除去这个因素外，10 岁以内的青少年生活居住地和养育者的变化，也是导致语言能力差异的另一个因素。在所调查的三个民族村中，我们发现，随着城镇化和人口流通的加剧，不少儿童在学龄前的居住地往往在父母工作地和祖父母所在村寨之间切换。这种在儿童语言发展期的语言环境的变化，势必对儿童母语能力产生一定的影响。

第三节 广东世居民族青少年母语能力的影响因素

通过分析广东世居民族地区青少年语言的现状，我们认识到，家庭和社会的语言环境、语言态度、语言教育和语言政策等等，都会对青少年的语言能力产生极大的影响。青少年的母语保持和语言能力的培养是一个涉及多方面因素、受到多种力量牵制的复杂现象。因此，关注青少年的语言能力的发展，需要打开视野，从与语言相关的各个因素去综合考虑。结合现有的调查，以下几个方面引起了我们的关注。

一 第一语言习得顺序是影响青少年母语能力的首要因素

第一语言在这里指的是人在出生后最先接触并习得的语言，与第二语言是一个相对概念。所谓的第一和第二，仅仅是从语言习得顺序的角度对其所掌握的语言使用做出的界定。母语在这里是指一个民族使用的本民族的语言。一般来说，儿童的第一语言和母语是一致的。但在现阶段的民族地区，这一情况往往发生改变。这一改变主要取决于家庭内部语言的选择。影响家庭语言的首要原因，多是家庭成员民族背景的变化。在壮族和瑶族聚居的车福村和南岗村，我们看到，族内的婚姻家庭，家庭内部都使用本民族的语言，故这个家庭中的青少年的第一语言也是民族语。但随着经济的发展，很多年轻人会在完成初中或高中的学业之后就前往外地打工，选择与其他民族的伴侣组建家庭，又会在生育子女后回到村中与长辈同住，共同养育下一代。逐渐地，村里的"外来媳妇"或"外来女婿"变多了。在族际婚姻家庭中，若父母中有一方不是本族人，不会说民族语，使用民族语的一方就会"迁就"不会的一方转用对方的语言或使用通用语,儿童的第一语言随之受到影响。这个现象在嶂背村畲族的青少年中尤为明显。该村的青少年第一语言非母语的情况非常多,占总调查人数的35.39%。这部分调查对象中,95%的青少年都来自族际家庭。虽然畲族村的畲语环境和畲族小学的双语教育对弥补他们的母语能力有一定程度的帮助,但他们的畲语能力依然显著低于第一语言为畲语的同龄人。

除了族际婚姻外,居住环境的搬迁和第一养育人的语言也会直接影响到孩子的第一语言的顺序。在我们调研的地区,可以见到小部分出生在外地并在读书年龄回到当地念小学的孩子。他们为了适应语言环境,依然需要学习当地的民族语,但由于在母语习得过程中存在"空档"期,他们的母语水平会根据社区语言环境的不同呈现出较大差异。

二 语言使用环境的差异是青少年语言发展的关键因素

语言是交流的工具。一种语言在被学习或掌握之后,是否能继续发展或保持,关键在于是否有其充分的使用环境,即是否被选择为交际的语言。这一条件对青少年语言的发展尤为重要。我们从车福壮族村、南岗瑶族村和嶂背畲族村分别选取了一户父母第一语言不同的家庭,来观察语言环境的影响力,具体见表3-32、表3-33、表3-34。

表3-32　　　　车福村壮族莫某养家庭语言情况

家庭关系	姓名	民族	年龄	文化程度	第一语言	第二语言	备注
户主	莫某养	汉族	60	小学	白话熟练	壮语一般	
妻子	莫某丑	壮族	61	小学	壮语熟练	白话一般	
女儿	莫某莲	壮族	26	初中	壮语熟练	白话熟练	普通话熟练
孙女	莫某敏	壮族	5	文盲	壮语熟练	普通话熟练	白话一般
儿子	莫某明	壮族	40	初中	壮语熟练	白话熟练	普通话一般
孙子	莫某明	壮族	8	小学	壮语熟练	普通话熟练	白话一般

表3-33　　　　南岗村瑶族唐亚某二贵家庭语言情况

户主	唐亚某二贵	43	小学	南岗瑶语,熟练	普通话熟练	客家话一般
妻子	唐牙某二妹	39	初中	牛头岭村瑶语熟练	普通话熟练	南岗瑶语一般
儿子	唐某飞	13	初中	南岗瑶语熟练	普通话熟练	
女儿	唐某新	11	小学	南岗瑶语熟练	普通话熟练	

表 3-34　　　　　嶂背村畲族雷某兴家庭语言情况

户主	雷某兴	畲族	39	高中	畲语熟练	客家话熟练	普通话熟练
妻子	卢某英	畲族	39	高中	白话熟练	客家话熟练	普通话熟练 畲语一般
儿子	蓝某杰	畲族	18	高中	客家话熟练	普通话熟练	畲语一般
女儿	蓝某秀	畲族	12	小学	客家话熟练	普通话熟练	畲语一般
儿子	蓝某荣	畲族	11	小学	客家话熟练	普通话熟练	畲语一般

车福村的莫某养一家，由于莫某养是从连麦来的汉族上门女婿，尽管在村寨学习了一些壮语，但和家人交流主要使用白话，为了迁就他，家人之间也经常使用白话沟通。但由于车福村具有良好的壮语环境，加上妻子莫某丑也和晚辈说一些壮语，所以家庭中的第二、三代的壮语能力依然保存良好。类似的情况也发生在南岗村唐亚某二贵的一家。唐亚某二贵的妻子唐牙某二妹来自牛头岭村，由于两地的瑶语方言不通，夫妻之间以普通话沟通为主。但他们的子女唐某飞、唐某新在大的语言环境中同时掌握了瑶语和普通话，他们对父亲说瑶语，对母亲说普通话。很难说哪一种语言是他们的第一语言。

对比嶂背村的雷某兴一家。由于妻子畲语一般，所以家庭内部多使用客家话，加上他们一家从嶂背村搬到了横河镇居住，所以客家话成为三个孩子首先学会使用的语言。虽然父亲以及其他亲戚会对他们说一些畲语，但是由于没有语言的使用环境，他们的畲语能力一直未有提升。

三　语言态度和母语认同是青少年语言传承的重要内因

语言系统的开放性决定了语言的使用会受到多重因素的影响，既包括客观的家庭环境、社区环境的影响，也包括主观认知的因素。其中语言态度和母语认同与一门语言的传承和发展有着最紧密的联系。保持和重新恢复一个面临濒危的语言，最重要的因素之一就是语言使用者对母语的态度。[①] 青少年正处于认知发展的关键阶段，他们的语言态度是多元包容的，同时也是敏感易变的。为了直观了解青少年的语言态度，我

---

① 丁石庆：《论母语保持——以北方人口较少民族语言调查材料为例》，《中南民族大学学报》（人文社会科学版）2008 年第 4 期。

们分别在下帅乡民族学校和嶂背村畲族小学开展了一轮调查和访谈,选取部分问题的答案展示如下:

(一) 有关掌握母语的作用和母语价值的态度

表 3-35　　　　　　　　壮族学生(52 人)

你怎么看待壮族掌握壮语的作用?	人数	百分比	你认为掌握壮语的目的是?	人数	百分比
很有用	24	46%	找到好的工作,增加收入	5	10%
有些用	26	50%	便于与本族人交流	22	42%
没有用	2	4%	了解和传承本族的传统文化	25	48%

表 3-36　　　　　　　　畲族学生(15 人)

你怎么看待畲族掌握畲语的作用?	人数	百分比	你认为掌握畲语的目的是?	人数	百分比
很有用	12	80%	找到好的工作,增加收入	0	0
有些用	2	13.33%	便于与本族人交流	2	13.33%
没有用	1	6.67%	了解和传承本族的传统文化	13	86.67%

(二) 有关"哪一种(多种)语言(方言)比较重要"的问题的调查

壮族青少年　A:普通话　B:壮语　C:本地汉语方言　D:英语

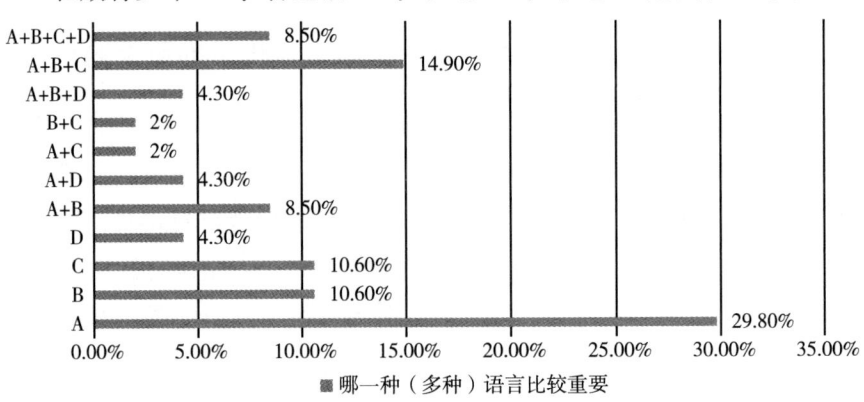

选项	百分比
A+B+C+D	8.50%
A+B+C	14.90%
A+B+D	4.30%
B+C	2%
A+C	2%
A+D	4.30%
A+B	8.50%
D	4.30%
C	10.60%
B	10.60%
A	29.80%

图 3-6　壮族青少年"哪一种(多种)语言(方言)比较重要"统计

由图 3-6 可见，选且仅选择了"普通话"作为最重要的语言的比例最高，占 29.8%。其次为"普通话+壮语+本地汉语方言"的综合选项。综合来看，除了单独选择 B、C、D 和 B+C 的选项外，72.5% 的青少年都选择了"普通话"作为自己最重要的语言之一；同时，有 49% 的青少年将壮语选入了自己觉得重要的语言。

畲族青少年 A：普通话　B：畲语　C：本地汉语方言　D：英语

```
A+B+C+D  14.30%
A+B+C    7.10%
A+C      7.10%
D        7.10%
C        0
B        42.80%
A        21.40%
```

■ 哪一种（多种）语言或方言比较重要

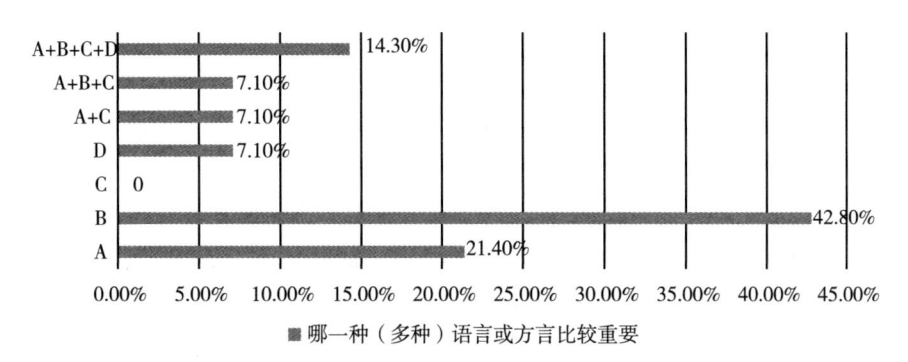

图 3-7　畲族青少年"哪一种（多种）语言（方言）比较重要"统计

由图 3-7 可见，选且仅选择了"畲语"的学生所占的比例最高，达到 42.8%。其次是单独选择"普通话"的学生。综合来看，有 71.5% 的学生都将畲语选入了自己的重要语言，有 50.1% 的学生在这个选择中勾选了普通话。

综合上面两类问题的调查以及对被试者的访谈，我们对于民族地区青少年的语言态度初步进行了如下总结：

1. 普通话在各个民族青少年中得到了广泛的认可。无论是哪个民族的学生，对于普通话的重要性的认识无需质疑。学校以普通话为主的教育为民族学生学会普通话打下了基础，而传媒（主要是电视，此外还有网络、广播、电影）中普通话的广泛应用又为民族学生巩固、提高普通话水平提供了绝好的条件。如今，家庭电视机和手机的普及率很高，几乎是每个家庭都有。一些孩子每天晚上的文化生活都离不开电视，与在外打工的父母联系主要靠手机，这些都提升了他们对于普通话的重要性的看法。

2. 由于缺少正确的教育和引导，部分民族地区的青少年对于民族语言和认知往往产生偏差。以壮族地区为例，当地的青少年对于掌握母语的目的比较模糊，只有不到一半的学生意识到学习母语和继承母语与民族文化传承的联系。这与在 18 岁以上的成人群体中的调查结果相比有相当大的落差。此外，在访谈中我们多次提问关于母语转用的态度，很多学生对"家人或朋友完全转用汉语，放弃民族话"的现状也都表示认可和理解，或者直接表示"无所谓"。

3. 学校教育对引导青少年树立正确的语言观和增进母语认同有显著作用。

通过壮族地区和畲族地区学生语言态度的对比，可以看到，双语教学对提高民族地区青少年对母语的语言态度有积极作用。嶂背村畲族小学自 2012 年秋季始在全校各个年级开设了畲语课堂。在课堂上，学生既学唱畲族歌谣，也学习畲语文化，诵读畲语词汇和句子。学校努力将民族语言带进校园，提倡学生讲畲语，营造良好的语言氛围。通过学校的倡导，濒危的畲语进一步扩大了使用场域，打破了青少年只在家庭内部说畲语的局面，创造出良好的语言生态环境。双语教学的提倡者，嶂背小学校长雷某球认为："学校就是一个平台，教不会讲的学生讲畲语，让会讲的学生敢讲畲语，这是我们民族的语言。如果我们不把自己的语言传承下去，或许在下一代它就会消失。"双语教学实现文化带动语言学习，在提升青少年对民族语言的兴趣和自豪感方面立竿见影。三年级学生雷某仁在访谈中提到："畲语是我们民族的语言，我们应该好好学，在我们畲语课堂上可认真了，老师都夸我懂得很多。"学校的任课老师黄某婷也认为："自从学校开展双语教学以来，学生对自己民族语的认知就有所改观。以往学生来到学校都不会讲自己民族语言，全都讲普通话，现在学校鼓励学生学习畲语，营造共同讲畲语的氛围给学生，现在连在校的汉族学生都能听懂也会讲一点畲语了。"

第四章 广东世居民族的语言生态与语言和谐

第一节 广东世居民族地区语言生态的不同类型

20世纪70年代,美国学者Einar Haugen正式提出了"语言生态学"(the ecology of language)① 这一概念,将生态学概念引入语言研究,呼吁人们关注语言生存的环境;1990年,系统功能学家M.A.K.Halliday从语言对人类社会的生态的影响的角度,强调了对话语和行为的生态审视和批评,继而开拓了批评生态语言学(critical ecolinguistics)。以上述两种研究范式为主要路径,语言生态学为保护语言多样性研究提供了新的视角。其中,Haugen的研究更加关注于某种语言与其自身所处的地理、文化、社会及种族等环境因素相互影响、相互促进的生存发展状况,简单来说就是研究语言和周围语言生态环境之间相互影响、相互作用的规律。② 这正是本课题在调查过程中非常关注的部分。

在第二、三章中,我们较为详细地观察并分析了广东民族地区的语言尤其是民族语的使用现状。那么这些地区的民族语言在未来将如何发展?是继续保持现状,还是衰退或改善?这个问题的回答,就需要通过对语言生态的监测和评估,来判断该语言现有的生存环境,以对未来的发展进行预测。

---

① 或译作"生态语言学"。
② 左广明:《语言生态学视角下少数民族语言的保护》,《贵州民族研究》2018年第2期。

关于语言生态监测和评估的具体方法，本书采用了肖自辉、范俊军（2011）建立的监测和评估体系，具体指标见表 4-1①。

表 4-1　　　　　　　　　　语言生态监测体系

子系统	要素	二级指标	指标性质
压力系统	人口	语言使用人口基数	A
		语言使用者占总人口的比重	A
		青少年使用人口的比重*	A
		语言使用人口的增减趋势	B
	地理	语言群体社区的聚居程度	A
		语言群体社区的地理开放度	B
	文化	文化习俗和传统仪式稳定性	B
		传统民俗活动和仪式用语	B
		语言使用者跨族通婚态度	B
	经济	语言群体社区的经济实力	A
		语言群体社区的经济产业类型	B
状态系统	语言格局	毗邻语言的声望与势力	B
		语言跨境状况	B
	语域	家庭内部使用情况	A
		日常交际中的使用情况**	A
		在广播、电视媒体的使用情况	A
		在商贸活动中的使用情况	B
		在行政领域的使用情况	B
		宗教信仰及其与语言的关系	B
	语言标准化程度	语言内部方言差异和听懂度	B
		文字系统或书面语使用和规范情况	B
	语言结构	语音系统的稳定程度	B
		词汇系统的稳定程度	B
		语法系统的稳定程度	B
	语言产品	语言教学类产品的数量和使用面	B
		文化生活类语言产品数量与读者面	B
		语言研究类产品的数量与质量	B

---

① 肖自辉、范俊军：《语言生态的监测与评估指标体系——生态语言学应用研究》，《语言科学》2011 年第 5 期。

续表

子系统	要素	二级指标	指标性质
响应系统	教育	以语言为教学用语的初级学校数量	B
		设置了语言课程的学校或机构数量	B
	语言态度	语言群体内部的语言态度	A
		政府的政策倾向或行为倾向	B
	语言能力	语言群体单语或单方言人的比率	B
		双语或多语人的比率及熟练情况	B

说明：A 表示绝对指标，B 表示相对指标。*"青少年"指年龄为 16 岁及以下人群。**"日常交际"是指日常住行、婚丧嫁娶等公共生活和相互交往。

上述表中的压力系统是指主要描述影响语言变化的外部生态环境；状态系统是主要描述语言的本体状态发生何种变化；响应系统是描述对各种语言生态问题主动或被动采取的政策和措施。① 语言监测评估各单项指标分 6 级描述，各级分值从高到低分别是：10 分，8 分，6 分，4 分，2 分，0 分。

根据上述检测体系，下面将对分别从压力系统、状态系统和响应系统三个方面，对本次调查重点关注的瑶族、壮族和畲族村落的语言生态状况进行评估。

一 连南县南岗村瑶语的语言生态

（一）压力系统

1. 人口要素

南岗村位于广东省连南瑶族自治县境内。该县是世界唯一的排瑶聚集地。南岗村辖内有 8 个自然村，34 个村民小组、1598 户村民，总人口（2019）达到 5622 人，村里的主要姓氏有唐、邓、盘、房四个。我们抽样调查了南岗村利高冲第一、第二和第五生产小组，共 110 户 368 位村民（6 岁及以上有正常语言能力的）瑶语使用情况，具体数据如表 4-2 所示。

---

① 肖自辉、范俊军：《语言生态的监测与评估指标体系——生态语言学应用研究》，《语言科学》2011 年第 5 期。

表 4-2 南岗村瑶族瑶语使用人口调查

南岗利高冲生产小组	调查对象总人数	熟 练①		一 般		略 懂	
		人数	比例	人数	比例	人数	比例
第一生产小组	113	113	100%	0	0	0	0
第二生产小组	91	89	97.8%	2	2.2%	0	0
第五生产小组	164	160	97.6%	3	1.8%	1	0.6%
合计	368	362	98.37%	5	1.36%	1	0.27%

整体上看，南岗村村民瑶语熟练程度达到 98.37%，年龄覆盖老中青少四个阶层，这说明南岗村的瑶语传承情况良好，具有全民使用瑶语的稳定性，语言使用人口比例较高。

2. 地理位置、文化与经济等要素

南岗村内瑶族高度聚居，家家户户日常生活都使用瑶语，这为南岗瑶语的使用提供了良好的语言环境。南岗村距离镇政府 18 公里，距离县城 25 公里，目前只有一条公路通往村里，到外界的交通主要依赖县政府提供的公交车，约 30 分钟一班车，对外交流并非十分便利。相对较低的开发程度在客观上有利用南岗村瑶族语言文化的保存。

南岗瑶族传统文化的传承情况较好。南岗村的千年瑶寨，被誉为"中国瑶寨第一寨"。该村被列入第三批全国特色景观旅游名村名单，是中国历史文化名村、中国传统村落、中国少数民族特色村寨和中国民族民间艺术之乡。当地传统的民俗活动"长鼓舞"被列为国家非物质文化遗产，此外，南岗村还保留有"耍歌堂""开耕节""起愿节""开唱节"等极具民族特色的节日。最盛大的当属"耍歌堂"。"耍歌堂"是排瑶以祭祖和欢庆丰收为主要内容的宗教节日，在这期间，瑶族人会进行长鼓舞、打铜锣、吹牛角等比赛，唱《盘王歌》《历史来源歌》《生活规范歌》等。② 此外，村里如有婚丧嫁娶等活动还会邀请"先生公"（排瑶宗教活动主持者）用瑶语主持念经。

---

① "熟练"级表示能讲标准的南岗瑶语；"一般"级指南岗瑶语讲得不标准，但具备较强的南岗瑶语交际能力；"略懂"级只会讲简单的日常会话，南岗瑶语交际能力较弱。

② 连南瑶族自治县地方志编纂委员会编：《连南瑶族自治县县志》，广东人民出版社 1996 年版，第 667 页。

在人口流动方面,根据三排镇政府工作人员提供的南岗村人口统计数据显示,南岗村近五年的外来人口保持在每年20人左右,具体如表4-3所示。

表4-3 南岗村近五年外来人口数据统计

年份	户籍人口	男	女	外来人口	占比
2018	5585	2958	2629	23	0.4%
2017	5506	2917	2603	21	0.38%
2016	5414	2865	2563	20	0.37%
2015	5199	2859	2535	20	0.38%
2014	5103	2659	2426	18	0.35%

从上表可知,南岗村近五年外来人员虽每年略有增加,但涨幅都较小,占比在0.4%以下。这说明,南岗村瑶族人口架构是较为稳定的。南岗村的婚姻家庭以族内婚姻家庭为主,我们在访谈的时候,南岗村的村民对族际婚姻持开放态度。

经济方面,根据三排镇政府工作人员提供的信息,南岗村全村以种植玉米为主,玉米和花生是本村的主要经济作物。其他农作物有水稻、蕃薯、芋头、须薯和黄豆等。村内水资源短缺,山地资源丰富,适宜发展文化旅游和生态农业。2017年农民人均年收入5598元,村集体固定收入12.5万元。现阶段连南瑶族自治县正大力推出瑶族旅游业,向外展示瑶族民族文化,比如像盘王节、千年瑶寨等。发展旅游业极大地增加了南岗村的就业机会、提高了当地百姓的收入。

(二)状态系统

1. 语言格局要素与语域要素

连南瑶族自治县的语言格局是比较多元的,除了瑶语,还有当地的比较强势的客家话、粤语,普通话的大力推广也给瑶语带来冲击。所以南岗村瑶语处于客家话、粤语、普通话的包围之中。在南岗村,由于受教育、电视媒体的普及等原因,对瑶语影响较大的是普通话,尤其是年轻一代。此外,南岗村还有不少人会使用客家话或粤语交流。

在具体的调查中,我们也对南岗村利高冲第一、第二、第五生产小组村民普通话、客家话、粤语的使用情况及语言能力进行调查。具体见

表 4-4：

表 4-4　　　　　　　　南岗村瑶族人汉语使用情况

年龄段	熟练			一般			不会		
	普通话	客家话	粤语	普通话	客家话	粤语	普通话	客家话	粤语
6—19 岁	96%	2%	1%	4%	7%	5%	0	91%	95%
20—59 岁	64%	14.5%	6.4%	33.6%	76.8%	52.3%	2.4%	8.7%	41.4%
60 岁及以上	6.1%	10.2%	0	38.8%	53%	4%	55.1%	36.7%	96%

调查结果显示，6—19 岁和 20—59 岁年龄段掌握最好的是普通话，60 岁及以上掌握较好的则是客家话。南岗村瑶族村民语言能力呈双语和多语现象，根据谈话对象选择合适的语言。在语言功能上，南岗瑶语与客家话、普通话呈和谐互补状态，瑶语仍然是南岗村是最常用的交际工具。在我们走访的瑶族村民家庭、路边的小商铺、村委等行政办公领域，村民基本使用瑶语；在其他场合如政府办事、学校课堂等使用汉语。调研期间，我们遇到了村里为一位去世的老人办葬礼，前来帮忙的村民都用瑶语交流，仪式的过程体现了鲜明的民族特色。

2. 语言标准化程度

南岗村瑶族村民使用的八排瑶语是汉藏语系苗瑶语支勉语下面的藻敏方言。但我们走访得知，南岗村和隔壁油岭村的瑶语方言差异较大，带我们走访的瑶族小伙邓某龙提到，两个村子之间的瑶语并不能互相通话。南岗村瑶语并没有专属自己的文字，毛宗武、蒙朝吉、郑宗泽编著的《瑶族语言简志》曾提到，由于瑶族居住过于分散，并且有不少人兼通汉语，继续学习汉文化比较切合实际。[①] 南岗瑶族村民平时都使用汉字为主。

3. 语言结构

语言结构三要素分别为语音、词汇和语法。在南岗村，三要素中最稳定的是语法。语音的变化主要体现在声调系统受到汉语借词的影响。词汇方面本民族的核心词汇总体保存较好，但也有例如亲属称谓、饮食、数字等词语被汉语借词替换。大量的有关新生事物的汉语词进入了

---

① 毛宗武、蒙朝吉、郑宗泽编著：《瑶族语言简志》，民族出版社 1982 年版，第 11 页。

瑶语，比如手机、上网、摩托车等。

4. 语言产品

语言产品要素主要包括语言教学类产品、文化生活类语言产品和语言研究类产品。① 这三类语言产品在南岗村都是比较缺乏的。如南岗村中心学校并无开展类似瑶汉双语的教学课程，学校在教学时主要以普通话为主，课余时间学生以瑶语交流。"瑶语—汉语"双语教学的课本曾被编排印刷，但因一些原因并未试行。语言研究类产品现可查阅的有南岗瑶语的语言的研究著作一部，论文若干。语言文化类的产品除了"千年瑶寨"景区推广的瑶语歌舞外，还有推广当地瑶语的公众号《八排瑶语学习家园》，推文阅读量在50—500人次之间。

（三）响应系统

1. 教育

南岗村有两所学校，分别是南岗中心幼儿园和南岗中心学校。南岗中心学校是连南县最大的一所九年一贯制学校，校本部包括中学部和小学部，开设共九个年级，20个教学点，同时管辖横坑小学、百斤洞小学等多个教学点，共有教职工150余人，基础设施和师资力量比较完善。学校规定在课堂上老师和同学都必须使用普通话，课余时间则可以自由选择语言交流。瑶语会被作为低年级教学的过渡性语言，在中高年级课堂不会再使用瑶语。②

2. 语言态度

语言态度的具体表现相对多样，包括且不限于人们在语言选择、语言运用、语言政策、语言关系等方面所持有的态度。③ 根据《语言生态的监测与评估指标体系》的指标，我们对生态系统的语言态度调查侧重于人们对于语言使用的选择。通过"你最喜欢使用的一门语言/方言"这一问题的结果，我们可以看到南岗村的瑶族语言使用态度上的多元性。结果见表4-5。

---

① 肖自辉、范俊军：《语言生态的监测与评估指标体系——生态语言学应用研究》，《语言科学》2011年第5期。

② 这种过渡性质的教学，并不是以同时掌握两种语言为目的，从严格意义上来说不能属于双语教学范畴。因此瑶族地区语言生态中"教育"的指标分值较低。

③ 罗骥、余金枝：《语言和谐论集》，四川大学出版社2014年第1版，第79页。

表 4-5　　　　　　　　南岗村瑶族语言态度统计

年龄段	人数（人）	"你最喜欢使用的一门语言/方言"的统计结果			
		瑶语（%）	普通话（%）	客家话（%）	粤语（%）
6—19 岁	29	44.83	46.55	8.62	0
20—39 岁	12	72.92	10.42	14.58	2.08
40—59 岁	8	75	12.5	0	12.5
≥60 岁	3	100	0	0	0
均值	52	59.13	30.29	8.17	2.40

从各年龄段的均值来看，多数的南岗村瑶族本民族语言仍有较为强烈的母语感情，仅在 6—19 岁年龄段，受访者对普通话的喜好与母语相当。其他年龄段选择瑶语为"最喜欢使用的语言"的人数占比都超过 70%。这与当地政府在传承瑶族传统文化方面的努力密不可分。在《连南瑶族自治县少数民族特色村镇保护与实施意见（修订版）》（南府办〔2018〕37 号）文件中提到"鼓励、引导村民将民族语言、歌舞、生产技术和工艺、节日庆典、婚丧习俗融入日常生活，活态展示民风、民俗，传承民族记忆"。当地的学校教育也对提升青少年对本民族的语言文化的认同有一定关注，校内不仅设有瑶语歌曲、故事比赛，还组织了专业性较高的瑶族青少年长鼓表演队。

3. 语言能力

我们以南岗村利高冲第一、第二、第五生产小组 110 户 368 人为抽样样本，逐户调查了他们的语言种类和能力，统计出上述样本中单语（瑶语）或双语（会瑶语的同时兼用汉语方言或普通话）比率。具体见表 4-6。

表 4-6　　　　　　　　南岗瑶族单语双语统计

年龄段	人数（人）	语言能力		双语熟练度	
		单语	双语	熟练	一般
6—19 岁	99	0%	100%	95.96%	4.04%
20—59 岁	220	2.27%	97.73%	66.98%	33.02%
≥60 岁	49	36.73%	63.27%	19.35%	80.65%
合计	368	6.25%	93.75%	71.01%	28.99%

不难看出,南岗村瑶族单语比率与年龄成正比,年龄越高,单语比率就越高。以双语人占绝对多数,达调查人数的 93.75%,单语能力的瑶族村民只占 6.25%。在兼用汉语的熟练程度上,71.01% 南岗村的瑶族都能同时熟练掌握母语和汉语,双语水平较高。

(四) 评估结果

根据肖自辉、范俊军提供的语言生态权重系数表,对上述调查情况进行赋值(参见第 124—125 页各单项的 6 级描述及各级分值),具体赋值情况见表 4-7。

表 4-7　　　　　　南岗村瑶族瑶语生态监测指标一览

要素（一级）	权重	具体指标（二级）	权重	分值
人口	0.1091	语言使用人口基数	0.2412	10
		语言使用者占总人口的比重	0.2308	10
		青少年使用人口的比重	0.2829	9
		语言使用人口的增减趋势	0.2451	9
地理	0.0793	语言群体社区的聚居程度	0.6094	10
		语言群体社区的地理开放度	0.3906	6
文化	0.0787	文化习俗和传统仪式稳定性	0.3125	9
		传统民族活动和仪式用语	0.3229	10
		语言使用者跨族通婚态度	0.3646	4
经济	0.0931	语言群体社区的经济实力	0.6719	7
		语言群体社区的经济产业类型	0.3281	7
语言格局	0.0730	毗邻语言的声望与势力	0.6563	8
		语言跨境状况	0.3437	10
语域	0.0921	家庭内部使用情况	0.1844	10
		日常交际中的使用情况	0.2042	9
		在广播、电视媒体的使用情况	0.1760	2
		在商贸活动中的使用情况	0.1646	5
		在行政领域的使用情况	0.1479	6
		宗教信仰及其与语言的关系	0.1229	10

续表

要素（一级）	权重	具体指标（二级）	权重	分值
语言标准化程度	0.0622	语言内部方言差异和听懂度	0.5127	8
		文字系统或书面语使用和规范情况	0.4873	0
语言结构	0.0539	语音系统的稳定程度	0.4271	9
		词汇系统的稳定程度	0.2552	9
		语法系统的稳定程度	0.3177	10
语言产品	0.0685	语言教学类产品的数量和使用面	0.3854	3
		文化生活类语言产品数量与读者面	0.4115	5
		语言研究类产品的数量与质量	0.2301	6
教育	0.1008	以语言为教学用语的初级学校数量	0.7344	2
		设置了语言课程的学校或机构数量	0.2656	0
语言态度	0.1001	语言群体内部的语言态度	0.5938	8
		政府的政策倾向或行为倾向	0.4062	10
语言能力	0.0852	语言群体单语或单方言人的比率	0.6250	1
		双语或多语人的比率及熟练情况	0.3750	9

通过以上的数据分析，再根据指标分值的统计算式采用多目标线性加权函数法，如下所示：

$$S = \sum_{j=10}^{m} \left[\sum_{i=1}^{n} A_{ij} B_{ij} \right] C_j$$

S 为总得分，A_{ij} 为第 j 个要素中第 i 项单项指标的分值，B_{ij} 为第 j 个要素中第 i 项单项指标的权重，C_j 为第 j 个要素的权重，n 为第 j 项要素中具体指标的个数，m 为准则层因子的个数，本模型取 10。故得到南岗村瑶语 S 的总分为：6.66388。

根据我们计算的得分，对照以下语言生态评估等级，最终认为：南岗村瑶语的生态等级为：一般，具体见表4-8。

表4-8　　　　　　　　语言生态分级

等级	最佳	良好	一般	较差	差	极差
得分	8.5—10（含8.5分）	7—8.5（含7分）	5—7（含5分）	3—5（含3分）	1.5—3（含1.5分）	0—1.5（含0分）

二 下帅乡车福村壮语的语言生态

（一）压力系统

1. 人口要素

下帅乡属肇庆市怀集县管辖，下帅乡壮族瑶族乡下有车福、东西、黄翰、竹六、山奢五个行政村，全乡总人口为7209人（2020），其中壮族约占总人口的50%。车福村是下帅乡政府所在地，下辖6个村民小组，共有641户农户，总人口为2757人（2016），壮族人口为2205人，约占总人口的80%。

为更好地了解车福村壮语语言生态，我们随机调查了车福村40户（户主为壮族）共175人的第一语言使用情况。其中6—19岁41人，20—39岁55人，40—59岁59人，60岁及以上20人。其第一语言使用情况及能力水平见表4-9：

表4-9　　　　　　　　　　车福村壮语使用情况

年龄段	壮语		
	熟练	一般	不会
6—19岁	95.12%	0	4.88%
20—39岁	90.91%	3.64%	5.45%
40—59岁	93.22%	6.78%	0
60岁及以上	95%	5%	0

由表4-9可见，壮语是车福村的第一语言，是壮族村民最主要的交际工具，各年龄段熟练使用壮语的人数占90%以上，车福村村民壮语保持着较好的使用态势。

2. 地理位置、文化与经济等要素

车福村是壮族聚居的村寨，向西与广西贺州接壤，村子通往怀集县的主要通道是411县道—06512、乡道—G234，其交通较为闭塞。闭塞的地理位置，在客观上，为车福村壮语的生态提供了较好的生存环境。

文化方面，下帅壮族瑶族乡传统节日"牛王诞"在每年的农历四月初八举办。"牛王诞"文化节的当天，在下帅乡文化广场上，该乡的群众代表会举行三敬仪式，"一敬天地，感恩天地，赐人间风调雨顺、五谷丰登；二敬'牛王'，辛勤耕耘，年年增收，并为'牛王'带上大红花；三敬亲友，和谐相处，情深义厚"①。目前暂时还未开发旅游业务，下帅壮族瑶族乡的民族传统文化保存得比较完好。

跨族婚姻上，车福村有好几家族际婚姻家庭，当地人对族际婚姻持包容态度。

经济方面②，根据下帅壮族瑶族乡官方网站《怀集年鉴》（2017年）提供的资料，2016年评定全乡的贫困户123户共323人，其中扶贫户47户159人，低保户49户137人，五保户27户27人。③《怀集年鉴》指出，下帅乡的经济发展相对落后，总量不大，财政收入少，产业结构难以取得突破，乡村企业发展滞后。

（二）状态系统

1. 语言格局与语域

车福村壮族村民所处地区的语言或方言以壮语、白话、普通话为主，其中，白话是相对强势的汉语方言。受地势的影响，下帅乡山多地少，车福村处在山地中，来往的山路比较崎岖难行。虽近年来交通条件得以改善，修建了411县道，但摩托车依然是主要的交通工具，部分村寨间还要步行。依山而居的聚居状态，有利于母语的保留，使车福成为稳定的母语社区。但近年来，随着越来越多的壮族村民走出村子外出求学、打工，主动学习了普通话，加上政府的大力推广和电视、网络媒体的普及，壮族村民掌握普通话的比例正逐年提高。我们对车福村的40户175人（除去两名学龄前儿童）壮族（户主为壮族）的家庭汉语掌握情况进行调查。具体情况见表4-10。

表4-10　　　　车福村壮族村民汉语掌握情况统计

年龄段	人数	汉语使用情况					
		白话			普通话		
		熟练	一般	不会	熟练	一般	不会
6—19岁	41人	87.8%	9.75%	2.44%	92.68%	7.32%	0

---

① 徐维宁、邓东妮：《怀集下帅乡举办"牛王诞"文化节》，《源流》2016年第6期。
② 详见第二章。
③ 怀集县人民政府网站：《下帅乡》，http：//www.huaiji.gov.cn/hjgk/nj/hjnj2017/content/post_14673.html，2018年8月24日。

续表

年龄段	人数	汉语使用情况					
		白话			普通话		
		熟练	一般	不会	熟练	一般	不会
20—39 岁	55 人	94.55%	5.45%	0	89.09%	10.91%	0
40—59 岁	59 人	71.19%	28.81%	0	86.44%	11.86%	1.69%
≥60 岁	20 人	20%	75%	5%	0	15%	85%

由表 4-10 可知，车福村壮族村民汉语能力与年龄成明显反比，年龄越大，汉语熟练度就越低。其中，白话在 20—39 岁年龄段熟练度较高，达 94.55%；而普通话则在 6—19 岁年龄段熟练度较高，达 92.68%，体现出近年来在义务教育阶段推广普通话的显著成果。

虽然车福村壮族村民多数能说普通话或某一汉语方言，但在壮族家庭内部和村内日常交际均以壮语为主。在其他公共场合，如在下帅乡政府附近的集市、政府行政部门等地，会根据对方使用的语言切换，很少存在交流不畅的问题。

2. 语言标准化程度

车福村壮语属北部方言连山土语，与相邻连山县以及广西东贺州市的壮语差异不大，可以通话。壮族的先民在长期的生产实践活动中，为了便于记事和交流，模仿汉字的六书创制了古壮文。新中国成立后，国家为了提高壮族人民的文化生活水平，帮助壮族创造了以北部方言为基础方言的拼音壮文。但下帅乡的壮族普遍并不知晓壮文文字的存在，在学习壮文的意愿上也缺乏动力。我们在对下帅民族学校教师访谈时，有的老师表示，学习壮文没有必要，因为他们用壮语只是单纯的沟通需要，不需要写出来；还有的老师认为，推广壮文太费时费力，平时使用汉字就足够了。

3. 语言结构

当地的壮语中不仅有较多粤语的借词，且语音也有粤语的底层，这是长期以来与使用粤语的汉族群体共同生活、密切接触的结果。从过去历史看，壮语从汉语中借鉴并丰富了自己，两者相辅相成。但从现有的状况看，这种借用关系正在发生新的变化，语言接触从口头语言交际的地缘接触扩大到现代学校教育和媒体的文化接触,语言结构的变化在不同人群中开始有不同的表现。

一直生活在村内的村支书李某香认为,他现在说的壮语与小时候并无变化。但对于经常需要往返城市工作的壮族莫某意来说,他认为他现在听到的壮语和以前相比有些不一样,人们会不自觉的夹杂一些粤语词或短语。词汇的丢失往往与语义范畴的变化有关,传统生活方式的变化会直接导致不同年龄和生活经历的人群词汇范围出现不对等。如果当下越来越多的汉语借词不能被壮语有效地改造并纳入自身系统的话,语言中的异质成分将会逐步增加,最终导致整体语言结构大幅改变。

4. 语言产品

下帅乡语言教学类产品并不丰富。据了解,当地教育部门并没有壮族语言文化类的教材使用。当地政府和一些对民族文化感兴趣的个人对壮族歌曲和口述文学有零散的收录。部分当地壮族的歌谣和故事刊登在公开出版物《叠彩下帅》中,但是用汉语记录的。

(三)响应系统

1. 教育

下帅乡只有一所九年一贯制学校,下设小学教学点2个,现有26个教学班,中小学教职工共98人。乡中心幼儿园1所,教职工30多人。成人文化技术学校1所,学校专兼职老师7人。普通话是所有教学场所唯一使用语言。在幼儿园和小学低年级,壮语会被作为帮助民族生理解汉语的过渡性语言,在中高年级课堂不会再使用壮语。

2. 语言态度

我们对车福村壮语生态系统的语言态度调查侧重于考察人们对于语言重要性的排序。通过"你认为哪(几)种语言对你来说很重要"这一问题的结果,我们可以看到,随机采访的52位车福村壮族中,多数人同时选择了民族语言和汉语普通话。具体结果如表4-11所示。

表4-11　　　　　车福村壮族语言重要性调查

	语言				
	民族语言	汉语普通话	当地汉语方言	英语	其他
人数	34	23	18	10	3

续表

	语言				
	民族语言	汉语普通话	当地汉语方言	英语	其他
比率	65.38%	44.23%	34.62%	19.23%	5.77%

但在下帅民族学校的访谈中，不少壮族青年学生都认为汉语普通话的重要性要大于民族语言。

此外，针对了解和学习本民族语言文字的问题，我们也在6—15岁的学生中做了初步调查。结果如表4-12所示。

表4-12　　　　　　　壮族青年学生民族文字调查统计

认识/态度	您是否知道壮语有文字？		如果有人教壮语文字，您愿意学习吗？		
	知道	不知道	愿意	不愿意	无所谓
人数	22	30	24	2	26
占比	42.31	57.69%	46.15%	3.85%	50%

根据表4-12数据显示，高达57.69%的青少年完全不知道壮族有文字；在学习态度上，仍然有50%的比例持"无所谓"态度，还有3.85%的比例表示"不愿意"学习壮文。在调查期间，我们也暂未发现当地部门有关于壮文的宣传。

3. 语言能力

根据已有的调查，车福村175名壮族中，172名都不同程度地掌握了汉语和壮语。在汉语方面，掌握粤语相比其他方言或者普通话的人更多。60岁及以上的老人汉语熟练的比例只有20%。具体情况见第二章第一节。

（四）评估结果

综合上述语言生态要素，根据肖自辉、范俊军（2011）提供的语言生态权重系数表，我们对车福村壮语语言生态监测指标进行赋值。具体如下表4-13所示。

表 4-13　　　　　　　车福村壮语生态监测指标一览

要素（一级）	权重	具体指标（二级）	权重	分值
人口	0.1091	语言使用人口基数	0.2412	10
		语言使用者占总人口的比重	0.2308	10
		青少年使用人口的比重	0.2829	10
		语言使用人口的增减趋势	0.2451	9
地理	0.0793	语言群体社区的聚居程度	0.6094	10
		语言群体社区的地理开放度	0.3906	9
文化	0.0787	文化习俗和传统仪式稳定性	0.3125	5
		传统民族活动和仪式用语	0.3229	10
		语言使用者跨族通婚态度	0.3646	7
经济	0.0931	语言群体社区的经济实力	0.6719	5
		语言群体社区的经济产业类型	0.3281	4
语言格局	0.0730	毗邻语言的声望与势力	0.6563	9
		语言跨境状况	0.3437	10
语域	0.0921	家庭内部使用情况	0.1844	10
		日常交际中的使用情况	0.2042	9
		在广播、电视媒体的使用情况	0.1760	7
		在商贸活动中的使用情况	0.1646	8
		在行政领域的使用情况	0.1479	8
		宗教信仰及其与语言的关系	0.1229	10
语言标准化程度	0.0622	语言内部方言差异和听懂度	0.5127	9
		文字系统或书面语使用和规范情况	0.4873	1
语言结构	0.0539	语音系统的稳定程度	0.4271	9
		词汇系统的稳定程度	0.2552	9
		语法系统的稳定程度	0.3177	10
语言产品	0.0685	语言教学类产品的数量和使用面	0.3854	1
		文化生活类语言产品数量与读者面	0.4115	2
		语言研究类产品的数量与质量	0.2301	2
教育	0.1008	以语言为教学用语的初级学校数量	0.7344	1
		设置了语言课程的学校或机构数量	0.2656	0
语言态度	0.1001	语言群体内部的语言态度	0.5938	9
		政府的政策倾向或行为倾向	0.4062	10

续表

要素（一级）	权重	具体指标（二级）	权重	分值
语言能力	0.0852	语言群体单语或单方言人的比率	0.6250	1
		双语或多语人的比率及熟练情况	0.3750	9

使用与南岗村瑶族语言同样的计算方法，我们对下帅乡车福村的壮语的语言生态系统的分值计算结果为：6.607511。根据"语言生态分级表"，认定壮族村的壮语生态等级为：一般。

三　嶂背村畲族畲语的语言生态

（一）压力系统

1. 人口要素

嶂背村畲族包含新屋、大板田和新塘三个自然村，总人口 142 户 546 人（2018）。我们对嶂背村畲族村民第一语言为畲语的掌握情况进行了调查。具体情况见表 4-14。

表 4-14　　　　嶂背村畲族村民畲族掌握情况统计

年龄段	人数（人）	畲语能力	
		熟练	一般
6—19 岁	94	15.96%	46.81%
20—39 岁	221	56.47%	7.69%
40—59 岁	169	63.91%	0.59%
60 岁及以上	62	75.91%	1.56%
合计	546	54.39%	11.54%

由表 4-14 可见，畲语熟练度与年龄成正比，年龄越大，畲语熟练度就越高，6—19 岁青少年畲语熟练程度较低，仅有 15.96%。总体上看，第一语言为畲语并熟练掌握的比例达 54.39%，整体偏低，畲语呈一定的衰弱态势。

2. 地理位置、文化与经济要素

嶂背村位于博罗县横河镇政府的西部方向，通过不足 5 公里的 494 乡道即可到达横河镇。横河镇距离博罗县 30 公里，惠州市 50 公里，镇内县道 X223、县道 X217 均可连接广惠高速。① 嶂背村的整体交通环境比较便利。嶂背村是横河镇唯一的少数民族聚居村寨,被周围数个汉族(客家)村寨包围。与周边村寨的汉族结婚是很多人的选择。嶂背村内的经济主要以果树(橘子树)的种植为主。不少年轻人选择外出务工。此外,配合横河镇的旅游业发展,嶂背村镇有向生态旅游乡村转型的计划。根据在村内的走访,当地的畲族已经没有了过传统节日或穿传统服装的习惯。畲族民族小学雷某球校长从传承畲族传统文化的角度出发,每个星期在校内开展一次畲族文化传承活动,比如唱畲族歌谣、跳竹竿舞等。学生在活动中所穿的传统服饰也由学校统一提供。

(二) 状态系统

1. 语言格局要素与语域

嶂背村所处的博罗县横河镇是客家人聚集地。横河镇常用的方言包括本地话、客家话、平婆话等,语言格局比较复杂。有 99.54% 的畲族能够熟练使用汉语。为了具体了解不同汉语方言和普通话在当地的使用,我们抽样调查了嶂背村 39 户 133 人对汉语的掌握情况。结果见表 4-15。

表 4-15　　　　　嶂背村畲族汉语使用情况

年龄段	总人数(人)	普通话		客家话		本地话	
		人数	百分比	人数	百分比	人数	百分比
6—19 岁	22	20	90.91%	15	68.18%	8	36.36%
20—39 岁	61	53	86.88%	55	90.16%	11	18.03%
40—59 岁	35	28	80%	33	94.28%	7	20%
≥60 岁	15	8	53.33%	14	93.33%	3	20%
合计	133	109	81.95%	117	87.97%	29	21.80%

表 4-15 显示,畲族以兼用普通话和客家话为主。6—19 岁的青少年兼用普通话更多,其他年龄段兼用客家话的比例更高。客家话的兼用人群比例占总人数的 87.97%。

语域方面,畲语广泛使用于嶂背村包括村委、诊所等多个公共场合,族内婚姻家庭内部以及村内的婚丧嫁娶等场合也使用畲语;对于来

---

① 博罗县人民政府网站:《横河镇》,http://www.boluo.gov.cn/xzgwh/hhzrmzf/。

访客人交谈时则因人而异。具体见第二章第三节。

2. 语言标准化程度

畲语属于苗瑶语族苗语支的语言。① 广东境内的畲语有莲花和罗浮两个方言。嶂背村的畲语属于罗浮方言，与惠东的莲花方言的声母基本相同，韵母和声调略有差异。在历史上，畲族并没有自己的文字。2011年，嶂背村畲族民族小学与暨南大学方言中心合作建立了畲语双语教学基地，并设立了以罗马字母的注音文字。使用该文字书写的畲语教材已于2015年投入使用。

3. 语言结构要素

语言结构方面。畲语受客家话的影响由来已久。畲族和汉族客家人在历史上一直有密切关系。客家族历史上的居住地与畲族重叠，两者长期互相接触和影响。在现代畲语中，存在着大量的汉语方言借词，客家话是主要的借源，还有借自闽语和粤语。② 随着博罗畲语走向濒危，除了借词外，其语音也在逐步发生变化。除了声调繁化外，整个语音系统都简化了。③ 同时，根据实地观察，这些语音的变化并没有固定下来，而是在不同年龄和不同语言背景的人中出现不同变体并有向客家话进一步趋同的态势。

4. 语言产品

由于畲语是在20世纪50年代的语言普查中才被发现，关于畲语的研究专著不太多。以博罗畲语为研究对象的专著仅有1部。但在嶂背畲族民族小学和暨南大学方言中心的努力下，《畲语拼音方案》《畲语规范词表》以及畲族语言和文化教材初级版《畲语课本》陆续问世，《畲语课本》于2015年10月正式进入畲语课堂，④ 另外，还有《畲语课本》的"姊妹篇"《广东博罗畲语800句》由广东高等教育出版社出版，在新学期作为畲族小学的配备教材使用。这一套书的封面上配有二维码，扫描后就可以听到畲语录音和看录像课，方便了读者的学习。

---

① 毛宗武、蒙朝吉：《博罗畲语概述》，《民族语文》1982年第1期。
② 甘春妍：《博罗畲语研究》，南开大学出版社2011年版，第14页。
③ 甘春妍：《博罗畲语研究》，南开大学出版社2011年版，第14页。
④ 徐乐乐：《千年畲语极度濒危 博罗嶂背村的语言保卫战》，《南方日报》2016年1月27日第8版。

(三) 响应系统

1. 教育

嶂背小学是嶂背村唯一的一所六年制学校，目前也是省内唯一一所设置了畲语教学的学校。招生对象覆盖嶂背三个自然村和周边其他汉族村寨。因覆盖面较广，所以校内大部分是汉族学生，约1/4的学生为畲族。从2012年开始，该校为所有在校生每周开设一节"畲语—汉语"双语教学课，从2014年春季开始新增为每周开设两节双语教学课。

2. 语言态度

在本文第二章第三节语言态度调查的基础上，我们进一步抽取了27名嶂背村畲族村进行了语言认同调查。通过"你认为哪种语言最重要（单选）"这一问题的调查，我们看到，汉语与畲语在当地畲族心中有同等的认可度（见表4-16）。在访谈中，许多年轻的家长也表达了对下一代学好普通话的迫切希望。

表4-16　　　　　　　嶂背村畲语语言认可度调查统计

	语言			
	畲语	普通话	客家话	英语
人数	11	11	4	1
百分比	40.74%	40.74%	14.81%	3.70%

3. 语言能力

结合上文对嶂背村畲族畲、汉语言能力调查。我们看到，除了极个别的高龄畲语单语人外，嶂背村畲族几乎全民熟练使用汉语。相对而言，掌握畲语的比例更低。包括"畲语熟练"和"畲语一般"两类人群在内，仅占总人数的78.76%。具体情况见本文第二章第三节。

（四）评估结果

表4-17　　　　　　　畲语生态监测指标一览

要素（一级）	权重	具体指标（二级）	权重	分值
人口	0.1091	语言使用人口基数	0.2412	0
		语言使用者占总人口的比重	0.2308	7
		青少年使用人口的比重	0.2829	5
		语言使用人口的增减趋势	0.2451	3

续表

要素（一级）	权重	具体指标（二级）	权重	分值
地理	0.0793	语言群体社区的聚居程度	0.6094	6
		语言群体社区的地理开放度	0.3906	2
文化	0.0787	文化习俗和传统仪式稳定性	0.3125	2
		传统民族活动和仪式用语	0.3229	1
		语言使用者跨度通婚态度	0.3646	1
经济	0.0931	语言群体社区的经济实力	0.6719	5
		语言群体社区的经济产业类型	0.3281	5
语言格局	0.0730	毗邻语言的声望与势力	0.6563	4
		语言跨境状况	0.3437	10
语域	0.0921	家庭内部使用情况	0.1844	5
		日常交际中的使用情况	0.2042	7
		在广播、电视媒体的使用情况	0.1760	1
		在商贸活动中的使用情况	0.1646	2
		在行政领域的使用情况	0.1479	5
		宗教信仰及其与语言的关系	0.1229	3
语言标准化程度	0.0622	语言内部方言差异和听懂度	0.5127	7
		文字系统或书面语使用和规范情况	0.4873	5
语言结构	0.0539	语音系统的稳定程度	0.4271	7
		词汇系统的稳定程度	0.2552	3
		语法系统的稳定程度	0.3177	8
语言产品	0.0685	语言教学类产品的数量和使用面	0.3854	5
		文化生活类语言产品数量与读者面	0.4115	5
		语言研究类产品的数量与质量	0.2301	8
教育	0.1008	以语言为教学用语的初级学校数量	0.7344	5
		设置了语言课程的学校或机构数量	0.2656	5
语言态度	0.1001	语言群体内部的语言态度	0.5938	6
		政府的政策倾向或行为倾向	0.4062	10
语言能力	0.0852	语言群体单语或单方言人的比率	0.6250	1
		双语或多语人的比率及熟练情况	0.3750	6

使用与前文同样的计算方法（见132页），我们对嶂背村的畲语的语言生态系统的分值计算结果为：4.764608。根据"语言生态分级

表",认定畲族村的畲语生态等级为:较差。

综上,通过对同一测评方式下三个民族村的语言生态系统的评分,得到的结果是:下帅壮族村和南岗瑶族村的语言生态系统等级为:一般;畲族村的畲语生态等级为较差。其中影响壮族和瑶族村壮语和瑶语的生态系统分值的主要指标是语言标准化程度、语言产品和语言教育;影响畲族村畲语生态系统分值的主要指标是人口基数、语域和语言能力。总而言之,广东世居民族地区的语言生态整体状况不容乐观。民族语言在未来的发展面临挑战。

第二节 广东世居民族地区母语生态与相关因素间的关系

语言生态环境的发展或衰退不仅仅是语言本身的一种现象,更涉及周边各种事物与语言之间的关系。从对南岗村、车福村和嶂背村不同的民族语言生态环境的实地考察,我们可以观察到影响语言生态问题背后因素的多样性和复杂性。但拨开现象看本质,所有与语言相关的因素,无非离不开以下几类:人与自然的关系、人与社会的关系、人与语言的关系、语言与语言的关系和语言与民族的关系。① 那么,结合广东民族地区的实际情况,我们将尝试有侧重地从上述这些关系中,探索促进或影响少数民族母语发展的多个方面。

一 人与自然的关系:居住环境变迁往往是母语变迁的开始

在人类社会中,特定的文化体通常要与其所处的地理环境内其他不同的文化产生交互作用,并与其他文化体及其环境组成一个功能整体,即文化系统[2]。而文化系统往往又与自然系统紧密相连,共同构成了一个地区客观环境。语言作为文化系统的重要组成部分,既能对自然环境

---

① 冯广艺在其著作《语言生态研究》(光明日报出版社 2020 年版)中对语言生态所涉及的关系有类似的分类,在此借鉴其部分观点。

② 曹波:《北方人口较少民族青少年母语保持现状研究》,博士学位论文,中央民族大学,2016 年,第 25 页。

做出改变,也受到其深刻的影响。主要体现在语言使用者的居住环境的变化。

居住环境的变化对语言的影响,往往是由一个相对封闭的居住环境到一个更加开放的环境开始的。从我国多个少数民族地区的语言状况来看,语言的保存程度和地区开放程度基本呈反相关。千百年来,在广东博罗地区的畲族的语言能够一直保持,得益于他们在罗浮山下依山而居,刀耕火种、采果狩猎的生活,民族聚居的形式让他们自给自足,很少需要和外界接触。村寨内只通用畲语,让畲语的面貌得以长期保存。20世纪50年代,在政府的帮助下畲族逐渐从山地搬迁到平地区居住。大环境的改变,让嶂背畲族的生活也发生了很大的改变。因为迁徙下山,嶂背畲族渐渐要融入邻近的汉族村落,嶂背畲族村成为博罗横河镇唯一的少数民族聚居村寨,因为跟周边的汉族地区所讲的本地话、客家话、平婆话、白话不一样,嶂背成为不断被侵蚀的"语言孤岛"。

二 人与社会的关系

(一) 相对聚居是民族语言稳定使用必要客观条件

显而易见,同一民族的聚居有利于民族语的传承。虽然壮族和瑶族在广东省的人口仅占全省人口的1%,但我们所调查的车福村、南岗村和嶂背村都是相对集中居住。基本都处于"大杂居、小聚居"的居住状态。聚居所带来的语言环境是保证母语依然被多数人使用的一个重要因素。

瑶语和壮语在下帅乡的保存正对应相对杂居和聚居的不同结果。下帅车福村周边散居于东西村、黄翰村、竹六村和山奢村等村的瑶族总数约有1332人(2016),占下帅乡总人口的11.5%。虽然总人口并不算太少,但由于居住较为分散,且与壮族和汉族通婚较多,大部分瑶族同胞已经不会说瑶语。下帅的瑶族一部分转用汉语,一部分学习使用壮语。根据实地观察,在下帅乡无论是寒暄聊天、日常劳动、生活贸易,还是婚丧嫁娶、节日庆典、村民会议,随处可以听到壮语,当地的不少汉族人也因此掌握了壮语的基本听说能力,形成了一个良性循环的壮语语言环境。

(二) 居住方式的变化直接导致母语的地位动摇

居住方式的变化对语言的影响主要体现在家庭规模的变迁。在漫长的农耕时期,农耕文明所具有的封闭的、自给自足的特点使全族共居的大家庭生活模式一以贯之,并不断发展壮大。累世同居成为中国传统社会的最常见家庭形式。在与祖辈、曾祖辈共同生活的条件下,青壮年作为家庭的主力负责经济和劳作,下一代的抚养更多地由长辈分担完成。青少年在与长辈共同生活的过程中自然地习得了母语,母语也由于使用人口更多而稳定地被作为家庭内部语言。即使有其他民族的成员加入,也很难影响本民族语言的使用地位。

但是,随着过去数十年间城镇化进程的飞速推进,这一传统的家庭模式也产生了根本性的变化。少数民族农村地区在家庭人口数量方面也发生了重大的改变。我们对调查的三个民族村进行了家庭人数抽样的调查,以超过5人的家庭为"大家庭"的基本标准,仅下帅乡车福村达到了10%以上的比例(见表4-18)。由于生育率的下降和经济水平的提高,越来越多的小家庭不再需要依赖长辈照看孩子,他们选择带着子女独立门户或携子女外出工作。小家庭的语言选择就逐渐变得多元化。父母一方是非本族人的婚姻中,不少家庭会因为照顾语言不通的一方而放弃民族语,还有因考虑到孩子未来的教育而改用汉语的家庭也屡见不鲜。上述种种都是造成母语从青少年一代开始断层的原因。

表 4-18　　　　　　　民族地区家庭成员数抽样结果

	嶂背村(户)	南岗村(户)	车福村(户)
抽样家庭数	141	110	40
超5人的家庭数	10	7	6
所占比例	7.1%	6.4%	15%

三　人与语言的关系

(一) 使用人口的总量和异动性是母语保存与否的显要因素

民族语言相对汉语普通话或方言来说,在使用人口上相对较少。当周边被其他语言包围时,易受到强烈的冲击。这一情况对于使用语言总量较大的民族（超过 10 万人）还有缓冲的余地，但对使用人口总量较少并在急剧流失中的民族来说，维持母语的保存更加困难。一般人口总量较少的民族，其语言都相应缺少民族文字，仅能通过口耳相传延续民族的思想和思维方式，使用人口总数低，社交功能弱，直接加剧了母语保持和传承的困难。畲语的保存，就是一个典型的例子。根据《广东畲族研究》[①]记载：畲族在广东历来人口少，且居住分散，日常经济交往多与邻近的客家人、潮州人和广府人接触，惯常使用当地的汉语方言，仅在家庭内部和同族之间才使用畲语。现在广东境内在九连山区、潮州、丰顺等地区的畲族已经基本遗忘了自己的语言，而转用带畲语底层的汉语方言，又被称为"畲话"或"畲老话"。仅有惠州市博罗地区的畲语保存相对完好。但畲语实际使用人数已不足 1000 人。人口的稀少不仅带来语言保存的困境，也对使用该民族语言的母语者的语言认同产生了直接的影响。在对博罗嶂背村的畲族进行访谈时，40 岁的村民蓝某景对推广和保护畲族语言态度很不乐观，在他看来："现在全部（人）都是用汉语了，而且畲族人都很少了，你看我们嶂背村一个大队包括新屋、大板田、新塘总共加起来不到一千人吧，我没有具体统计过，新屋村应该是三四百人左右，这要推广畲族文字的话我觉得是不现实的。"

（二）母语感情是语言稳定使用和传承的情感基础

一个民族的母语不仅是民族最重要的交际工具，也承载着本民族的民族心理、民族习惯、民族文化和民族感情。在母语稳定使用的地区，使用者们往往将自己的民族身份与语言紧紧地联系在一起，认为语言是一个民族的重要标志之一，掌握了本民族的语言的人，才是真正的同胞，也只有把语言传承下去才能真正保护、传承民族的文化和传统。在语言保持良好的车福村，我们遇到村诊所的陶某汶医生，他认为："我们世世代代就在这住，小孩子几乎一出生就会说壮语，你看村里一岁多、两岁的娃娃，他们都说壮语；我们这里几乎都是壮族，不说壮语会让别人觉得不好，给人的感觉就是不亲切，感觉比较高调，有距离感，人家就不太愿意和你说话。"谈及壮语在车福村还能存在多久，车福村

---

① 朱洪、姜永兴：《广东畲族研究》，广东人民出版社 1991 年版，第 35 页。

的壮族李某香立刻回答:"我觉得50年或者更久,车福村的壮语都不会变,也不会消失。因为我们天天用、天天说壮语,不担心它会消失。只要车福村在,壮语会一直在。"

但我们调查中也见到,这种对民族语言的认可和坚持使用民族语言的情感往往是停留在自己这一代。不少人对于自己的子孙是否使用民族语言持开放的态度。

例如车福村村民的莫某意在被提问是否要保持壮语的使用时,坚定地回答:"这是老祖宗留下的,一辈传一辈,祖上的文化得保住,这是根。"但当谈到"是否要求儿子和孙子必须说壮语"时,又颇有些矛盾地认为,"我们壮族在我们这一代还是要说壮语的,要传下去。是我儿子的那一代,我不会要求,看他们自己啦"。

(三) 青年一代对母语态度的矛盾性是母语保持的不利因素

语言态度是指人们对语言使用价值的看法,其中包括对语言的地位、功能以及发展前途等的看法。[①] 它虽然不是影响语言使用和传承的唯一因素,但这种基于情感层面的主观评价,往往通过人们对语言的选择和使用表现出来,并发展为直接的语言能力。语言态度既与个人的心理机制和认知能力相关,更受到社会、经济等因素的多重影响。根据本研究对多个地区不同年龄段的母语人语言态度的调查发现,在30岁以上的人群中,对于母语的态度普遍非常积极,在对母语的重要性(认知)、母语亲和力(情感)、和语言的选择(行为倾向)三个方面的问题回答中都有较为一致的答案。与之相对比的是,在30岁以下的人群中,对于母语态度的矛盾性和不稳定性问题凸显。

母语态度的矛盾性,指的是母语者对母语有明确的祖语意识,在感情上忠诚,但在作语言的选择时却倾向于转用其他语言。以南岗瑶族6—30岁语言态度调查数据为例(见表4-19),在对母语的感情上,当地的瑶族年轻人依然很深厚,对母语有发自内心的亲切感。但是在"最喜欢讲的语言"一问中却出现了较大分歧。在母语的价值的问题上不太清晰,认为掌握母语的用处"主要是为了和本族人说话"。在瑶族是否应当坚持使用母语的问题上,大多数年轻人都选择了开放而包容的

---

① 戴庆厦:《社会语言学概论》,商务印书馆2009年版,第114页。

态度。

表 4-19　　　　　　　　　　瑶族青少年的母语态度

问题	选项及比例		
①你觉得瑶族掌握瑶语有用吗？	很有用 59.3%	有些用 37.0%	没有用 3.7%
②你最喜欢讲哪种语言？	普通话 48.1%	瑶语 44.4%	客家话或白话 7.5%
③与会瑶语的长辈讲普通话，你觉得？	不应该这样 3.7%	有点别扭 18.5%	很正常 77.8%
④如果瑶族亲友不会讲瑶语，你觉得？	不应该这样 7.4%	可以理解 92.6%	无所谓 0
⑤你觉得哪种语言最亲切？	瑶语 96.3%	普通话 0	客家话或白话 3.7%

在访谈中，19岁的唐某提到村里越来越多人开始用普通话时，他说："我不是很赞成村里面开始说普通话，因为如果长期这样发展下去会使我们的瑶语消失，因为说瑶语的人少了慢慢地就有很多人不太会说，直到最后就没有人说瑶话了。我不希望看见这样的情况发生，我们瑶族人还是会说瑶话才好。"但对于"最重要的语言"这个问题时，不止一位年轻人都认为普通话最重要。在他们看来，"普通话交流很方便，在全中国都能用普通话来进行沟通"。还有务工归来的年轻人认为白话是最重要的。这些年轻人的主要的务工地都在珠三角城市，他们认为，"在广东都是说白话（粤语）多一点的，好交流。也方便找工作"。

这种语言感情、语言认知和语言选择上的矛盾性，可以说是当下民族地区年轻人的一种普遍的状态。一方面，他们有着很强的民族自尊心，也认识到自己不该忘记母语，应该继续使用母语。另一方面，他们处在汉语的强势包围之下，从小就开始学习和使用汉语。对于汉族更先进的技术和丰富的文化有着不自觉地肯定和向往。这种问题存在的背后，是多元文化的冲击下，民族地区青少年接受民族文化教育与双语教育的滞后和缺失。青年人作为语言传承的主体，处于语言传承链条中的中间环节，他们正在经历着的这种语言心理上的矛盾和迷茫，或许将成为母语传承中最脆弱的一环。

四　语言与语言的关系

（一）民族语和汉语及汉语方言"各司其职""互补互助"是母语保留的一个有利因素

语言兼用在一定的条件下也有助于母语的保存。母语与汉语实现有机的互补，是保证母语的重要生存条件。在我们抽样调查的三个民族村中，绝大多数人都是双语人或双语多方言人。仅以怀集一地为例，在当地使用的就有白话、客家话、普通话、壮语、标话、上/下坊话、瑶语等多个语言或方言，这些语言的使用者之间长期互相接触和交流，成为了下帅乡全民生活中不可或缺的工具。母语和兼用语在使用对象和场合上是互补的关系。对于车福村的壮族来说，壮语主要在同族人之间、家庭和村寨内以及传统活动等语域使用，担负着日常交际以及传播民族文化的功能。白话主要在与周边汉族的村寨居民、以及与集贸市场的汉族或外地商人语域使用，下坊话或怀集话是去县城时用，普通话则对外地来访者或者在学校、机关单位使用。它们"各司其职"，各自在不同场合、与不同对象的交流中发挥作用。

在语言表达的功能上，母语和兼用语也相得益彰。一方面，新的事物方面，民族语没有对应的词语，这时就需要借助普通话和汉语方言进行补充；另一方面，在表达传统事物、微妙的情感、精细的动作等方面，汉语反而有时候不及母语的生动、形象、恰如其分。我们在南岗瑶族村当地翻译的帮助下，记录了一段他们的日常对话，可以看出普通话和汉语方言与瑶族的表达自然地融合：

参与人：邓某民（50岁，瑶族村民），邓某春（44岁，瑶族村民）；

场景：晚饭中的闲聊，谈话内容是汉族的年历和天气。

邓某民：今年13个月，闰年。不然叫什么那个汉人做这个日历给你们。（"闰年"用了普通话，语调有改变）

邓某春：他们也是按照24个节来做的，瑶族人也用这个24个节。

邓某民：你们不信为什么还要年年去买他那本日历呢？先生公

(当地算命先生)那么厉害,为什么还要年年去买他们的日历来看天时地利呢?买它干嘛呢?

邓某春:因为我们(指瑶族)没有。

邓某民:哦,就是莫。你年年算不出来,讲个鬼。……为什么上一个年的5月天那么干燥,今年这个又那么的多雨天气。你都不知道。("你都不知道"用了客家话)瑶族人是去汉族学回来的,瑶族人没得讲。瑶族不是去学回来的,谁教你?是不是?反正讲这些肯定没汉族厉害。(接电话:嗨,不下来是吧?不下的话就不等你了,拜拜咯!)("拜拜"用了普通话)

(二)民族语言与新媒体时代的用语分离是当下母语保持的困境

社会性是语言的本质属性,一种语言只有被广泛地使用,才能获得持久的生命力。民族语言的保护与传承,也关键在于保持其"活态化",维持其在实际使用中的比率。过去对于语言使用的语域研究,多将语域进行内部语域和外部语域的划分,前者包括对家庭内部不同对象的语言考察,后者包括在宗教、商贸、政府、社区等场合面对不同对象的语言考察。[①]而进入新媒体时代以来,新技术的发展极大地扩展了语言的使用空间,也占据了人们使用语言的时间。首先,诸如手机、电脑等电子终端的使用早已进入民族地区的普通人的生活。而网络环境对语言的要求首先就是通用性,国家通用语无疑占据最大优势。其次,网络环境还对于语言输入和输出提出了新的要求,除极少数有文字并有相应输入法的语言外,绝大多数的民族语都被分离在网络空间之外。最后,新媒体带来的丰富而新鲜的多元文化,也不断吞噬着民族传统文化,从而造成年轻一代的民族价值观和语言观的转变。

课题组在对下帅民族学校的采访中,看到小学高年级到初中的不少学生已经拥有智能手机,课后同学一起结伴玩耍逐渐变成在手机微信或者QQ上聊天。壮族学生陈某玲向我们展示了她众多的QQ好友和微信

---

① Fishman. J. A, "The Relationship between Micro and Macro-sociolinguistics", in J. P. Pride and J. Holms, ed. *the Study of who Speakers What Language to Whom and When*, Harmondsworth: Penguin Press, 1972, p. 583.

朋友，并主动与我们加好友。据她介绍，同学之间谈论的话题除了学习外，大多围绕网络上的各类新闻、明星和网络电视剧和小说，粤语的歌曲和港台明星在学生中也很受欢迎。在问及同学之间常用的语言时，不少学生都表示用普通话最多，他们说："普通话方便聊天，很多有意思的事情壮语没有办法说，用普通话聊起来更方便。"在课题组到达南岗村村委会时，两个男孩正在斜对面的小卖部用手机看 NBA 篮球比赛转播。其中一位 18 岁的房某诚表示，像他这个年纪的同学，都比较喜欢上网、看电视，接触普通话的时间很多，普通话自然就很熟练。网络空间的急速扩张，不断地对民族语的使用空间进行挤压，而民族的语言与文化又难以与新媒体的时代接入，进而使民族语言的保持和发展更加地艰难。

五 语言与民族的关系：良好的民族关系对母语传承有积极的促进作用

语言是民族的一个重要特征。民族关系直接影响到语言关系。民族关系好，语言关系也好；反之，民族关系不好，语言关系也会受到消极的影响。[①] 语言关系和民族关系无疑是相辅相成的。

在连南县，我们看到，无论是城镇还是农村，身穿本民族服装的妇女随处可见，20 岁左右的年轻人也觉得这样的服饰很好看，他们会在婚礼等场合精心选择瑶族服饰，还会把家里珍藏的比较隆重的衣服拿来展示给来访者。学校里无论瑶族还是汉族的孩子，都被鼓励参与瑶族的歌舞和长鼓表演。街边开水果店、蔬菜点和小卖部的老板虽然很多是汉族，也对少数民族文化是认同接纳的，有不少还因为方便做生意学会了民族语言。连南瑶族的民俗旅游业最近几年发展得比较红火，当地的汉族老板告诉我们："这几年，千年瑶寨越来越受欢迎，很多人过来玩，因为瑶族民俗旅游，我们的生意都变好了。"在我们搭伙的南岗村村委会，当所有人聚在一起吃饭时，大家都尽量说汉语，以照顾到在场的每一个人。但本民族成员之间交谈时，马上就转用母语，语言转换非常自然。经常是上半句话对我们说汉语，下半句转回同伴就用瑶语了。在场

---

① 戴庆厦等：《四川盐源县各民族的语言和谐》，商务印书馆 2011 年版，第 106 页。

的无论是文化程度较高的村干部还是普通村民，每一个人都会很自然地融入这种语码切换里，没有人因为这种转换显得麻烦或不自然。

在下帅车福村，村里现在保持下来的壮族节日是牛王诞，每年农历四月初八庆祝。排在牛王诞之后的重要节日就是汉族的元宵节。在这两个节日里不少村民们都有机会穿民族服饰，这种民族服装不是个人的，而是乡里统一购买发放的。大家都认为"节日里把民族服装穿起来很热闹"。这样的"壮+汉"的混合节日，村里的汉族也跟着过，习俗和壮族一模一样。在这些壮族和汉族共同庆祝的场合，所有人都是使用壮语的。

这种在和谐的民族关系中的语言、文化的交错和融合，既保证了民族语言的使用的对象和场合，也给了社区语言传承重要的语言环境。

第三节 广东世居民族地区语言和谐关系的构想

在对语言和人、社会、自然等多重因素相关性探究的基础上，我们可以看到，当下对广东世居民族地区的语言生态或语言关系的处理，并不能仅从单一的"母语"角度出发，把眼光局限在"保护—被保护"或"濒危—抢救"的思路上。而应该把目光投射到整个社会和人的关系中来。语言是社会的一部分，是为社会生活服务的，社会的各项活动都得益于语言的沟通和协调。另外，语言又是人类思维的工具，语言参与思维的形成和展示的全过程。而民族语言与社会通用语相比，又多了一个特殊层面，即与民族文化、民族情感和民族意识的紧密相连。可以说，在一个多民族、多语种的地区，语言和谐关系就是社会和谐的重要部分。对于民族语言的研究，不仅要研究如何保护，还要从语言发展的规律和社会需求的现状出发，针对不同地区的实际，寻找利于语言和谐关系长久发展的切入点。对三个民族地区的不同个案的研究，给了我们构建语言和谐关系的诸多启发。下面，将尝试对这一问题提出一些初步的构想。

一 构建语言和谐，应正确处理好多元和一体的关系

世界著名的社会学家、人类学家费孝通先生，曾在香港中文大学的

演讲中首次提出了"中华民族多元一体格局"的理论。该理论认为：中华民族包括的五十多个民族单位是多元，中华民族是一体，它们虽则都称"民族"，但层次不同。中华民族作为一个自觉的民族实体，是在历史的过程中形成的。其主流是由许许多多分散独立存在的民族单位，经过接触、混杂、联结和融合，同时也有分裂和消亡，形成一个你来我去、我来你去，我中有你、你中有我，而又各具个性的多元统一体。[①] 费先生提出的中华民族多元一体格局理论在学界和社会各界中得到了广泛认同，"中华民族多元一体格局"既是一种对"民族事实"的描述，也是一种思辨的理论架构。[②] 给了我们在处理民族关系以及语言关系以重要的启示。

广东历史以来就是一个多民族的地区，语言使用多样化由来已久。构建语言和谐，首先要认识到这种多元性存在的必要性和合理性。在广东的民族地区，双语、多语的现象普遍存在。在我们访谈的对象中，不少人对这一认知并不清晰，往往觉得"话能说通就行了""说什么话都是一样"。对于民族语言是否有必要采取措施推广或保持或者制定文字，很多人并没有任何倾向性的观点甚至觉得不需要。这种"语言自生自灭论"看起来是一种"顺其自然，适者生存"的自然主义思想，其实却从本质上有悖于多元文化发展的观念。语言作为一种特殊的社会现象，是民族文化的重要载体，保护其多样性就是保护人类文化的多样性。这与人类千方百计地保护生物物种的多样性有着惊人的相似之处。联合国《保护和促进文化表现形式多样性公约》（草案）中也提到："文化多样性创造了一个多姿多彩的世界，它使人类有了更多的选择，并得以提高自己的能力和形成价值观，因此对于各个社区、各民族和各国人民来说，它是推动可持续发展的一个主要力量。"[③] 因此，保持依然有生命力的语言、积极挽救濒危语言，这一观点，应经由民族语言观的宣传和

---

① 费孝通主编：《中华民族多元一体格局》（修订版），中央民族大学出版社1999年版，第3页。

② 刘子云：《民族团结教育实践模式研究》，博士学位论文，中央民族大学，2015年，第55页。

③ 范俊军编译：《联合国教科文组织关于保护语言与文化多样性文件汇编》，民族出版社2006年版，第59页。

教育，使之在民族地区深入人心。在后文关于如何树立语言观的讨论中，将有进一步的阐述。

而在尊重并保护语言多样性的同时，也不应该忽视语言使用系统的一体化。我国56个民族构成一个统一的主权国家，除了极少数民族外，绝大多数民族都有自己的一种或多种语言。这些语言在中华大地上彼此接触、互相影响，客观上早已形成了一个密不可分的整体。这正如费孝通先生所言的"你来我去、我来你去，我中有你、你中有我"的格局。维持这种一体化系统稳定性的关键，是正确对待语言接触中所必然产生的语言变化。

在现实社会中，语言和语言之间的接触是不可避免的。经济发展得越好，人口流动性越强，语言间接触的面积就越大。由于表达需要和人们之间不自觉地互相模仿学习，语言中会不可避免地出现新的语音成分、借词甚至新的语法结构。在调查中，我们看到，不少母语使用者对于语言接触中的这种现象的态度，呈现两极分化的局面：一部人认为，这是"语言倒退"的表现，应当竭力保护语言的纯洁性。例如我们在对四川藏区的一次语言调查中，发现了藏语使用者之间传阅的一份用来学习藏语新词汇的词表。该词表主要是对藏语中的汉语借词进行"藏语化"的"修订"，如"手机"被按照藏语语素和构词法改编为"口袋里的嘴巴"。这当然是一个"语言封闭主义"的极端的例子。但另一部分人对于语言接触中产生的变化处于完全漠视的态度，任由其发展，以至于出现代际间无法沟通的现状。在对南岗村16岁的瑶族邓某的访谈中，她提到："有一些学生，尤其是小学生很多词汇都不会用瑶语讲。村里的老人有时都听不懂我们讲的是什么意思，因为我们混杂了一些普通话词汇，然后交流过程中我们听不懂他们讲什么，他们也听不懂我们讲什么，沟通都成问题。"从这一现状看，南岗村的瑶语在部分低龄人群中已经出现了较为严重的"语言侵蚀"[①]。南岗瑶语的情况并不是特例，在其他语言国情的研究报告中，也有类似的情况。如毛南语在广西环江

---

① "语言侵蚀"（Language Attrition）这一术语引自 Ala A K, "Language attrition in bicultural bilinguals: Evidence from Neo-Aramaic animal metaphors". Journal of Languages and Culture, Vol. 8, Aug 2017, p. 95。

县水源镇上南社区的使用。① 在这一案例中，语言侵蚀出现在 20—50 岁的毛南人中，而 20 岁以下的毛南人已经完全转用了汉语和壮语。

上述两种对待语言接触的态度都应得到适时的纠正。把语言当做绝对的封闭体，拒绝接受或吸纳别的语言的成分，不难想象在当代社会是不现实的。从语言生态学角度看，语言封闭注定无法立足。当今比较发达的语言，都是在开放的环境中发展起来的，例如英语就大量吸收了其他语言的有益成分，它的表达功能也因此逐渐加强。② 民族语言也普遍面临承载信息量难以适应现代社会的表达的问题，适当使用其他语言"营养补充剂"，是增强语言活力、延长语言生命力的必经之路。但，如果对其他语言过度地借用，甚至有意地替代，则过犹不及，反而对母语的生命产生严重威胁。预防和尽量改善这种局面，涉及媒体、学校和家庭的多重努力，有待进一步讨论。

二　构建语言和谐，应坚持语言平等观，正确看待语言间的竞争关系

"语言平等"这一问题，在前人的对语言国情的研究中多次被提及。③ 在一个多语社会，没有语言平等，就不会有语言和谐，就会出现语言矛盾，并进而造成民族矛盾和社会不安定。④ 国际上起因语言地位的不平等而引起的社会矛盾并不罕见。2019 年 7 月乌克兰新语言法生效。根据该法律，乌境内所有国家公务和公共生活必须使用乌克兰语，俄语失去在该国第二大通用语言的地位。而在当代的乌克兰，31%的人以俄语为母语或母语的一种。新语言令乌克兰国内反对声此起彼伏。反对者认为，该法有可能损害少数民族使用母语的权利，将从讲俄语的乌克兰人手中夺走国家职务，从而引发国家分裂。我国在维护各民族语言文字的平等上的工作一直走在国际社会的前列。不仅通过《宪法》和《中华人民共和国国家通用语言文字法》等法律保障了各民族使用自己

---

① 张景霓等：《环江毛南族语言使用现状及其演变》，科学出版社 2017 年版，第 215 页。
② 冯广艺：《语言生态研究》，光明日报出版社 2020 年版，第 17 页。
③ 戴庆厦（2008、2010）、冯广艺（2020）、蒋颖（2008）、Robert Phillipson（2013）等人在多篇论文中提到"语言平等"（language inequality）这一问题。
④ 戴庆厦：《语言竞争与语言和谐》，《语言教学与研究》2006 年第 2 期。

语言文字的自由,还专门设有民族语言文字管理部门来处理民族语文的事务,建设起了一支民族语文的专业队伍。

但随着科技和经济的发展、民族关系的变化,在政策平等的前提下也存在着一些对于语言地位的认知上的偏差。主要体现在对国家通用语和民族语之间关系的认识偏差上,有些人对国家通用语的推广有过度担心甚至仇视的态度。在一些正式或非正式的言论中,汉语(或普通话)的推广和普及,被描述成威胁当地语言的强势语言入侵。一名网友甚至在网上跟帖:"家乡话都要失传了,你再大力推广普通话我就要报警了。"[1] 出现这样的认识,主要是因为在强调语言平等性同时,不能正确面对语言共存中必然存在的语言竞争。不同语言在同一社会中使用甚至由同一个人使用,自然会存在语言间的竞争。这种竞争集中体现在语域的争夺上。对于语域的争夺随处可见,大到国际上为联合国工作语言选择的争论,小到一个人在不同环境、面对不同对象的语言选择。我们应该认识到,这种竞争并不是由语言本身地位不平等引起的,而是由语言功能的差异决定的。这种竞争并不一定是激烈的、互相排斥的,反而可以在正确地引导下做到"各就各位、互相兼用"[2]。戴庆厦在《语言竞争和语言和谐》一文中提到了语言竞争的不同走向,他认为"语言竞争有三种走向……第一种走向是,互相竞争的语言长期共存,功能上各尽其责,结构上相互补充。在竞争中,各种稳定使用……我国少数民族语言和汉语的关系多数属于这类"[3]。在我们调查的下帅乡,就有这类语言关系的最好的例证——壮语和汉语同为该地区的广泛使用的语言,在语言活力上并没有高下之别。当地的汉族和壮族都普遍兼用对方的语言,有的还能兼用多种方言和当地的瑶语。在乡镇府、乡医院、集市等公共机构,壮语和汉语协同分工,在家庭内部,以壮语为主,族际婚姻中不会壮语的一方也会在家庭中逐渐学会使用这门语言(详见第二章第一节)。可见,在几乎全民兼用汉语的情况下,民族语言依然可能

---

[1] 网络作者:《海南"方言"有几种?》,2016年5月23日,http://www.360doc.com/content/16/0523/08/33067158_561499571.shtml,2019年7月20日。

[2] 李春风:《各就各位 相互兼用》,第十届国际双语协会研讨会论文,贵阳,2013年8月,第1页。

[3] 戴庆厦:《语言竞争与语言和谐》,《语言教学与研究》2006年第2期。

也可以保持着自身旺盛的生命力。

因此，语言竞争虽然是引起语言结构或功能演变的动因之一，但并不是改变语言地位或者缩短语言寿命的主要因素。多语言共存的现实条件下，它的存在是事物发展的普遍规律的体现。坚守语言平等观念，认清语言竞争和语言和谐的关系，通过教育、政策等对作出恰当和适时的引导和规划，语言竞争不仅不会抑制语言的发展，反而可以成为协调语言社会角色的机制，促进和巩固语言和谐。

三　构建语言和谐，应推进民族语言的社会功能的发展

游汝杰在《方言和普通话的社会功能与和谐发展》中认为："中国是多民族、多语言、多民系、多方言的国家。多种语言和方言的并存并用现象，是由它们的社会功能决定的，不是行政命令或人们的主观愿望所能左右的。正确的态度是让它们发挥各自的社会功能，共存并用，和谐发展。"[①] 语言的社会功能，主要体现在不用的社会场合中和面对不同对象时选择不同的语言。已有的研究中，公共场所和家庭内部是受到较多关注的传统语域。此外，在新时代背景下，除了上述传统语域外，语言的社会功能还越来越多地体现于教育体系（包括并不局限于学校教育）、媒体和网络空间中。由于各种主客观的因素，从全国范围看，民族语言在上述传统语域的使用不容乐观，有的语言甚至缩小至仅限家庭内部部分成员之间。在新语域中，民族语言由于缺少文字、缺少输入法、通用性较差、表达内容不足等问题，也存在发展上的先天不足。语言是社会的产物，也与社会共存，关注语言和谐问题，要尤其关注语言的社会功能危机。从已有的经验出发，我们对于民族语言的社会功能的保持与挖掘，有了一些新的思考。

（一）应重视双语教育在母语认同、母语保存和青少年智力培养方面的积极作用，强化学校与家庭、社区的联系，巩固双语教学成果

思想是行动的先导。在提及双语教育时，首先不能忽视的就是"双语观"的培养。戴庆厦先生在其《解决少数民族双语问题的最佳模式：两全其美，和谐发展》一文中认为："双语观"，是对待母语和通用语

[①] 游汝杰：《方言和普通话的社会功能与和谐发展》，《修辞学习》2006 年第 6 期。

的基本观点和方法。它是民族观、语言观的一个重要组成部分。要实现"两全其美",首先要有科学的双语观。……双语观的核心是坚持双语平等。一个民族的母语,不论人口多少、不论使用功能如何,与通用语都有平等的地位,都要受到充分的尊重。不能因为少数民族语言使用人口少,使用范围有限,就忽视它的重要作用。[①] 关于双语观的核心问题的诠释,正好从正面解释了语言社会功能降低的内因——母语认同的降低。母语认同,即母语人基于社会因素而产生的对母语的社会功能与价值力的评价。我们在调查中不止一次地看到,虽然绝大多数的母语人对自己民族的语言依然有着深厚的情感,但在对母语功能的评价上显著较低(详见第三章第三节对于壮族青少年在"语言重要性"这一问题上的抽样调查)。因此,应利用双语教育,提升母语人尤其是青少年的语言认同显得尤其重要而紧迫。

双语教育的开展在我国的民族地区由来已久。许多少数民族如维吾尔、朝鲜、蒙古、景颇等民族都在学校教育中使用本民族语和汉语授课,建立起"民—汉"的双语教学体制。但在民族总人口较少的地区,双语教学的开展依然存在着一些困境和难题。从我们实地走访的几所学校来看,双语教学的问题主要有以下两类:

1. 师资问题。需要双语教学,就必然要有双语师资的培养。目前在民族地区尤其是非主体民族地区的双语教学往往都面临着师资问题的尴尬。能胜任双语教学的老师普遍缺少。有学者提出,除非国家要执行一元化语文政策,否则,民族教育里应该有双语师资培养的位置。这个观点是有一定道理的。在我们采访的瑶族南岗中心学校时,唐某明副校长的一番肺腑之言,既道出了实际问题,也提出了有效的途径:"我希望国家可以多渠道地培训、培养我们本地的老师、瑶族老师。我们学校的瑶族老师比较多的就是我这个年纪的一批。然后(20)05年左右连南突然停止招收本地的老师。出现了一个瑶族老师的断层。原因我们也不清楚。在这个信息发达的社会,学生接触外界的东西太多了,以至于从小就遗忘了自己民族的传统。我希望能在学校创造更多的民族文化的

---

① 戴庆厦:《解决少数民族双语问题的最佳模式:两全其美,和谐发展》,《中央民族大学学报》(哲学社会科学版)2011年第5期。

环境,来改变这一点。这样的工作就需要更多的瑶族老师来与我一起做。现在国家有关教师的各种培训很多,但是很少见到针对民族地区教师民族文化和语言的交流和培训机会。我希望以后这样的培训可以多做一些,让我们与周边的瑶族或者其他少数民族的教师有交流、学习的机会。"

2. 教学模式。现阶段的双语教学模式有两种常见的类型:一种是过渡性双语教育,一种是保持型双语教育。过渡性双语教育是儿童入学后在学习中部分或全部使用本民族语言,以后逐渐过渡到完全采用学校使用的非本族语;保持型双语教育主要指少数民族学生在学校把他们的母语、家庭语言或者继承语言作为主要的教学用语。前一种教育模式正是我们在壮族和瑶族地区的民族学校所看到的。本民族的语言只出现在幼儿园或者小学的低年级,使用母语教学的主要原因是作为学习汉语的脚手架,在遇到学生难以理解的问题时用母语进行解释。这种教育实际上是一种逐渐脱离本母语语言的教育,是以牺牲本民族语言为代价去发展普通话的双语教育。而真正符合民族地区母语保存的要求的,是后一种双语教育模式。在这种教育模式的导入下,以母语为教学语言的教育可以在学生的课堂中占到10%—50%的比例。一部分课程,如文化、历史、社科、体育等,采用母语教学;另一部分的课程,如数学、物理、化学等需要使用大量现代词汇的,采用普通话教学。这种教学的优势在于,在发展学生的普通话能力的同时,也使其母语和民族文化得到保存甚至发展。① 最终实现培养完全的双语人、双文化人的双语教育目的。

此外,传统的学校教学也为双语教育在课外的开展提供了有益的经验。南岗中心学校的副校长唐某明向我们介绍了学校在提升学生母语教育方面的做法。例如学校会举办瑶语故事会,让学生穿民族服饰,讲民族故事。让学生有机会向家里的长辈学习;在教师的校本培训中,专门引入一本《瑶族民间故事》的教材,提倡学生更多使用瑶语;在全校的歌唱比赛中,还特地设置了两种不同语言的奖项:汉语歌曲奖和瑶语歌曲奖,引导孩子们重视自己的语言。这些都是双语教育中值得借

---

① 瞿继勇:《双语教育与母语保存》,《河北理工大学学报》(社会科学版)2010年第1期。

鉴的。

嶂背畲族小学是我们所走访的学校中,唯一开设真正意义上的民族语言课程的学校。在对畲族村嶂背畲族小学的语言态度调查中,我们欣慰地看到双语教育在提升青少年母语认同方面的显著效果(见第三章第三节)。但令人担忧的是,这一双语教学的推广,几乎是完全凭借雷金球校长的一己之力。在我们对学生家长访谈中,在对畲语教学的认可度上有较大差异。因此让我们认识到,对于畲语这样的濒危语言,学校的双语教学的效果的真正落实,离不开家庭与社区的共同支持。

前人的研究显示[1],民族语言转用为汉语的过程中,最关键的环节出现在长辈没有坚持和子女相互用民族语言对话。家庭语言环境在语言传承上有关键意义。只要子女在家里还说母语,母语就还在传承。只要有足够的家庭还在说母语,村寨和乡镇的民族语言就能维持。家庭语言环境不仅是母语传承最后的家园,更对赋予母语亲切感和认同感起着决定性作用。离开了家庭环境的影响,仅仅通过学校双语教育和民族语言文化的普及性教育,很难与通用语的强大语势抗衡。

在对畲族地区的青少年的调查中,我们一再地看到,发生语言断层的青少年,几乎无一例外地来自没有母语环境的家庭。这其中一部分是由于族际家庭中,父母一方不能使用民族语而不得不改变家庭内部的语言;但越来越多的非母语家庭,是因父母对汉语优势的过度关注而主动放弃母语而产生的。因此,把握家庭母语的最重要环境,提升母语认同,让更多家庭意识到双语或多语能力对下一代的认知发展优势,是维持民族语言传承的重要环节。

对于儿童语言能力和认知发展的多项研究已经证实[2],语言不仅是社会的资源,也是个人的资源。在社会竞争日趋激烈的现代社会,一个人掌握的语言越多,竞争能力和适应能力也就越强。游汝杰在针对上海人的方言能力的研究中发现,"双重语言人"在上海生活和工作比"单语人"更适应、更自如。掌握多一门方言尚且如此,多一门语言对认知

---

[1] 李嵬等:《"家庭语言生活"多人谈》,《语言战略研究》2017年第6期。
[2] 叶彩燕、马诗帆:《双语儿童:早期发展及语言接触》,世界图书出版公司2013年版,第8页。

和思维的提升里更可以想见。因此，在本身具有母语条件的家庭，放弃对孩子的母语的培养，无疑是不明智的。母语不仅对于大脑发育和培养有利，而且远比第二语言更能精细地表达个人的思想、体会地方的文化。双语教学理论有一句名言是：我不能用你的舌头尝美味。① 其意思就是，母语的教育作用永远无法用别的语言取代。别的语言文字写就的文学作品终归替换不了自己的母语文学。

（二）应重视民族语言在网络空间中的地位和角色

新媒体一般是指基于数字技术、网络技术、移动通信技术、多媒体技术，以网络为载体进行文本、图像、音频、视频等集成信息和娱乐服务的传播形态和媒体形态的总称。② 随着移动终端和网络的普及，网络和手机早已不是城市的专利，网络空间也成为乡村生活的组成部分。新媒体对于社会通用语的依赖，一方面使民族语言在网络语域空间受到严重挤压；但另一方面，也为民族语言的保护与传承提供了使用和传播的新渠道，其对空间限制的突破，同时扩展了民族语言的传播空间。大量乡村人口外出务工，让持相同母语的人分散在不同的地区，曾经是民族聚居地的乡村出现空心化，极大地缩小了民族语言的使用空间。但与此同时，网络又拉近了人与人之间的距离。人们通过语音和视频的方式和亲友保持着母语的沟通。各样的微信家庭群、老乡群、QQ 群等也在网络中快速聚集起来。这种网络社区的建立，为不断缩减语域的母语在网络空间的发展提供了可能。

除了这种自发组织的母语社群外，在媒体平台上，民族语言也应尝试开拓一席之地。现有的活跃在新媒体中的母语平台也有一些，如连南地区的微信公众号"八排瑶语学习家园"、宣传壮族语言文化的"壮乡之声""郎声勐僚"等。在微信聊天的表情之中，配合民族语言的"表情包"也令人忍俊不禁。但这些平台大多是由个人凭一己兴趣和热情创办，出于材料和个人精力的限制，往往很难坚持。此外，这种个人性质的平台由于缺乏权威机构的审核和监督，在发布的内容上容易出现对于民族语言或文化有理解偏差的信息，或价值内涵不高、过于猎奇或哗众

---

① 蒙元耀：《论民族语言文字平等与民族团结》，《广西民族研究》2010 年第 4 期。
② 宫承波：《新媒体概论》，中国广播电视出版社 2011 年版，第 1 页。

取宠的内容，反而对地方或民族的形象造成反面的影响。因此，在新媒体平台的发展日新月异的今天，包括政府、企业、媒体和社会团体在内的各行各业，也应积极参与进来，打造接地气的、获得普通民众喜爱的、具有影响力的民族语言的官方平台。

四 构建语言和谐，应强化对民族语言经济价值的开发

经济学家 Marschak 在 Economics of language 第一次从经济的角度关注了语言。他在自己的研究将交流中语言的选择（学习某种语言的决定）应用到微观经济学的标准上来，并把它们加总进行分析，结果发现：经济学与探求语言的优化之间存在着密切关系，语言作为人类经济活动中不可缺少的工具，也具有价值、效用、成本和收益等经济特征。[1]虽然对"语言经济学"的研究才刚刚起步，并不广为人知。但通过调研，我们已经明显地看到，民族地区的人们已普遍认识到学习普通话或者优势方言的经济价值。在问卷和访谈中，对国家通用语学习的渴望被不止一次地表达出来。

这种对于"学习使用汉语"的动力，主要来自于市场经济的激励。对于"外出务工""求学""与汉族交流"等需求的根本来源，就是市场的引导。相对而言，如果希望鼓励民族地区的人们更多地使用民族语，也必须抓住语言的经济效益这一具有绝对吸引力的因素。2013年1月颁布的《国家中长期语言文字事业改革和发展规划纲要（2012—2020）》明确提出："充分挖掘、合理利用语言资源的文化价值和经济价值。"将语言与"资源"和"经济"直接相关。在我们调查的南岗瑶族村，目前旅游产业已经成为当地政府着力推动的一个主流产业。随着近年来交通事业的发展，吸引了越来越多的人来到千年瑶寨观光。借此契机，旅游产业可以作为提升瑶族语言经济效益的重要支点。在少数民族村寨中加入更多的民族语言文化元素，在多样的文艺的展演中展示民族语言的魅力。事实上，在民族语言的经济价值的挖掘方面，有些地区和民族已经给我们做了很好的尝试和示范。如广西被选为国家级非物质

---

[1] Marschak, Jacob, "The Economics of Language", *Behavioral Science*, Vol. 10, 1965, pp. 135-140.

文化遗产的刘三姐歌谣、那坡壮族民歌、壮剧、壮族嘹歌等民歌。以《印象·刘三姐》实景演出为核心工程的中国·漓江山水剧场得到了享誉国内外的好评。此外，将民族旅游和民族语言融合的方式也应该是多样化、因地制宜的。纳西族的东巴文字在旅游市场的开发就为少数民族语言文字的经济价值的探索开启了一条重要的思路。[①] 民族语言和汉语的长期接触中，民族语言始终处于"低威信"的状态。通过开发语言资源和建立特色旅游产业，可以直接带来经济收益。让少数民族看到学习、使用民族语言带来的经济价值和社会价值。既提高了对本族语言的认知、强化了母语情感，也提升了民族自信。

在对南岗瑶族的访谈中，有多人提到了"千年瑶寨"这一旅游景点对当地经济的带动作用。瑶族旅游文化的确已成为当地重要经济支柱之一。有很多村民在"千年瑶寨"工作，亲身体验了瑶语学习、使用瑶语和瑶族民俗带来的社会价值，因此增加了对于瑶族和瑶语地位的认可。当地的中小学中，也出现了一批学习并传播瑶族传统歌舞的学生。在政府的支持下，这些学生多次登上省内外的表演舞台，甚至走出国境，展示瑶族文化。我们认为，在促进瑶语的使用和传承中，民俗旅游业的蓬勃发展对提高瑶语的语言地位和瑶族对于瑶语的认同起到了关键的作用。在当前，应该抓住瑶族文化旅游发展的契机，利用连南丰富的瑶族文化资源，结合语言开展文化旅游建设，让瑶族看到使用瑶语、学习瑶语所带来的民族自豪感和切身的经济价值，从而进一步提高瑶语的社会地位，提升瑶族对于母语的认同。

对于语言的经济价值的追求，除了附着在旅游产品之外，还可以体现于大众艺术产品之中。大卫·克里斯特尔在联合国教科文组织濒危语言国家专家会议上做主题发言时，曾经这样呼吁："艺术是巨大的、未利用的资源，我们可以去开发这个资源……（解决语言危机）我们需要艺术的帮助，以使我们主动投入到它可以产生巨大影响的三大领域：

---

① 徐大明：《有关语言经济的七个问题》，《云南师范大学学报》（哲学社会科学版）2010 年第 5 期。

媒体、学校和家庭。"① 事实上，在汉语方言领域，语言和艺术的合作已经有了很多卓有社会影响力的尝试。以大荧幕为例，近年来方言电影越来越受到关注，最知名的莫过于《疯狂的石头》。2018—2019 年就有 20 多部方言国产片上映，比如山西方言电影《灰猴》，全片讲重庆话的《受益人》，以及讲武汉方言的《南方车站聚会》。粤语在全国范围内的语言影响力，也有重要一部分得益于香港电影、流行音乐和诸多明星艺人对于该方言的传播。有专家认为：在视听艺术中，"听"方面讲究除了音乐外，语言也是一方面。而方言的魅力在于有些风土人情和文化是普通话所不能概括的。

与汉语方言相比，民族语言在与文化艺术的结合方面略显逊色。从豆瓣网对于 1981 年以来的民族语电影的初步统计来看②，令人影响深刻的作品较少，大多数都停留于很小的受众范围。随着影视产业的繁荣，这一情况正在得到逐步的改变，《狼图腾》《图雅的婚事》等电影也陆续出现，还有了第一部使用傈僳语拍摄的电影《碧罗雪山》（2010年），让很多普通民众第一次认识了傈僳族，也有助于傈僳族的语言认同和民族自豪感的提高。在我们关注的"八排瑶语学习家园""特比岚罩 爱壮语"等公众号上也能不时看到瑶语或壮语的微电影、MV 等，如《金花寨》《咬手定情》等等，还有大量的使用瑶语或壮语对流行歌曲、诗歌的翻录，但总的来说，在制作方法、艺术水平和传播能力上都非常有限。如果能够在文化部门、文创企业等外力的协助下，将这些作品加以收集、整理，再转化为更具市场价值、能获得实质性经济回报的语言产品，将是对民族语言经济价值的新开发。

五 构建语言和谐，应有"量体裁衣"的差异性政策支持

戴庆厦在《语言竞争和语言和谐》一文中谈道："不同的语言的功能及其变化，是由人口、分布、文化、教育以及民族关系、语言关系等

---

① 范俊军编译：《联合国教科文组织关于保护语言与文化多样性文件汇编》，民族出版社 2006 年版。

② 豆瓣网：《大陆产少数民族语言电影（1986—今）》，2019 年 8 月 5 日，https：//www.douban.com/doulist/110884145/? start=50&sort=seq&playable=0&sub_type=，2020 年 7 月。

因素综合决定的,有其各自的演变规律。人口多的,不同于人口少的;聚居的,不同于杂居的;有文字的,不同于无文字的;跨国境的,不同于非跨境的;濒危的,不同于衰变的;等等。因而,绝不能同样对待,只能是'一把钥匙开一把锁'"。① 这个论点集中概况了我国境内民族语文工作的差异性。在本章第一节的"语言生态评估"部分,我们看到,广东三个世居少数民族的语言生态在内部评测分值上存在很大不同。因此,针对当地的语言协调发展的相关政策,也应遵从"量体裁衣"式的差异化方针。从对广东的三个民族村的母语生态系统评估结果来看,分别有"母语生态系统一般"和"母语生态系统较差"的不同类型,我们尝试在政策引导方面提出以下建议。

(一)"母语生态系统一般"型地区的语言政策的相关建议

对母语生态系统的评估让我们认识到,尽管下帅乡的壮族村和三排镇的瑶族村虽然在语言现有的语言保存状况较好。但在生态的评估中都未能达到"良好"的等级,这就是说,如果没有进一步的干预措施,母语在上述地区的保持在未来将面临必然的倒退。所以制定倾斜性的保护措施和行动措施是很有必要的。从"语言生态检测指标"的分值来看,加强该地区的民族语言规范与语言规划工作,是改善语言生态的关键。

首先,建议建立壮语或瑶族的专门性语文工作机构或在当地政府机关中嵌入语言的相关检测、评估部门。通过更加全面、大范围的监测,掌握全民的语言情况,录入系统,并制订母语保持的中长期行动计划。其次,对于壮语这样已有系统的拼音文字的语言,应组织当地的语言积极分子、教师或者文化工作者,为他们做免费的文字培训,通过他们带动壮文的使用。对标准壮文与当地连山土语有差异的部分,应聘请语言学专家做适当的修改,以使壮文适应记录当地壮方言的语音的需要并编写方言音词典。鼓励当地学会壮文的壮族使用母语进行壮族民歌等口头文化的记录,为他们创建展示、分享、出版壮语文学作品的平台。最后,编写不同层次、面对不同对象的壮族历史文化、壮文教学教材,作为学生的选修课引入中小学校课堂。对于能够通过"壮语文水平考试

---

① 戴庆厦:《语言竞争与语言和谐》,《语言教学与研究》2006年第2期。

（Vahcuengh Sawcuengh Suijbingz Gaujsi）"的学生在学校录取和公务员录用时有政策倾斜或加分。鼓励青年人使用壮文。

对暂无统一文字的瑶语，建议组织当地的教师、文化工作者和语言积极分子学习使用国际音标。对有方言差异的地区，应借助相关语言研究著作和语言专家的帮助，为发音差异较大不同的瑶语土语分别定下基本音系，组织语言工作者进行审音、审词和编写词典。在词典的帮助下鼓励记录并用汉语统一标注当地的口头文学，同时提供展示、分享、出版这些语言产品的机会，将瑶语文化材料以选修课的形式进入课堂，增进当地青少年以及其他民族对瑶族的历史、文化的理解。此外，连南县的电视台有一栏使用瑶语播报的新闻，在瑶族群众中很受欢迎。民族地区的地方广播和电视台都应当地增设类似的母语教学节目和使用民族语言播报的节目。地方网站和官方公众号、刊物定期开设民族语文的专栏等，让老百姓们学习民族语言后看得见、用得上，都是提升母语语言生态环境、增进语言和谐的有效途径。

（二）"母语生态系统较差"型地区的语言政策的相关建议

对于类似畲语一样使用总体人口极少的语言，在政策引导和帮扶上，侧重点又有所不同。

在语言政策上不宜通过政府的干预强行发展母语人的读写能力。在符合母语人的需求和期待的前提下，开展有双向选择性的双语教学。为畲族的孩子单独开设使用畲语教学的课程。并在课外增设畲族故事、畲族歌谣、畲族舞蹈等文化活动，与汉族学生共同分享丰富多彩的多元民族文化。

面对母语人急剧减少的畲语群体，如何有效开展对这类濒临消失的少数民族语言的抢救性保护应是被关注的重点。在其未彻底消亡或者被严重侵蚀前，详细地记录、保存这些语言。做好词典的编纂工作，建立语音、图像和图文对照档案、建立口语数字语料库等。同时，对于语言能力强、词汇丰富的母语人日益减少的状况，应邀请语言专家积极推进语言的本体研究工作，将语言的语法及更深层的语义做深度挖掘。为人类语言宝库留下宝贵的档案资料。

此外，在罗浮山中与世隔离的世代聚居是博罗畲族成为广东唯一一个畲语保存点的重要原因。改革开放以来，国家对少数民族和弱小民族支系的帮扶力度越来越大，不仅帮助他们从深山中迁出，还采取了很多措施帮助当地的经济发展。一方面来说，这使畲族的生活水平得到了极大的提高，另一方面也加快了畲语的流失。在未来的搬迁或改造的过程中，建议在不损害村民利益的前提下，为新屋、大板田和新塘三个畲族村的村民尽可能地提供集中迁移、就近安居等方案，维持语言群体的聚居性和语言的社会功能，从而尽可能地延缓语言的衰变。

结　　语

广东省是 56 个民族成分齐全的省份。各少数民族人口还在快速增长中。根据第七次全国人口普查的结果，广东省常住少数民族人口为 475.21 万人，占全省总人口的 3.77%，相比较 2010 年第六次全国人口普查的数据上升了 1.79 个百分点。[①] 20 世纪 50 年代，少数民族语言大普查第一次对广东省内的民族语言进行了摸底。在此后的半个多世纪里，广东省内少数民族地区的社会、经济、文化以及人们的精神面貌都发生了重大的变化，语言的使用状况也随之发生了巨大变化。对于民族地区开展新的语言生活调查，是对新时期下语言关系新特点的探索，也是新时期语言国情研究和民族文化研究的需求。本课题选择了广东五个世居民族中依然保存有本族语言的壮族、瑶族和畲族作为研究对象，在上述民族的聚居地中有针对性地选择了三个村落进行个案考察。

在对肇庆市怀集县下帅乡车福村壮族语言生活的个案研究中，课题组对车福村 40 户的壮族家庭的母语能力和兼用语能力进行了逐一的入户调查，抽取对不同年龄段的壮族进行了词汇量测试，并通过访谈、问卷和观察等方式对下帅壮语语言使用情况进行了调查。从调查结果看，车福村壮族的母语能力在各个年龄段情况比较一致，熟练使用壮语的比例都很高。在双语人群中，包括儿童在内的各个年龄段第一语言均为壮语，没有出现明显的语言转用或者语言断层的现象。在族际婚姻中，壮语也很有活力。兼用语方面，车福村几乎所有的壮族都能熟练地使用汉语进行日常交际。在语言使用上，下帅乡虽然是一个多语言（方言）聚集地，但是不同语

---

① 广东省统计局、广东省第七次全国人口普查领导小组办公室：《广东省第七次全国人口普查公报［1］（第一号）——全省常住人口情况》，2021 年 5 月 14 日，《澎湃号—广东统计》，https：//www.thepaper.cn/newsDetail_forward_12690620，2021 年 7 月 15 日。

言各司其职,取长补短。壮语不仅得到了较好的保存,与其他语言间也保持着和谐的关系。

在对连南瑶族自治县三排镇南岗村瑶族的个案研究中,课题组抽样选择了南岗村利高冲第一、二、五生产小组的110户瑶族家庭进行了入户式的调查,并对不同年龄段的瑶族的词汇量进行了测试。同时,采用访谈和问卷等多种方式,对当地瑶族的语言使用进行了调查。从结果看,南岗村八排瑶族人全民稳定使用八排瑶语,八排瑶语是南岗村民日常生活中最重要的交际工具之一。各个年龄段的瑶族人在语言能力上的差异不明显,青少年在词汇的掌握上稍显不足。在兼用语方面,南岗村瑶族人的整体汉语水平较高,其中普通话水平最高,客家话次之,粤语最低。瑶语和汉语的使用在不同的场合中会有不同的侧重,总的看来,瑶语和汉语的关系基本是和谐的。

在对惠州市博罗县嶂背畲族村畲族的个案调查中。通过对嶂背村全村140户家庭共435人的入户调查、访谈和抽样语言能力测试,以及语言使用和语言态度的问卷调查,课题组对嶂背畲族的语言现状有了较为全面的了解。从调查结果看,尽管嶂背畲语的总体使用人数较少,但嶂背村的大部分畲族在日常生活中仍能基本保持母语的使用。不过,在语言能力上,青少年与其他年龄段之间已经出现了较为明显的代际差异。畲族村几乎全民兼用汉语,双语类型有由"畲—汉"双语型向"汉—畲"双语型发展的趋势。在当地畲族的生活中,母语的语域正在不断缩小。在周边其他强势语言的包围下,嶂背村已成为畲语使用的孤岛。

对一个地区语言生活的研究,重要的目标之一是对语言的变化和发展的展望。而青少年往往是语言社团中最先感受并体现语言变化的群体。课题组通过在下帅乡、南岗村、嶂背村的多个民族学校的校园中观察、采访、发放问卷,以及在村内与青少年的访谈与互动,对不同民族地区不同年龄的青少年的母语能力状况有了一定程度的了解。在此基础上,我们对广东世居民族地区青少年语言使用的总体特点进行了归纳。课题组初步认为:相比较其他年龄段,世居民族地区的青少年群体的整体母语水平较低,语言能力个体差异大;青少年普遍兼用一种或多种语言,并由兼用方言向兼用普通话转变;影响青少年母语能力的因素有第一语言的选择、语言使用环境和语言态度等。

为了更好地预测民族语言在广东民族地区的保存和发展,本研究采用了有较高认可度的语言生态评估检测标准,对于广东民族地区的语言生态系统进行了初步的评估。通过统一的评测,我们发现,虽然壮族和瑶族地区的母语保存状况良好,但语言生态系统等级仍为"一般";在畲族使用衰退的博罗地区,虽然当地濒危母语保护问题得到了来自社会各方面的关注和支持,但畲语现有的生态环境等级依然较差。广东地区民族语言的可持续发展面临挑战。

　　以维护民族语言的可持续发展、改善语言生态系统为目标,我们认为首先应对当地的人、自然、社会等与语言息息相关的基本因素进行考察。本研究依次从人与自然、人与社会、人与语言、语言与语言及语言与民族的关系角度,对当前广东民族地区语言生态环境系统中各因素之间的关系做了初步的梳理。在此基础上,我们认识到,语言生态建设和语言和谐之间的关系密不可分。语言和谐本身就是一种最佳语言生态环境。同时,语言生态建设的最终目的也是语言和谐关系的构建。因此,本研究的最后一个部分,即从构建语言和谐关系的目标出发,结合广东地区的社会发展实际,讨论了语言和文化中多元与一体的关系的处理、正确的语言平等观和语言竞争观的树立、如何推进语言社会功能和语言经济价值的发展以及在不同民族地区的实施差异性语言支持政策的建议等等。

　　在这本调研报告的最后,我们想说,在日新月异的 21 世纪,维护语言多样性和建设语言和谐关系是全世界都面临的挑战。这本调研报告是对此次语言调查阶段性工作的一个小结,更是后续更多工作的开始。作为语言工作者,也作为社会普通的一员,我们每个人都应有意识地去关注日益减少的人类智力和文化资源,为人类语言的存留做出努力。在一份联合国教科文组织濒危语言问题特别专家组报告中所引用的美国印第安 Navajo 族长老的话,引起了我们久久地思考和共鸣[1]:

　　If you don't breathe（如果你不再呼吸）,

---

[1] UNESCO ad Hoc Expert Group, "Language Vitality and Endangerment", Documented adopted by the international Expert Meeting on UNESCO Programme Safeguarding of Endangered Language. Paris, March 10-12, 2003.

there is no air（空气将不复存在）.
if you don't walk（如果你不再行走），
there is no earth（大地将不复存在）.
if you don't speak（如果你不再言语），
there is no world（世界将不复存在）.

附　　录

附录一　基本词汇测试表

一　南岗瑶族语言基本词汇测试表

姓名：　　性别：　　年龄：　　民族：　　职业：　　文化程度：

序号	例字	语言能力的差异等级				
		南岗	A级（熟练）	B级（亚熟练）	C级（非熟练）	D级（不会）
1	我	tsia^{44}				
2	你	ŋui^{31}／mui^{41}				
3	他	vɛi^{44}				
4	我们	vɔn^{41}na^{44}／vɔn^{31}na^{44}				
5	你们	niu^{31}vɔn^{31}na^{44}				
6	他们	vei^{21}lui^{24}				
7	这个	ni^{44}hai^{44}				
8	那个（近指）	ni^{44}na^{44}				
9	这时	la^{31}vun^{44}／ŋa^{22}vuŋ^{44}				
10	那里	vɛi^{22}hai^{22}／nu̥^{44}hai^{22}／nu̥^{41}kui^{31}／nu̥^{41}puŋ^{44}／nu̥^{41}fia^{44}				
11	谁	si^{22}min^{41}／si^{44}lɔ^{31}				
12	什么	si^{41}ni^{44}				
13	哪	paŋ^{22}na^{24}				

续表

序号	例字	南岗	A级（熟练）	B级（亚熟练）	C级（非熟练）	D级（不会）
14	什么时候	pa^{22}tun^{22}/si^{41}mi^{44}si^{21}hou^{41}				
15	如何	hɔŋ^{31}ti^{44}				
16	不	ŋ̍ŋ̍^{44}/ŋ̍ŋ̍^{242}				
17	多	tsɔŋ^{44}				
18	少	vu^{22}				
19	一些	ʔa^{44}ɗui^{24}				
20	名字	miaŋ^{41}ɓu^{31}				
21	一	ʔa^{44}/jɔt4				
22	二	ni^{22}				
23	三	ɓu^{31}/hɔm^{22}				
24	四	hɛi^{31}/hɛi^{31}				
25	五	ŋ̍ŋ̍^{44}pia^{31}				
26	六	tɔ^{44}/liak^{4}				
27	七	ni^{44}/vut^{2}				
28	八	jat^{2}/ɓat^{2}				
29	九	ku42/ku^{24}				
30	十	siap^{4}				
31	大	lɔu^{44}				
32	长（头发~）	ɗu^{24}				
33	宽	kiaŋ^{24}				
34	厚	vu^{24}				
35	重	nɛi^{24}				
36	小	hɛi^{31}				
37	短	naŋ^{24}				
38	热（天~）	tsam^{44}				
39	冷（天~）	liŋ^{41}/kuŋ^{24}				
40	女人	sa^{44}min^{41}pia^{41}				
41	男人	kiaŋ^{44}min^{242}				
42	人	min^{242}				
43	小孩	hau^{22}kan^{41}/siau^{44}kan^{44}ɗan^{44}				
44	妻子	sa^{44}				
45	丈夫	kiaŋ^{22}				

续表

序号	例字	南岗	A级（熟练）	B级（亚熟练）	C级（非熟练）	D级（不会）
			语言能力的差异等级			
46	母	ji⁴⁴				
47	父	ʔa²² ɓa⁴⁴				
48	鸡	kui⁴⁴				
49	鱼	ɓiu⁴⁴				
50	马	ma⁴⁴				
51	狗	ku²⁴				
52	猪	tiŋ⁴⁴				
53	蛇	nɔŋ²²				
54	虫	tsaŋ⁴⁴ ɗan⁴⁴				
55	树	ɗiaŋ⁴¹				
56	森林	ɗiaŋ⁴⁴ kan⁴⁴／ɗiaŋ⁴⁴ kan⁴⁴ ɓɛn⁴¹				
57	树枝	ɗiaŋ⁴⁴ ki⁴⁴				
58	树根	ɗiaŋ⁴⁴ ɠɔŋ				
59	树皮	ɗiaŋ⁴⁴ ɗip²				
60	花	piaŋ⁴¹／piaŋ²⁴²				
61	草	mia²⁴				
62	果子	ɓɛu²⁴				
63	种子	num⁴⁴				
64	绳子	ɗiu⁴¹				
65	皮肤	ɗip2				
66	脸（洗~）	mɛn⁴⁴				
67	血	jɛm²⁴				
68	骨头	jiŋ²⁴				
69	肩膀	ɓɔu⁴⁴ ɓɛn²⁴				
70	眼泪	mai⁴¹ m m²⁴				
71	肘（手~）	pu⁴⁴ tui²⁴				
72	尾巴	ɗui²⁴				
73	毛	pɛi⁴⁴				
74	头发	pɛi⁴⁴				
75	头	pɛi⁴⁴ fɔ⁴⁴／pɛi⁴⁴ fɔ⁴⁴				
76	耳	ɓiu²⁴²				
77	喉咙	kɔŋ⁴⁴ niaŋ³¹				

续表

序号	例字	语言能力的差异等级				
		南岗	A级（熟练）	B级（亚熟练）	C级（非熟练）	D级（不会）
78	鼻	ɕi⁴⁴kiaŋ⁴¹				
79	嘴（~唇）	ji⁴⁴ɗip⁴				
80	牙	nia²⁴²				
81	舌	ɕɛt²				
82	指甲	vui³¹/tu⁴⁴tau²⁴/vui³¹				
83	脚	tau²⁴				
84	大腿	tam²²si²⁴²/tam²²si⁴¹				
85	膝盖	ɗiaŋ⁴⁴pɛi²⁴/niaŋ⁴⁴pɛi²⁴				
86	手掌	pu⁴⁴piɛn⁴¹/pu⁴⁴sin⁴⁴				
87	翅膀	ɗɔt²/ɗɔt⁴				
88	屁股	kai⁴⁴sin⁴⁴				
89	肠子	kiaŋ²⁴²				
90	脖子	kɔŋ²²kan⁴⁴				
91	背	lai⁴⁴in²⁴				
92	胃	ɕiŋ²⁴²/tam²⁴tɔi²²				
93	心	vum⁴⁴				
94	肝	hɔŋ²²				
95	喝（动词）	vup⁴				
96	吃（~饭）	niɛn²²				
97	咬（~一口）	ŋau²²kui³¹				
98	吸（~气）	vu²⁴				
99	吐（~气）	sui³¹				
100	呕（~吐）	fɔn⁴⁴				
101	吹（~气）	sui³¹				
102	落	jai⁴¹				
103	笑	tut⁴/tut²				
104	哭	niam²⁴				
105	看（~戏）	tsɔu⁵⁵				
106	听（说）	maŋ³¹				
107	知道	ɕɛi²²lɛi²²				
108	想（~去）	siaŋ⁴¹				
109	怕	jia³¹				

续表

序号	例字	语言能力的差异等级				
		南岗	A级（熟练）	B级（亚熟练）	C级（非熟练）	D级（不会）
110	问（~问题）	nɔi²²				
111	睡（~了）	ɓui³¹/jap²				
112	给	khai⁴⁴				
113	死（~了）	tai²²				
114	杀（刺~）	ɗai⁴¹				
115	拌（~饭）	kɛu²⁴				
116	打（~人）	kɛt²/ɗaŋ²⁴				
117	切（~西瓜）	ɗai²²				
118	分（~开）	van⁴⁴				
119	刺（~死）	sin³¹				
120	抓（~痒）	tsau⁴⁴				
121	挖（~土）	vɛt²				
122	扶（~搀）	hat⁴				
123	飞	sɛi⁴⁴				
124	跑	piu³¹				
125	（回）来	lau⁴⁴				
126	劝（劝说别人）	saŋ²¹ kai⁴⁴				
127	踢（~球）	jia⁴¹/ɓuɛ²⁴/ɗiam²⁴²				
128	坐	hɛi⁴⁴				
129	站（~起来）	fu²⁴				
130	转（~头）	liɛt²/fin⁴²				
131	抱（~孩子）	ɗiam⁴⁴				
132	给	ɓan⁴⁴				
133	拿	nɛu³¹				
134	偷	niam²²				
135	磨（~碎、~米）	mɔ²²				
136	洗	ɗou²⁴				
137	擦（~皮鞋）	tsat²/kat⁴				
138	拉（~车）	lɔi⁴⁴				
139	推（门）	nu³¹				
140	扔（~垃圾）	jiu³¹/nɛn²⁴				
141	夹（~菜）	ŋɛm⁴¹				

续表

序号	例字	语言能力的差异等级				
		南岗	A级 （熟练）	B级 （亚熟练）	C级 （非熟练）	D级 （不会）
142	缝（~衣服）	ɗup⁴				
143	摇	tɛu²²				
144	说	ɓau³¹/kɔŋ²⁴				
145	唱（~歌）	ʔai⁵¹				
146	脱（~衣）	ɓɔŋ³¹				
147	写	siɛ²⁴				
148	追	na⁴⁴/lɛt²				
149	肿（~眼）	m̩ m̩³¹				
150	太阳	nai²²				
151	月亮	lɔu³¹				
152	星	vut² nɛn²²				
153	水	m̩ m̩²⁴				
154	铁	lia⁴⁴				
155	河	ɗɔi²⁴²				
156	湖（水塘）	kɔŋ⁵¹				
157	盐	jɛm²⁴²				
158	石头	ju⁴⁴ pɛi²⁴				
159	沙子	ha⁴⁴ tsiu⁴⁴				
160	地（天~）	ti²²				
161	云/雾	vɔ⁴⁴ m̩³¹/vɔn⁴¹ m̩ m̩²²				
162	天	vaŋ⁴¹				
163	霜	sɔŋ⁴⁴				
164	风	jau³¹				
165	雷	ɓia²² kuŋ⁴⁴				
166	井	pɛn²⁴/tɛŋ³¹				
167	炊烟	tu⁴⁴ ʔɛn⁴⁴				
168	火	tu⁴⁴				
169	灰尘	kɛi²⁴				
170	洞（山~）	ʔa²² ɓiam²⁴				
171	路	tsu²⁴				
172	山	ɓɛn³¹				
173	红（颜色）	sia⁴⁴				
174	绿/蓝	mɛŋ⁴⁴				

续表

序号	例字	南岗	语言能力的差异等级			
			A级（熟练）	B级（亚熟练）	C级（非熟练）	D级（不会）
175	白	pa²²				
176	黑	kia⁴⁴				
177	月（一~）	lɔu³¹				
178	白天	pa³¹nai⁴⁴				
179	年	niaŋ³¹				
180	暖	siu³¹siaŋ⁴/siu²⁴				
181	冷	liŋ⁴¹/kuŋ²⁴				
182	满（水~）	ɓaŋ²⁴				
183	新	siaŋ⁴⁴				
184	旧	kɔ³¹				
185	好	jɔŋ³¹				
186	坏	vai²²				
187	干净	liaŋ⁴¹li⁴⁴				
188	窄	hɛp²				
189	直	laŋ⁴⁴				
190	圆	vin⁴¹				
191	尖（锥子~）	hɛ²²				
192	钝（刀~）	tun⁴¹				
193	滑（地上~）	ɠut⁴				
194	湿	kap²				
195	干（天气~燥）	ɠɔi⁴⁴				
196	便宜	pɛn⁴²				
197	近	tsan²²				
198	远	kɔ⁴⁴				
199	上面	ʔa⁴⁴ɗiŋ⁴¹				
200	左	ɗɔi³¹				

二　下帅壮语基本词汇测试表

姓名：　性别：　年龄：　民族：　职业：　文化程度：

序号	例字	国际音标	语言能力的差异等级			
			A级（熟练）	B级（亚熟练）	C级（非熟练）	D级（不会）
1	天	mun⁴²				
2	星	lau42li55				
3	云	un⁵⁵				
4	风	ʃum⁴²				
5	雪	nœi⁴²				
6	水	ʃam²¹⁴				
7	雨	khun⁴²				
8	雾	lam⁵⁵mo：n⁵⁵				
9	地（水田）	na：³¹				
10	山（~谷）	nau³⁵				
11	海	ho：i⁵⁵				
12	河	Ta⁵³				
13	尘	phoŋ⁵³／nam⁵³				
14	石	khjo³¹hin⁴²				
15	沙	na：m³¹ɬa⁴²				
16	火	fi¹³²				
17	南	na：m¹³²				
18	左	tso³⁵				
19	右	ʃɚu³³				
20	冬季	toŋ⁴²				
21	年	pui⁴²				
22	月	lən⁵³／juek³¹				
23	日	Wan¹³²				
24	明天	tso³¹Wan¹³² ko³¹Wan¹³²				
25	白天	wan⁵³tsaŋ³¹				
26	夜	ham¹³²tsaŋ³¹				
27	狗	ma⁵³				
28	鸡	kai³⁵				
29	鸟	le33ʃok31				
30	蛇	ta：ŋ³¹				
31	虱	ma¹³²mək55／tɔŋ¹³²				
32	虫	no：n⁵³				
33	鱼	pja⁵³				

续表

序号	例字	国际音标	语言能力的差异等级			
			A级（熟练）	B级（亚熟练）	C级（非熟练）	D级（不会）
34	薄	man^{53}				
35	尾	hy：ŋ^{53}				
36	翅（~膀）	fu：t^{31}				
37	树木	fei^{214}				
38	谷种	hɔ^{31}tsoŋ^{55}				
39	树枝	fei^{214}ȵæ^{53}				
40	根	ja：k^{31}				
41	叶	məu^{53}				
42	花	ua^{42}				
43	果	lik^{31}ma：k^{35}				
44	草	nœ^{55}				
45	刺（植物上的）	uan^{42}				
46	头	koŋ^{31}kjo^{53}				
47	发（头~）	pœ^{31}pjɔm^{53}				
48	耳（~朵）	jœ^{132}				
49	眼	phat^{31}				
50	鼻	kjo^{31}laŋ^{42}/pɔ：^{31}tʃhu^{43}				
51	胡子	mum^{31}				
52	牙	joŋ^{55}				
53	舌	lin^{35}				
54	颈	ho^{132}				
55	背	fəŋ^{132}laŋ^{42}/hən^{35}				
56	手	fəŋ^{132}				
57	指甲	fəŋ^{132}kan^{35}				
58	脚	ten^{53}				
59	膝盖	kjo^{33}hɔ^{35}				
60	大腿	pa：ŋ^{132}ka^{42}				
61	心脏	ɬim^{53}				
62	肝	sap^{55}				
63	肠	ɬɔŋ^{31}/ɬai^{55}				
64	血	lə^{31}				
65	骨	lo：k^{35}				
66	皮肤	waŋ^{31}/lən^{53}				

续表

序号	例字	国际音标	语言能力的差异等级			
			A级 (熟练)	B级 (亚熟练)	C级 (非熟练)	D级 (不会)
67	口水	jam²¹⁴bja⁵³/mjai⁵³				
68	爸爸	(a³¹) au⁵³				
69	妈妈	(a³¹) ku³⁵				
70	丈夫	la³¹lau³⁵				
71	妻	mei²¹⁴				
72	人	wun¹³²				
73	男	pɔ³¹ɬai⁵³				
74	女	lek⁵⁵mei³¹				
75	路	jen⁵³/lu³¹				
77	绳	tsak³¹				
78	锁	ɬa⁵⁵				
79	斧头	fu⁵⁵				
80	集市	tshən³¹hə⁵³				
81	旗子	ki¹³²				
82	肉	nɔ³¹/ŋai³¹				
83	盐	tsu⁵³				
84	糖	ty:ŋ¹³²				
85	蛋	tsa:i³⁵				
86	烟	ji:n⁵³				
87	东西	tɔ³¹lo³¹/ȵen³⁵				
89	裂开	te:k³⁵hɔi⁵³				
90	浮	fu¹³²				
91	咬	le⁵³/kat⁵⁵				
92	飞	min⁵³				
93	落(树叶)	tok⁵⁵				
94	来	tau⁵⁵				
95	知道	jo³⁵				
96	认识	jo³⁵ma:i⁵³				
97	想	nam⁵⁵				
98	怕	la:u⁵³				
99	呕吐	y:k³¹				
100	肿	tsoŋ⁵⁵				
101	死	ta:i⁵³				

续表

序号	例字	国际音标	语言能力的差异等级			
			A级（熟练）	B级（亚熟练）	C级（非熟练）	D级（不会）
102	笑	hi:u^{53}				
103	说	ka:ŋ^{55}				
104	叫	he:u^{13}/wa:u^{55}				
105	唱（~壮歌）	tɕhjɔŋ^{55}				
106	喝（水）	jam^{35}				
107	吃	kən^{53}				
108	吐	œ^{53}/thæ^{53}				
109	吸	sɔŋ^{35}				
110	看（~书）	lo:m^{53}				
111	听	thiŋ^{35}				
112	坐	ȵaŋ^{31}				
113	睡	niŋ^{53}				
114	醒	niŋ^{55}liu^{53}				
115	住	jœ^{35}				
116	玩	tsam^{132}				
117	游（~泳）	jiu^{53}tian^{35}jin^{132}/tiam^{53}/				
118	姓（氏）	ɬiŋ^{53}				
119	转（~弯）	tsun^{31}kau^{214}				
120	给	pan^{53}				
121	洗（~菜）	ɬu:i^{35}				
122	拿	kam^{53}				
123	推	thui^{53}				
124	拉	məŋ^{55}				
125	抖（~衣服）	taŋ^{55}/phaŋ				
126	磨（~刀）	tsha^{35}/mo^{31}				
127	擦（~桌子）	ma:t^{55}				
128	站	ɬoŋ^{132}				
129	走	pei^{53}/pjai^{53}				
130	缝补（~衣）	pu^{55}/liu^{55}				
131	挖	we:t^{35}				
132	种（~树）	lam^{53}				
133	烧火	Pjau^{53}				

续表

序号	例字	国际音标	语言能力的差异等级			
			A级 （熟练）	B级 （亚熟练）	C级 （非熟练）	D级 （不会）
134	吹（~火）	tshui^{53}				
135	切（~菜）	kan^{55}				
136	杀（~鸡）	thoŋ^{53}				
137	计（~算）	kai^{31}ɬu^{35}				
138	对（~他说）	te^{53}				
139	红	liŋ^{53}				
140	黄	jen^{53}				
141	白	ha：u^{53}				
142	黑	lam^{53}				
143	绿	ju^{132}/jiu^{31}				
144	灰	hɔŋ^{53}/fui^{31}				
145	直	ɬo^{31}/tsi^{31}				
146	大	muk^{55}				
147	小	niŋ^{35}				
148	短	ten^{55}				
149	厚	na^{53}				
150	圆	lu：n^{53}/yu：n^{53}				
151	宽	kuaŋ^{31}				
152	窄	kə^{53}				
153	滑	jau^{132}/jəu^{132}				
154	尖	jai?^{31}				
155	满	him^{53}				
156	软	nam^{55}				
157	钝	mo：k^{31}				
158	细	niŋ^{35}/ju^{55}				
159	干（衣物）	hœ^{35}				
160	湿	tum^{132}				
161	重	nak^{55}				
162	多	la：i^{53}				
163	少	ɬi：u^{55}				
164	远	tsai^{53}/kjai^{55}				
165	近	kjau^{55}				
166	热	lə：n^{35}				

续表

序号	例字	国际音标	语言能力的差异等级			
			A级 （熟练）	B级 （亚熟练）	C级 （非熟练）	D级 （不会）
167	冷（天气）	tse：ŋ^{132}				
168	温	jam^{55}/jau^{55}/ jiu^{55}/uan^{31}				
169	弱	hœ^{53}/yœ^{53}				
170	好	li^{53}				
171	坏（~人）	tsho^{55}/uai^{31}				
172	新	mo^{35}				
173	旧	kau^{35}				
174	富	mi^{132}/fu^{55}				
175	一	jit^{55}				
176	二	ȵi^{31}				
177	三	ɬa：m^{53}				
178	四	ɬi^{55}				
179	五	ha^{55}				
180	六	joŋ^{53}				
181	七	tsək^{55}				
182	八	pe：n^{132}				
183	九	kjo^{55}				
184	十	ɬjɔm^{31}				
185	一些、有的	mi^{33}ȵim^{33}				
186	里面	lau^{53}an^{55}				
187	我	ku^{53}				
188	你	mɔŋ^{53}				
189	他	te^{53}				
190	你们	mɔŋ^{53}niŋ^{35}				
191	他们	te^{53}niŋ^{35}				
192	我们	jau^{53}niŋ^{35}/ku^{53}niŋ^{35}				
193	这个人	tu^{31}niŋ^{35}/tu^{53}ni^{5}un^{35}				
194	这里	ji^{55}mɔŋ^{35}/mɔŋ^{35}ȵin^{35}				
195	那个人	tu^{31}niŋ^{35}/tu^{31}an^{55}				
196	那里	mɔŋ^{31}an^{55}				
197	谁	tu^{214}lau^{53}				
198	什么	ku^{31}ma^{33}				

续表

序号	例字	国际音标	语言能力的差异等级			
			A级（熟练）	B级（亚熟练）	C级（非熟练）	D级（不会）
199	哪里	mi^{55}jo^{35}/moŋ^{31}lou^{31}/məŋ^{31}lan^{53}				
200	不	noŋ^{53}/tik^{31}lai^{55}				
201	和	nam^{53}/kap^{53}/kaːm^{31}/koŋ^{31}/kɔʊ^{31}				
202	脏	u^{55}				
203	长长的	jai^{132}				

三 博罗畲语基本词汇测试表

姓名：　　性别：　　年龄：　　民族：　　职业：　　文化程度：

序号	词项	博罗畲语	博罗客家话	语言能力的差异等级			
				A级（熟练）	B级（亚熟练）	C级（非熟练）	D级（不会）
1	我	vaŋ^{53}	ŋai^{31}				
2	你	muŋ^{42}	ŋi^{31}				
3	我们	pa^{33}	ŋai^{31}ne^{55}				
4	这	lia^{55}	lia^{55}				
5	那	u^{55}	kai^{55}				
6	谁	pe^{53}le^{42}	nai^{55}ŋin^{31}				
7	什么	ha^{31}la^{31}	mat^{31}kai^{55}				
8	不	a^{24}	m^{35}				
9	全部	tshien^{31}phu^{53}	tshiɛn^{31}pu^{55}				
10	多	u^{31}	tɔ^{35}				
11	一	i^{24}	it^3				
12	二	u^{33}	ŋi^{55}				
13	三	pa^{33}	sam^{35}				
14	四	pi^{24}	si^{44}				
15	五	pi^{33}	ʋ^{33}				
16	六	ko^{31}	liut^3				
17	七	tsung^{54}	tshit^3				
18	八	pi^{24}	pat^3				

续表

序号	词项	博罗畲语	博罗客家话	语言能力的差异等级			
				A级（熟练）	B级（亚熟练）	C级（非熟练）	D级（不会）
19	九	khiu⁴²	kiu³³				
20	十	khiɔ²⁴	sət⁵				
21	个	laŋ³¹	kɛ⁵⁵				
22	条	phui³¹	thiau³¹				
23	份	phuŋ⁴²	fun⁵⁵				
24	大	vɔŋ⁴²	thai⁵⁵				
25	长	ka³³ta⁵⁵	tshɔŋ³¹				
26	小	sɔŋ³³	sɛ⁵⁵				
27	女人	le⁴²va⁵⁵	ŋi³³ŋin³¹				
28	男人	le⁴²pu⁵⁵	lam³¹ŋin³¹				
29	人	le⁴²	ŋin³¹				
30	鱼	pia⁵³	ŋ³¹				
31	鸟	lɔ⁵³taŋ³³	tiau³⁵				
32	狗	kia⁵⁵	kiu³³				
33	虱子	taŋ³¹	set³				
34	树	tɔŋ³¹	su⁵⁵				
35	种子	ka⁵⁵lɔ³³	tsuŋ³³tsi³³				
36	叶子	pjɔŋ⁴²	jap⁵				
37	根	khiuŋ⁴²	kin³⁵				
38	树皮	tɔŋ³¹khu³¹	su⁵⁵pi³¹				
39	皮肤	khu³¹	phi³¹				
40	肉	kue⁴²	njuk³				
41	血	si⁵⁵	hiet³				
42	骨头	suŋ⁵⁵kɔ⁵⁵	kut³				
43	鸡蛋	kue³³kia³³	kai³⁵tshun³¹				
44	角	kaŋ³³	kɔk³				
45	尾	ka³³tɔ⁵⁵	mui³⁵				
46	羽毛	pi³³	iuŋ³¹mau³⁵				
47	头发	kaŋ²⁴khu³¹pi³³	thiu³¹mau³⁵				
48	头	kaŋ²⁴khu³¹	thiu³¹				
49	耳朵	ka⁴²khuŋ⁵⁵	ŋi³³kuŋ³⁵				
50	眼睛	ka³³khɔ³³	ŋan³¹				
51	鼻子	ŋ⁵⁵piu⁵³	phi⁵⁵				

续表

序号	词项	博罗畲语	博罗客家话	A级（熟练）	B级（亚熟练）	C级（非熟练）	D级（不会）
52	嘴	tiɔ⁴²	tsɔi⁵⁵				
53	牙齿	mun⁵⁵	ŋa³¹				
54	舌头	pi²⁴	set⁵ ma³¹				
55	爪子	tsau³¹	tsau³³				
56	脚	tɔ³¹	kiɔk³				
57	膝	tɔ³¹ thiu⁵³ kui⁵⁵	thsit³ thiu³¹				
58	手	khua⁵³	siu³³				
59	肚子	ŋjɔ⁵⁵ ka⁵⁵	tu³³ phat⁵				
60	脖子	ka⁵⁵ kien³³	kjaŋ³³				
61	心脏	fun³³	sim³⁵				
62	肝	fun³³	kɔn³⁵				
63	喝	hɔ²⁴	hɔt³				
64	吃	luŋ⁴²	sit⁵				
65	咬	thu²⁴	ŋau³⁵				
66	看见	mɔ²⁴ phu²⁴	the³³ thau³¹				
67	听见	kuŋ³¹	thaŋ⁵⁵ thau³¹				
68	知道	pe³³	ti³⁵				
69	睡	pɔ³¹	sɔi⁵⁵				
70	死	tha⁵³	si³¹				
71	杀	ta³¹	sat3				
72	游泳	ka³³ tu²⁴ kue⁴²	ju³¹ sui³³				
73	飞	ŋi³¹	fui³⁵				
74	走	ka³³ pi³³	tsiu³¹				
75	来	lu⁵³	lɔi³³				
76	躺	ɔŋ⁴²	sɔi⁵⁵				
77	坐	ŋiuŋ³³	tshɔ³⁵				
78	站	su⁵⁵	khi³⁵				
79	给	puŋ³³	pi³⁵				
80	说	kuŋ³³	kuŋ³³				
81	太阳	lɔ³³ kɔ⁵⁵	thai55 jɔŋ³⁵				
82	月亮	le³¹	ŋiet3 kɔŋ³⁵				
83	星星	le³¹ taŋ³³	sin³⁵				
84	水	ɔŋ⁴²	sui³³				

续表

序号	词项	博罗畲语	博罗客家话	语言能力的差异等级			
				A级（熟练）	B级（亚熟练）	C级（非熟练）	D级（不会）
85	雨	luη^{53}	sui^{33}				
86	石头	za^{33}kɔ^{55}	sak5thiu^{31}				
87	沙子	hia^{33}	sa^{35}				
88	土地	ta^{33}	tu^{31}				
89	云	tsɔŋ^{33}ɔŋ^{42}	ʋun^{31}				
90	烟	in^{33}	iɛn^{35}				
91	火	thɔ^{53}	fɔ^{33}				
92	灰	si^{55}	fɔi^{35}				
93	烧	fa^{55}	sau^{35}				
94	路	kia^{55}	lu^{55}				
95	山	kie^{24}	san^{35}				
96	红	si^{31}	fuŋ^{31}				
97	绿	ka^{24}phu^{42}	luk5				
98	黄	khun^{42}	ʋɔŋ^{31}				
99	白	kiɔ^{33}	phak5				
100	黑	kiaŋ^{33}	u^{35}				

附录二　部分调查问卷

问卷一：瑶族语言使用情况调查问卷

调查地点：　　　　　日期：　　　　　问卷编号：

一　基本情况

姓名＿＿＿＿＿民族＿＿＿＿＿联系方式＿＿＿＿＿

1. 性别：男【　】女【　】

2. 出生年月：　　　年　　月

3. 您现在做什么工作？＿＿＿＿＿＿

（1）教师（小学、中学、大学）

（2）公务员

（3）企、事业单位职员

（4）农民（务农、务工、经商）

（5）商业、服务业

（6）学生（小学、中学、中专、大专、大学、研究生）

（7）无

（8）其他_____

4. 您的受教育程度（含肄业、在读、毕业）：_____

（1）没上过学

（2）扫盲班

（3）小学

（4）初中

（5）高中（含中专、技校）

（6）大专

（7）大学及以上

二 语言使用及相关问题（可多选）

1. 您会讲哪几种语言？（可多选）_____

（1）瑶话

（2）白话

（3）客家话

（4）普通话

（5）其他语言（请注明）

2. 您和家人交谈时最常说哪种语言？_____

（1）瑶话

（2）白话

（3）客家话

（4）普通话

（5）其他语言（请注明）

3. 您和村里同龄人交谈时最常说哪种语言？_____

（1）瑶话
（2）白话
（3）客家话
（4）普通话
（5）其他语言（请注明）

4. 您在祭祀场所最常说哪种语言？_____
（1）瑶话
（2）白话
（3）客家话
（4）普通话
（5）其他语言（请注明）

5. 您在学校主要使用哪种语言？_____
（1）瑶话
（2）白话
（3）客家话
（4）普通话
（5）其他语言（请注明）

6. 您在集贸市场买东西时最常说哪种语言？_____
（1）瑶话
（2）白话
（3）客家话
（4）普通话
（5）其他语言（请注明）

7. 您到本地医院看病时最常说哪种语言？_____
（1）瑶话
（2）白话
（3）客家话
（4）普通话
（5）其他语言（请注明）

8. 您最喜欢讲哪种语言？_____
（1）瑶话

（2）白话

（3）客家话

（4）普通话

9. 您觉得自己的瑶语程度如何？_____

（1）能流利地与人交流，没有任何障碍

（2）能熟练地使用，个别词语有障碍

（3）基本上能与人交谈，但有些句子不会说

（4）能听懂，但不太会说

（5）能听懂一些，但不会说

（6）听不懂，也不会说

10. 您觉得自己本地汉语方言程度如何？_____

（1）能流利地与人交流，没有任何障碍

（2）能熟练地使用，个别词语有障碍

（3）基本上能与人交谈，但有些句子不会说

（4）能听懂，但不太会说

（5）能听懂一些，但不会说

（6）听不懂，也不会说

11. 您的汉语普通话程度如何？_____

（1）能流利地与人交流，没有任何障碍

（2）能熟练地使用，个别词语有障碍

（3）基本上能与人交谈，但有些句子不会说

（4）能听懂，但不太会说

（5）能听懂一些，但不会说

（6）听不懂，也不会说

三　语言观念和语言态度

1. 您对小时候最先会说的话_____（请填写）印象怎么样？请从以下几个方面打分，1分为最低分，5分为最高分。

（1）好听　　　　　1　2　3　4　5

（2）亲切　　　　　1　2　3　4　5

（3）有用　　　　　1　2　3　4　5

2. 您对当地通行的汉语方言_____（请填写）印象怎么样？

请从以下几个方面打分，1 分为最低分，5 分为最高分。

（1）好听　　　　　1　2　3　4　5

（2）亲切　　　　　1　2　3　4　5

（3）有用　　　　　1　2　3　4　5

3. 您对汉语普通话_____（请填写）印象怎么样？

请从以下几个方面打分，1 分为最低分，5 分为最高分。

（1）好听　　　　　1　2　3　4　5

（2）亲切　　　　　1　2　3　4　5

（3）有用　　　　　1　2　3　4　5

4. 您说汉语方言或普通话的目的是什么？（可多选，会汉语者选）_____

（1）为了同更多的人交往

（2）为了找到更好的工作

（3）工作需要

（4）学校要求

（5）其他_____

5. 如果有人在外地学习或者工作几年后回到家乡，不再说瑶语，您如何看待？_____

（1）可以理解

（2）反感

（3）听着别扭

（4）不习惯

（5）无所谓

6. 如果瑶族人只会说汉语，您的态度是什么？_____

（1）迫切希望

（2）顺其自然

（3）无所谓

（4）不希望

7. 您希望后代在上小学前最好学会哪几种语言或者方言？（可多选，已婚者回答）_____

(1) 瑶语

(2) 当地汉语方言

(3) 普通话

(4) 英语

(5) 无所谓

8. 您认为本地小学最好用什么语言或方言教学？（可多选）_____

(1) 瑶语

(2) 当地汉语方言

(3) 普通话

(4) 英语

(5) 无所谓

9. 您认为本地中学最好用什么语言或方言教学？（可多选）_____

(1) 瑶语

(2) 当地汉语方言

(3) 普通话

(4) 英语

(5) 无所谓

10. 有其他民族的人向您学习您的民族语言时，您会_____

(1) 很高兴地教他/她

(2) 只教他/她简单的

(3) 不愿意教他/她

11. 其他民族的人用您的民族语跟您交流时，您会_____

(1) 感到很高兴

(2) 感觉很自然

(3) 感觉很别扭

(4) 感觉很不高兴

问卷二：壮/瑶语语言态度调查问卷

问卷编号：

姓名：　　性别：　　年龄：　　民族：　　职业：　　文化程度：
身份证号：

1. 您怎么看待壮/瑶族掌握汉语的作用？
　A. 很有用　　　　　B. 有些用　　　　　C. 没有用
2. 您认为学好汉语最主要的目的是什么？
　A. 找到好的工作　　B. 升学的需要　　　C. 便于与外人交流
　D. 了解汉族文化
3. 您怎么看待壮/瑶族掌握壮/瑶语的作用？
　A. 很有用　　　　　B. 有些用　　　　　C. 没有用
4. 您认为掌握壮/瑶语最重要的目的是什么？
　A. 找到好的工作，得到更高的收入
　B. 便于与本族人交流
　C. 了解和传承本族的历史文化
5. 您对壮/瑶族人都成为壮/瑶语、汉语双语人的态度是什么？
　A. 迫切希望　　　　B. 顺其自然　　　　C. 无所谓
　D. 不希望
6. 如果壮/瑶族人成为汉语单语人，您的态度是什么？
　A. 迫切希望　　　　B. 顺其自然　　　　C. 无所谓
　D. 不希望
7. 如果有人在外地学习或工作几年后回到家乡，不再说壮/瑶语，您如何看待？
　A. 可以理解　　　　B. 反感　　　　　　C. 听着别扭
　D. 不习惯　　　　　E. 无所谓
8. 您希望子女最好会说什么语言？（可多选）
　A. 普通话　　　　　B. 壮语　　　　　　C. 当地汉语方言
　D. 白话　　　　　　E. 无所谓
9. 您愿意把子女送到什么学校学习？

A. 用汉语授课的学校
B. 用汉语和英语授课的学校
C. 用汉语和壮/瑶语授课的学校

10. 您希望本地广播站使用什么语言播音？
A. 壮/瑶语　　　　B. 普通话和壮/瑶语　C. 当地汉语方言
D. 无所谓

11. 您是否希望掌握壮/瑶语文字？
A. 希望　　　　　B. 无所谓　　　　　C. 不希望

12. 如果家里的孩子不会说壮/瑶语，您的态度是什么？
A. 同意　　　　　B. 无所谓　　　　　C. 反对

13. 如果您家里的孩子不肯说壮/瑶语，您的态度是什么？
A. 同意　　　　　B. 无所谓　　　　　C. 反对

14. 您家的孩子学说话时，您最先教他的是哪种语言？
A. 汉语普通话　　B. 壮/瑶语　　　　C. 当地方言

15. 干部在开会发言时，您希望他们说什么语言？
A. 汉语普通话　　B. 壮/瑶语　　　　C. 当地汉语方言

16. 对您来说，下列哪种语言最重要？
A. 汉语普通话　　B. 壮语　　　　　C. 瑶语
D. 标话　　　　　E. 当地汉语方言　　F. 英语

17. 您自己学说话时，父母最先交给您的是哪种语言？
A. 壮语　　　　　B. 瑶语　　　　　C. 普通话
D. 标话　　　　　E. 当地汉语方言

问卷三：博罗嶂背村民族小学语言态度调查问卷

问卷编号：

调查地点		调查时间		调查人	

一 调查对象基本信息

姓名	性别	年龄	民族	籍贯
所在年级	母语（本民族语）	第二语言	外语	父母的民族

二 学生在学校语言使用情况调查

1. 您在课堂上提问或回答老师问题时使用什么语言？_____

　　A. 普通话　　　　　B. 本民族语　　　　C. 地方话

　　D. 其他语言（请注明）

2. 您在课堂上与其他同学交谈时使用什么语言？_____

　　A. 普通话　　　　　B. 本民族语　　　　C. 地方话

　　D. 其他语言（请注明）

3. 您在课后向老师请教问题时使用什么语言？_____

　　A. 普通话　　　　　B. 本民族语　　　　C. 地方话

　　D. 其他语言（请注明）

4. 您在课后和老师就其他问题进行交谈时使用什么语言？_____

　　A. 普通话　　　　　B. 本民族语　　　　C. 地方话

　　D. 其他语言（请注明）

5. 您在课后与同学就课堂上的问题进行交流时使用什么语言？_____

　　A. 普通话　　　　　B. 本民族语　　　　C. 地方话

　　D. 其他语言（请注明）

6. 您在课后和本民族老师交谈时使用什么语言？_____

　　A. 普通话　　　　　B. 本民族语　　　　C. 地方话

　　D. 其他语言（请注明）

7. 您在课后和本民族的同学交谈时使用什么语言？

　　A. 普通话　　　　　B. 本民族语　　　　C. 地方话

D. 其他语言（请注明）

8. 学校对学生课堂语言使用有具体规定吗？_____
   A. 必须使用普通话　　　　　B. 要求尽量使用普通话
   C. 没有明确规定　　　　　　D. 不太清楚

9. 您所在的学校开设有专门学习普通话的课吗？_____
   A. 没有（转第11题）　　　　B. 有（转第10题）

10. 每周开设几节普通话课？_____
    A. 一节　　　　B. 二节　　　　C. 三节
    D. 其他（请注明）

11. 上课时老师全部用普通话讲课您能听懂吗？_____
    A. 完全听得懂　　B. 大部分听得懂　　C. 少部分听得懂
    D. 完全听不懂

12. 上学以前您接触过普通话吗？_____
    A. 经常使用　　　B. 接触过　　　　C. 没有接触过

（13—15不用做）

13. 您是什么时候接触普通话的？_____
    A. 入学以后　　　B. 上初中以后　　C. 上高中以后

14. 刚接触普通话时您能听得懂多少？_____
    A. 完全听得懂　　B. 大部分听得懂　　C. 少部分听得懂
    D. 完全听不懂

15. 您在家里跟家人讲普通话吗？_____
    A. 经常讲　　　　B. 有时候讲　　　C. 偶尔讲一点
    D. 从来不讲

三　学生的语言使用态度调查

1. 您怎么看待民族成员掌握汉语的作用？
   A. 很有用　　　　B. 有些用　　　　C. 没有用

2. 您认为学好汉语的目的是什么？（可多选）
   A. 找到好的工作，得到更多地收入
   B. 升学的需要
   C. 便于与外族人交流

3. 您怎么看待民族成员掌握本民族语言的作用？

A. 很有用　　　　　　B. 有些用　　　　　　C. 没有用

4. 您认为掌握本民族语言的目的是什么？（可多选）

A. 找到好的工作，增加收入

B. 便于与本族人交流

C. 了解和传承本族的传统文化

5. 对于您来说，下列哪种语言最重要？（可多选）

A. 汉语普通话　　　　B. 民族语言　　　　　C. 当地汉语方言

D. 英语

6. 如果本民族成员成为汉语单语人，您的态度是什么？

A. 迫切希望　　　　　B. 顺其自然　　　　　C. 无所谓

D. 不希望

7. 您家里人都会说本民族语言吗？_____

A. 都会

B. 老人会讲，小孩不大熟悉

C. 爸爸会，妈妈不会

D. 妈妈会，爸爸不会

8. 您在家经常使用民族语言吗？_____

A. 经常　　　　　　　B. 不经常　　　　　　C. 偶尔不说

9. 如果家里有不会说本民族语言的成员，他（她）会反对您使用本民族语吗？_____

A. 不会　　　　　　　B. 有时会　　　　　　C. 经常反对

10. 对于家庭成员的反对，您是什么态度？_____

A. 照常使用　　　　　B. 尽量避免

C. 改说大家听得懂的话

11. 如果家里有不会本民族语言的成员，您觉得在家使用民族语会影响家庭和谐吗？_____

A. 会影响　　　　　　B. 不会影响　　　　　C. 说不清楚

12. 家里有懂本民族语言的客人来访时，您使用的是_____

A. 本民族语言　　　　B. 汉语地方话　　　　C. 普通话

D. 视情况而定

13. 与会本民族语言的长辈交谈时使用汉语地方话或普通话，您觉得_____
   A. 对长辈很不尊重　　B. 很难为情　　　C. 很正常
   D. 无所谓
14. 您在学校与本民族师生经常用本民族语言交流吗？_____
   A. 经常　　　　　　B. 有时　　　　　C. 偶尔
   D. 不使用
15. 您在学校向本民族老师问题时用的最多的是_____
   A. 本民族语言　　　B. 汉语地方话　　C. 普通话
16. 您在校外与本民族成员使用得最多的语言是_____
   A. 本民族语言　　　B. 汉语地方话　　C. 普通话
17. 有其他民族成员在场时，您跟本民族同胞讲本民族语，您会觉得_____
   A. 对其他人不够尊重
   B. 各民族都有使用自己语言的自由
   C. 无所谓
18. 您碰到过因使用不同民族语言而引起纠纷的情况吗？_____
   A. 碰到过　　　　　B. 没有碰到过
19. 除了课堂以外，您平时在哪些场合使用普通话_____
   A. 到办公室向老师汇报情况　　　　B. 与外地来的陌生人
   C. 到服务部门办事　　　　　　　　D. 到政府部门办事
20. 对您来说，您觉得说普通话最大的困难是什么？_____
   A. 没有语言环境　　B. 本民族语言干扰太大
   C. 自己不愿意开口说

问卷四：畲语语言保护态度调查问卷

问卷编号：

姓名：　　性别：　　年龄：　　民族：　　职业：　　文化程度：

1. 您怎么看待畲族掌握汉语的作用？
   A. 很有用　　　　　B. 有些用　　　　C. 没有用

2. 您认为学好汉语最主要的目的是什么？

A. 找到好的工作　　　B. 升学的需要　　　C. 便于与外人交流

D. 了解汉族文化

3. 您怎么看待畲族掌握畲语的作用？

A. 很有用　　　　　　B. 有些用　　　　　C. 没有用

4. 您认为掌握畲语最重要的目的是什么？

A. 找到好的工作，得到更高的收入

B. 便于与本族人交流

C. 了解和传承本族的历史文化

5. 您对畲族人都成为畲语、汉语双语人的态度是什么？

A. 迫切希望　　　　　B. 顺其自然　　　　C. 无所谓

D. 不希望

6. 如果畲人成为汉语单语人，您的态度是什么？

A. 迫切希望　　　　　B. 顺其自然　　　　C. 无所谓

D. 不希望

7. 如果有人在外地学习或工作几年后回到家乡，不再说畲语，您如何看待？

A. 可以理解　　　　　B. 反感　　　　　　C. 听着别扭

D. 不习惯　　　　　　E. 无所谓

8. 您希望子女最好会说什么语言？（可多选）

A. 普通话　　　　　　B. 畲语　　　　　　C. 当地汉语方言

D. 普通话和白话　　　E. 无所谓

9. 您愿意把子女送到什么学校学习？

A. 用汉语授课的学校

B. 用汉语和英语授课的学校

C. 用汉语和畲语授课的学校

10. 您希望本地广播站使用什么语言播音？

A. 畲语　　　　　　　B. 普通话和畲语

C. 当地汉语方言（客家话）

D. 无所谓

11. 您是否希望掌握畲语文字？

A. 希望　　　　　　B. 无所谓　　　　　C. 不希望

12. 如果家里的孩子不会说畲语，您的态度是什么？

A. 同意　　　　　　B. 无所谓　　　　　C. 反对

13. 如果您家里的孩子不肯说畲语，您的态度是什么？

A. 同意　　　　　　B. 无所谓　　　　　C. 反对

14. 您家的孩子学说话时，您最先教他的是哪种语言？

A. 汉语普通话　　　B. 畲语　　　　　　C. 当地汉语方言（客家话）

15. 干部在开会发言时，您希望他们说什么语言？

A. 汉语普通话　　　B. 畲语　　　　　　C. 当地汉语方言（客家话）

16. 对您来说，下列哪种语言最重要？

A. 汉语普通话　　　B. 畲语　　　　　　C. 客家话

D. 粤语（白话）　　E. 英语

17. 您自己学说话时，父母最先教给您的是哪种语言？

A. 汉语普通话　　　B. 畲语　　　　　　C. 客家话

D. 粤语（白话）

问卷五：不同对象之间语言使用情况调查

_____一家语言使用情况表　　问卷编号：

调查对象姓名：　性别：　年龄：　民族：　文化程度：

职业：　调查时间：

	交际双方				
长辈对晚辈	父母对子女				
	祖辈对孙辈				
晚辈对长辈	子女对父母				
	孙辈对祖辈				

续表

	交际双方				
同辈之间	兄弟姐妹之间				
	父母之间				
	外/祖父母之间				
客人来访	亲戚				
	干部				
	老师				
	陌生人				
	熟人				

问卷六：不同场合语言使用情况调查表

调查点： 　　　　　　　　　　问卷编号：

被访者姓名： 　　性别： 　　年龄： 　　民族：

交际场合 \ 对象		本族人	非本族人
见面打招呼			
聊天			
生产劳动			
买卖			
看病			
开会	开场白		
	传达上级指示		
	讨论、发言		
公务用语			
广播用语			
学校	课堂用语		
	课外用语		
节日、集会			
婚嫁			
丧葬			

附录三 访谈录

(一) 下帅壮族瑶族乡车福村李某访谈录

访谈对象：李某

职业：下帅乡车福村村支书

访谈时间：2017年11月9日

访谈地点：下帅乡车福村村委会

问：李书记，您好，您能简单介绍一下车福村的基本情况吗？

答：从前，我们车福村是两个分开的村子，一个叫车村，另一个叫福村，后来在80年代合并了。现在车福村是一个行政村；辖有6个自然村，分布是韦寨、车村、涂寨、陈友、上寨和珈琅。车福村离下帅乡政府最近，面积有12平方公里，下设村民小组6个，全村现有641户，总人口2757人，其中党员54人。全村有耕地1129亩，林地8960亩。2016年，我们集体收入达到了40886元，居民人均收入4465元。村民主要经济收入来源于种养殖业，种植业种植水稻、杉树、松树和桉树等，其中种植杉树是一个主要的经济来源，达到1000多亩；养殖业为养鱼、养猪、养牛等。村集体经济收入主要以车福福龙电站、人造花厂以及生态林为主。各村民小组道路都铺设了硬底化村道，村内医疗卫生服务设施健全，建有卫生站1间。此外，最近3年肇庆市的对点扶贫政策极大地帮助了车福村。车福村和高要建立了一对一帮扶，并在三年间支持了我们300多万的资金，包括帮我们建起新的村委会、日光篮球场等，其中照亮全村的太阳能路灯也是他们帮忙建起来的，这一点极大改善了我们的生活条件。现在家家户户都有电视机、摩托车，手机也是人人都有，有一半以上的家庭都接入了互联网。全村私人农用车、小汽车加起来约有400多辆。40岁以下的车福村村民都有初中文化水平；大学生也在逐年增多，各个自然村都有好几个。这一切条件的改善都跟国家的大力帮扶分不开。我们很感谢政府对我们车福村的关注和支持。

问：车福村有哪些民族？哪些大姓？居民本来就世代居住在这里的吗？

答：车福村大部分居民都是壮族，有一小部分汉族。有李姓、韦姓、黄姓、莫姓、陶姓、覃姓、涂姓等大姓。车福村村民都是从外地迁徙过来的。最早迁徙过来的应该是覃姓，距离现在差不多有几百年了，说不清楚从哪里迁过来的了。大概是上世纪七八十年代，我们李姓和涂姓是从冷坑迁来车福村，原因是那里要建水电站。黄姓从连山迁入，韦姓也来自连山，莫姓和陶姓是从广西迁来的。

问：壮族人如果和汉族通婚，孩子的户口会写什么民族？

答：当然是壮族了。因为有好的民族政策啊，成为少数民族有很多优待，比如高考加十分。以前我们是只要祖父母辈有壮族，孩子也可以写壮族的。不过，现在必须是爸爸妈妈有一个是壮族才可以算入壮族。

问：壮族对与其他民族通婚这件事怎么看？会更偏向找一个本民族的人吗？

答：无所谓呀！年轻人找什么民族的都可以。无所谓好坏，那是他（她）的选择。我们村的媳妇来自哪里的都有啊。

问：外地嫁过来的媳妇听不懂壮语怎么办？你们跟她们用什么话交流？

答：刚开始嫁过来的外地媳妇是听不懂壮语，不过慢慢就好了。她还没学会壮语时，我们会看她用什么语言跟我们说话，她用什么语言，我们就用什么语言咯。白话不行，就说普通话，总能找到一个可以沟通交流的。

问：村里的壮族节日有哪些比较重要？村里的汉族也过壮族的节日吗？

答：村里现在保持下来的壮族节日是牛王诞，每年四月初八庆祝。我们跟上帅那边不一样，我们不过六月六。其次比较重要的节日就是元宵了。在这两个节日里，我们往往会穿民族服饰，我们的民族服装不是自己的，乡里统一购买发放。到节日里，就发给我们穿，现在已经没有自己的民族服装了。老人小孩都没有，也不会给他们做了。村里的汉族也跟着我们过节，习俗跟我们一模一样。

问：在这些节日和某些比如婚丧嫁娶的特殊场合，大家都会用民族话吗？这时候讲的壮语跟平时说的有没有不一样？

答：都说壮语啊，我们在这些场合交流时，说的话跟平时的一样。

但是，祭祀或者主持人一般说得不一样。他们做法事的那种话，我们听不懂。我们村60岁以上的老人家唱的壮歌，我们也是几乎听不懂的。这种壮语就跟我们平时说的不一样了。

问：全村打工的人多不多？他们的小孩会跟着去打工的地方吗？家里的田怎么办？

答：多啊，全村共有600多人外出务工从事各行各业，大多都20—50岁之间的青壮年，主要分布在广州、顺德一块。他们的小孩几乎都在家里，给老人带着。年轻人都去打工了，没有人种地，只有老人在种地。老人又要带小孩，又要种地，非常辛苦。小孩3岁以后就送去幼儿园。我们这里的幼儿园一学期2800块，有点贵；但是大家都很重视教育，把小孩都送去了。幼儿园里老师会教孩子说普通话，孩子学得很快很好。

问：那小孩在去幼儿园之前说什么话？他们去幼儿园接触普通话能适应吗？

答：不管是哪个民族，这里的小孩从小都是说壮语。在去幼儿园之前，他们就会看电视啊，听儿歌啊，都是普通话。他们都是可以听得差不多，只是说不好而已，去幼儿园说普通话是没有问题的。幼儿园读完之后，普通话就很熟练了。他们去读小学，身边有更多的人说白话。然后到3年级左右，他们也会把白话说得很好了。

问：那这里的其他人是怎么学习普通话的？又是怎么学习白话的？总体水平如何？

答：普通话都是看电视学到的。我们比起广东有些地方人，更喜欢看中央台。只有一些小朋友比较喜欢看粤语台，因为那些频道动画片比较好看。大人们看普通话的新闻、电视剧，看着看着，不会说也会模仿两三句了。而且学普通话的途径很多啊，整个社会都在说普通话，你看你就在跟我说普通话，我也在跟你学呀！有整个社会的大环境，这里几乎所有人都可以听懂普通话，上到七八十岁的老人下到几岁的孩子，都没问题。村里人学白话都是依靠和外面的人交流。大部分50岁以下的人都能说得比较好。六七十岁的老人，因为出去得少，普通话说的不太好。整天在家务农的妇女，也有一些人白话说得不好或者不会说，但是她们可以听懂。

问：这里有很多种语言和方言，除了您的母语壮语外，您觉得哪个语言最难学？为什么？那个语言最好学，又为什么？

答：客家话，因为接触得少，听不懂，感觉就很难学。白话肯定是最好学的，跟着别人说，就学会了。

问：相比较壮语和汉语，你觉得哪个更重要？

答：还是汉语（白话）吧，因为交流的需要呀。懂白话的人，可以出去做工，与其他人交流。

问：您觉得讲壮语会不会影响孩子学习汉语？对比从小学壮语和从小讲汉语的孩子，学习成绩有没有高低之分？

答：我觉得不会影响，成绩好坏跟学的什么语言没有关系。

问：那您现在说的壮话跟您小时候的一样吗？有没有什么改变？

答：一样，我觉得没有什么改变。

问：那如果请你预测一下未来50年车福村壮语的发展，你会怎么看？

答：我觉得50年或者更久，车福村的壮语都不会变，也不会消失。因为我们天天用、天天说壮语，不担心它会消失。只要车福村在，壮语会一直在。

（二）下帅民族学校教务主任陈某访谈录

访谈对象：陈某

职业：下帅民族学校教务主任

访谈时间：2017年11月10日

访谈地点：下帅乡民族学校教导处

问：陈主任，您长期在这里从事教学的工作，请您简要谈谈您的经历和这所学校的概况。

答：我是下帅本地的壮族，在肇庆教育学院毕业。毕业以后就来到这里教书，已经好多年了。2002年，在省委、县委领导的支持下，我们获得200万元的资金，建成了一所下帅民族中心小学，即是民族学校的前身。2005年，在市委、县委的关怀下，我们又获得了160多万元的资金投入，建成初中部的教学楼、实验楼，最终合并为一所九年一贯制学校。在接下来的小学撤并和民族学校规范化建设的过程中，学校占地面积达到5万平方米，建筑面积达1万多平方米。目前，全校中小学生1500多人。毕业生遍布全国各地，大专以上的学历有200多人，其中本科以上有60多人。我们还建立了对口支援的学校，肇庆幼小、崇德中学等，在办学硬件和软件上都给予了下帅民族学校很大的支持。

问：来自不同村寨的学生学习成绩差不多吗？不同民族的学生之间在成绩上有差异吗？

答：有些村寨文化传统比较浓厚，重视教育，这些村寨的学生相对来说成绩就好一些；比如车福村、东西村。不同民族的学生，在学习成绩上没有差异。学习成绩主要还是取决于家庭教育环境和学生自身的努力。

问：在学校，老师上课都用什么语言？老师和学生在课下讨论时会用什么语言？老师之间呢？

答：在学校里，老师上课、发通知，都是用普通话的。但是如果有时候学生不太容易理解的时候，我们也会用壮话再解释一次。课下跟学生说壮话或者汉语，两者参半；学生用什么语言，老师就会用什么语言；老师之间都是用白话比较多，我们的老师有20多个是壮族，10多个是瑶族；其他的老师大部分都来自外地，也不太懂壮语。所以我们都说白话了。

问：学校对学生讲什么样的话有限制或者要求吗？

答：没有。大环境是普通话，但是学生要在课上或者课下说民族话，我们也并不反对或者纠正他。

问：这里的壮族学生从小在家说壮语，来到学校听老师说普通话能听明白不？

答：没有问题呀。这里的孩子从幼儿园就开始学普通话了，小学时普通话已经说得很好了，不存在听不懂的问题。而且现在的电视等媒体很发达，大人、小孩都是从电视上学习说普通话。

问：您觉得掌握壮语对日常的教学有没有帮助？学生讲壮语讲得太多会不会影响他的汉语学习？

答：有一点吧！可以拉近师生关系，帮助老师解释一些用汉语解释不明白的表达。学生讲壮语对学习汉语没有影响。

问：您在家里说什么话？您家的语言情况大概是怎样的？

答：我是黄瀚村的壮族，我在家跟我儿子都说壮语，偶尔也说白话和普通话。一般讨论和学校相关的问题或者一些外面的事情说普通话；白话也说，很少；因为我儿子的白话并不好。

问：您的儿子如果不说壮语，在家说普通话，你有意见吗？

答：没有吧，儿子想说什么语言就说什么语言。

问：如果您的儿子出去打工或者学习，回来不会说也不想说壮语了，你觉得对吗？

答：那我会不高兴，这是忘祖的行为呀！他的孩子、孙子，不在这里生活，不会说壮语了我没有意见，毕竟这是无法改变的事实。但是他不说我就会生气的。从小生长在这里，怎么能不说这里的话？

问：您知道壮语是有文字的吗？您愿意学习吗？

答：我知道。但是我觉得没有学习的必要，因为我们用壮语就是单纯沟通用的，不需要写出来。推广壮文也很费时费力。

问：没有文字的语言是比较容易丢失的。你担心下帅乡壮文化和壮语在未来有可能丢失吗？

答：不担心。我们天天说，天天用，大家到处都在说。大人、小孩都会，有什么好担心的？

（三）下帅乡车福村大学生陶某访谈录

访谈对象：陶某

职业：乡村医生

访谈时间：2017年11月11日

访谈地点：陶某自家诊所

问：您好，打扰了，您能简单的介绍一下您的家庭情况吗？

答：我今年31岁了，我的爸爸妈妈都是壮族，我的妻子也是壮族；我们的孩子今年一岁多了，我本科是广东药学院，工作了一年多，回家乡自己开了一个诊所。现在给乡亲们看一下病，有时候也会到人家家里面去看病。

问：您开了个诊所，那您在给人家看病的时候，都会说一些什么话？

答：我给人家看病时，主要说壮语，因为我们这里住的大都是壮族；有时候去连麦那边，他们说的上坊话，我也会说一点上坊话。

问：那您能说一下您学习上坊话的经历吗？

答：这个主要是我有时候会出去出诊，比如去连麦那边，那一片说的上坊话，我听不懂，我就努力学呀，多听几遍就会啦，主要是和他们交流的多，慢慢地就学会啦。

问：您觉得大学毕业之后，工作一年多，又回来开诊所，有没有觉得一时适应不过来说壮语，也就是由普通话转壮语适应期是怎样的呢？

答：会有的。我上幼儿园，小学的时候，老师教的普通话。初中在下帅乡民族学校，高中在怀集县城，也就是怀城，当时和其他同学说普通话。上大学的时候，我学医，五年制，讲的都是普通话，也有粤语吧，不过周围都说普通话。所以我回家乡开诊所的时候，一开始还没转换过来，毕竟在外面说的都是普通话。不过，过几天就好了，因为我们这边都是壮语，自然而然说回了壮语。

问：您的妻子是壮族，会说壮语；假如说有不会说壮语的媳妇嫁过来，她们会跟着学壮语吗？

答：如果真有这种情况，不会说壮语，她们会白话，普通话就好了；没有那么多要求，就是一定要说壮语；如果她愿意学就更好呀，不愿意也没事了，只要说其他话能听懂就好。

问：您看，您现在有孩子了，虽然还小，但是孩子长大后，如果到外地上学，有好的发展，有理想有抱负，不愿意回来了，您怎么看？

答：将来我的孩子，我肯定会让她到外面闯一闯，外面发展得好，就算留在外面也没关系；我们都是愿意的，毕竟孩子的事自己决定，不是我们做父母的能够控制的，我们会按照她的意愿。就说我表弟吧，大学毕业，然后读研，现在就留在外面工作啦。

问：假如说，您的孩子到了可以结婚的年龄，谈了个对象，那您介意他是什么民族吗？或者更希望他是壮族，还是都可以呢？

答：这个呀，我们做父母的没要求，只要孩子幸福就好。假如说在外面遇到合适的对象，不论广西、云南、四川、湖南的，等等，都可以；因为我们现在都是自由恋爱了，我和我老婆就是自由恋爱，因为我们都是一个高中的，家都是一个地方，熟悉，后来就自然而然地在一起啦。

　　问：假如您的孩子工作之后，从外面回来了，来看您，不说壮语了，给您说普通话，您能接受吗？

　　答：这个怎么说呢，孩子在外面肯定说普通话多，但我心里更希望她给我说壮语，一方面听得懂，另一方面感觉亲切，因为本来祖上都是这个地方的人，不说壮语不好，无论你从哪里回来，回家说壮语才亲切呀。

　　问：假如说，您的孩子长大之后有了孩子，有了孙子和孙女，您会教他们说壮语吗？

　　答：这个得分情况。除非我的孙子孙女都是在外面长大；因为在外面说壮语，有可能人家听不懂，所以不说壮语也没关系；但是将来我的孩子如果让我们帮他带孩子的话，我肯定会教他说壮语，我们这边的小孩从小都是教壮语，一教就会，学得可快了。

　　问：现在越来越多的人说普通话，国家推行说普通话，那您觉得壮语会不会被普通话代替？

　　答：肯定不会了，我们世世代代就在这住，小孩子几乎一出生就会说壮语，你看村里一岁多、两岁的娃娃，他们都说壮语；我们这里几乎都是壮族，不说壮语会让别人觉得不好，给人的感觉就是不亲切，感觉比较高调，有距离感，人家就不太愿意和你说话。

　　问：还有一个现象，咱们这近几年也有了很大的发展，也会有游客陆陆续续过来游玩，他们说的是普通话，您觉得照这样发展下去，咱们的语言发展会怎样呢？

　　答：说实话，来我们这的人越多，我们这边的发展越好；你看现在我们广东省，肇庆市对我们少数民族地区发展的支持，给我们修路，安路灯，通电，通水，还有建公共厕所，等等；几年之前的条件还是很艰苦，你看现在修的马路又宽又好，国家对我们少数民族地区的发展很重视；当然，发展起来之后，来我们这边的人也越来越多，说普通话的很多，会对我们造成一些影响，但有时候这个问题也没办法说，因为它确实是存在的；不发展就闭塞，发展的话，肯定会有一些影响，不过我觉得只要好好协调解决就好了。

问：您希望壮语世世代代流传下来吗？

答：希望，因为我们一直在这个地方居住，壮语说起来很淳朴、亲切；我在外面求过学，但我还是觉得回到家说壮语亲切，有归属感；我们这边年纪大了的人，都会教他们的孙子孙女说；人越大，越怀旧，我希望一直都流传下去，告诉子孙后代，这是我们的壮族文化，要好好保存下去。

问：那您希不希望有一个保护咱们壮语的政策出台？

答：肯定的啦，希望会有吧。

问：您看，现在咱们村里也都很方便，那假如你们开会的话都说什么话呀？看电视一般都看什么语言的节目？

答：我们这里都是壮族，平常说的都是壮语，特别是现在年纪大的留在家里的比较多，说壮语都能听懂，村里他们交流也都是说壮语的很多，其次是白话了；普通话真的很少，因为你说了，他们也不懂，他们有的一辈子都在村里，没怎么出去过；特别年纪大了，就算看电视，也不会去学啦。开会更不用说了，用壮语说呀。看电视的话，现在都是自己选了，我看的普通话节目有几个；听歌的话，我喜欢粤语歌。

问：你们这边有很多的节日，比如元宵节，三月三，六月六，龙王诞等？一般节日的话，你们会不会穿壮族的传统服饰欢度佳节？

答：我小的时候就没有穿过壮族的衣服，大概我的爷爷奶奶那一代人穿过，我的爸爸妈妈，我记事的时候，也没穿过；总体来说，穿着方面没有那么讲究和要求啦。元宵节的壮族服饰一般表演节目的人才穿，我们不穿。

问：假如说，亲戚来您家的话，您说什么话？老师来您家做个家访呢？

答：亲戚的话，都是壮族，说的都是壮语；老师来家访的话，我首先说白话，听不懂的话，就说普通话；因为我们这边学校的本地老师并不多，外地的比较多，所以一般普通话说的多。

问：您认为对您来说，最重要的话是什么？

答：壮语呀，祖祖辈辈都是说这个话，毕竟是自己土生土长的地方，说的就是这个话，忘不了的。

问：那您知道有壮族文字吗？您希望掌握壮族文字吗？

答：没学过壮族文字，希望学习壮族文字，我们这边的一些民歌都是壮语改编的。

(四) 下帅乡车福村村民莫某访谈录

访谈对象：莫某

职业：待业

访谈时间：2017年11月9日

访谈地点：车辐村上寨小卖部旁

问：阿叔，您好，您今年多大岁数了？

答：我今年五十啦。

问：您是壮族，会不会讲壮语？

答：当然会啦，我的爸爸妈妈，媳妇都是壮族，我们全家人都说壮话；我的四个孩子从小就教他们说壮语，这个最小的两岁半的孩子，他就会说壮语啦。

问：除了壮语，您还会讲什么话？

答：我还会讲白话了，我们这附近的都讲白话，我还会普通话。

问：那您的普通话和白话是怎么学会的呢？

答：这个说起来话就长了，我小时候上学，老师教我们普通话，我和我的同学都说普通话，我刚才也说了，我二十出头的时候出去打过工，在广州那边讲普通话的多，我就跟着学习。一起的人有不同的地方，大家讲的普通话不标准，但也能懂。白话用于交流，在广州也有讲白话的人，但少，人家跟我讲，我就跟他讲；主要是我们家这边的讲白话的多。

问：请您分别讲一讲学白话和普通话的各自的一个经历好吗？

答：说起这个呀，我小时候隔壁村的小孩都讲白话，我和他们玩，经常和他们玩就学会啦。我们老师有时候教白话，但是他让我们写汉字；但是讲普通话的时候，有时用白话代替，但我们也会说。我现在说普通话你能听懂，是因为我出去打工说的多。

问：会说白话和普通话对您有没有什么帮助？

答：我觉得白话是与其他人交流，没什么大的作用，就像见面说话，是一种客气话，也显得礼貌；说普通话，我觉得一般般，主要是跟陌生人交流，比如你不会壮语、白话，我说普通话，你能懂吧。

问：其他县过来的人会跟你们学习壮语吗？

答：这个倒是有，不过不多吧。有一些人主动说壮语，是因为他们住久了，自然就会说；我觉得壮语和白话差不多，听得多就会。

问：请问一下山奢村的汉族有没有会说壮语的？

答：汉族人说白话，一般都会；有个事情是壮族的姑娘嫁到汉族那里，他们汉族就会慢慢受媳妇的影响说壮语。

问：您看您的孩子很可爱，那么孩子最初学说话的时候，您会教什么话？现在他们会讲什么话？

答：肯定壮语啦。因为我们全家都是壮族，所以他们都会说壮语，我这个小的孩子就会说壮语。孩子都会说白话，普通话也都会说，他们上学老师教普通话，大儿子出去也讲普通话。

问：孩子们现在有成家的没？假如成家的话，您希望他跟什么民族结婚？

答：最大的孩子没结婚。这个呀，都可以呀，现在都是这样的情况，就是哪个民族都可以，这得看缘分，儿子谈的对象是哪里的都可以，我们这里还有娶湖南那里的呢。

问：您希不希望您的孩子在外面呀？

答：当然希望呀，现在年轻的时候多在外面闯一闯，见见世面；不过等到他年纪大一点，还是希望他回来，毕竟我们的根在这里。

问：孩子从外面回来时跟你们讲什么话？

答：讲壮语呀。

问：如果孩子们回来不跟您讲壮语，跟您讲普通话，您能接受吗？

答：能接受呀；但是不能忘了壮语。

问：这几天我们看到车福村的人，壮语和白话、普通话都有讲，那您觉得今后壮语会不会被普通话替代？

答：不一定，壮语有可能会被白话取代，因为我们现在大部分都讲白话，大家说话都懂，你像50，60的人很多没出去的，都不会说普通话，他们都会说白话。

问：为什么呢？

答：因为这是老祖宗留下的，一辈传一辈，祖上的文化得保住，这是根。我认为我们壮族在我们这一代还是要说壮语的，要传下去。

问：您希望壮语世世代代的传下去吗？

答：当然希望呀，祖上传下来的，那是不能忘的。

问：假如说你们的第三代已基本不会讲壮语了，您担心吗？

答：我不觉得担心，但是在我这一代，一定要传下来的；但是我儿子的那一代，我不会要求，看他们自己啦。

问：现在全国都在普及普通话，您认为维持和保护民族语言要有什么样的态度？

答：我觉得顺其自然吧，我们有的语言都说的不一样，说得下去就说，其实自己说了算。

问：您看，现在时间过去有一段时间，你觉得你说的壮语和以前相比有什么不同吗？

答：还是有些不一样的，有时候我说壮话，也会夹杂一些白话的。

问：您现在家里有壮族的衣服吗，平时什么时候穿？

答：我家里没有，节日不会穿壮族衣服了，在舞台上表演节目的人会穿，表演完还会收回来。

问：有没有国家政策鼓励你们说壮语？保护咱们的壮语？

答：不知道，没有吧。

（五）嶂背新塘村雷某访谈录

访谈对象：雷某

职业：新塘村村长

访谈时间：2018年12月7日

访谈地点：嶂背畲族村村委会

问：雷村长，您好！请您大概介绍一下您家里的情况。

答：我家里有四口人，我妻子是肇庆人，她是汉族，在家务农。我有两个儿子，都还在上小学。

问：那您的妻子是肇庆人，你们平时是用什么话交流呢？

答：我妻子她本身是讲肇庆的广宁话，我听不懂她的方言，她也听不懂畲语，客家话也讲得一般，所以我们平时都讲白话比较多，她到现在都还不会讲畲语。

问：那您自己会讲哪些话？这些语言都掌握得怎样？

答：我会讲畲语、客家话、普通话和白话，都讲得比较熟练。我最开始的时候是讲畲语和客家话，后来初中毕业后就去当兵了，那时候就比较常讲普通话，退伍后我在深圳打工待了7年，就学会讲白话了。

问：那您选择讲哪种话是看场合还是看对象呢？

答：主要是看对象，看到认识的畲族人，就讲畲语，看到如果是本地客家人，就讲客家话。那如果看到外地人，我又不知道对方是来自哪里的，我就肯定讲普通话。比如现在我看到你们，肯定就和你们讲普通话，因为普通话大家都能听懂。

问：所以平时你们开会的时候都是讲什么话？

答：如果是村里开会，大家都是畲族人，我们就讲畲语。但是如果镇上有领导过来开会，我们就会讲普通话，因为横河镇的人不会讲畲语。

问：那您和村民们交流的时候呢？

答：也是一样的情况，要看对方是谁。

问：您自己会讲那么多语言，那您在小孩子们小的时候教他们讲什么话呢？

答：他们小时候我都先教他们讲白话，这样才能方便他们和妈妈交流。而且他们小时候没有和爷爷奶奶一起住过，所以也没有多少学畲语的机会。后来上了小学之后就学普通话了，然后学校里面也会教畲语。

问：是的，现在小学开设了畲语课堂，您觉得小孩学了之后效果怎样？

答：现在他们每个星期只上一节课，但学了之后还是有用的，这样他们和我或者亲戚说话的时候就可以用上了。

问：所以您觉得现在学畲语还是很有必要的是吗？

答：肯定的，如果有机会还是要去学，毕竟这是我们本民族的语言，还关乎到我们民族的历史文化传承，小孩愿意去学，我也很开心。

问：那如果您小孩不愿意继续学畲语了，或者以后外出读书后不再讲畲语了，您怎么看？

答：我觉得这也是可以理解的，毕竟他们从小学的都是白话，但是我还是希望他们能学多少语言就学多少，这样和别人交流起来也方便，如果他们现在不会说畲语没关系，可以慢慢学的。

（六）嶂背民族小学 黄某访谈录
访谈对象：黄某
职业：英语教师
访谈时间：2018年12月7日
访谈地点：嶂背畲族民族小学 教师办公室

问：老师，您好！您看起来好年轻啊，能简单地跟我讲一下您在学校工作的经历吗？

答：对呀，我是学校里最年轻的老师。我呢，今年24岁，是横河镇西群村人。以前我就是在这个小学读出去的，校长还是现在的校长，当年的老师还是现在的老师，只不过现在我成了他们的同事而已。时间过得很快，十年的时间我又回来，因为我当时是享受地方免费师范生的政策，大学毕业以后我就要回到我的家乡当老师。我的小学校长希望我能回来母校教书，于是我就回到嶂背。现在，我是一名英语老师，兼任二、三年级的畲语课堂的任课老师。

问：在您看来，现在的学校差别大吗？

答：挺大的。在我2001年入学读书的时候，嶂背村畲族民族小学里就读的畲族学生居多，一个班里有半数是畲族人，剩下的就像我这样子，来自不同的村就近原则来这里上学。我就是那时候学会听畲语，每天放学，回家路上都能听到他们讲畲语，非常有趣。而现在，学校扩招，汉族学生多了畲族学生又相对减少了，每个班里就不到1/3的学生是畲族的。以前还能听到我的畲族同学讲畲语，现在的学生都不太爱讲。一个是他们不会，另一个是学校里讲的人不多他们就不愿意讲了。不过，现在的学校更有民族特色了，你能看到许多畲族元素在校园的每一个角落，我们有自己特色的畲族的文化长廊，教学楼和学校门口都画上了具有畲族特色的民族画，我的母校更美了。

问：听说老师有兼任低年级的畲语课堂，我知道您是汉族人，您会讲畲语吗？

答：会。因为我从小就在这里读书，我能听懂畲语也会说。但是中学大学都在外求学，或多或少忘记了一点。但当我回来，再接触就能一点一点拾回来。其实，要上好畲语课堂没有你想象中那么复杂，因为我们学校有一本《畲语课本》进行教学，上面有国际音标我一边备课一边自学，不懂的就问在校的老教师。我们的目的就是希望通过语言的教学把畲族的文化生活贯穿在课堂里面，让学生们知道自己民族的历史、民族的语言，传承畲族文化。我记得有一次，我在课上一个词畲语讲错了，立刻就有一个一年级的畲族学生纠正我，很有意思，我觉得这样的课堂学生也有可能是老师，我们是在交流中学习在学习中交流，可以把这个语言讲好。虽说大家都知道畲语是濒危语言，但是我从孩子身上还是能看到它的活力的，只要我们学校兼顾起教和学的重任，嶂背村的畲语还是能保存得很好。

问：那您作为一名老师，您能跟我说说学校畲语教和学上的一些困难吗？

答：嗯嗯，首先目前我们只有 2015 年投入使用的第一册《畲语课堂》，就这一本教材入课堂是远远不够的，导致我们的教学内容非常单一，不过我们的第二册也在紧张编写中，这个问题很快可以得到解决。其次，就是好的教学方式，作为一门语言的教授怎么生动有趣地讲好，针对不同年龄段的学生设置不一样的教学方法，学好这个畲语也是非常关键的。最后，还是回归在学生本身，据我了解的情况，我们学校畲语课堂在低年级学生群体里是十分受欢迎的，但是在高年级的学生里学到一定的程度，也很少见他们讲，热度不高。

问：都说畲语是濒危语言，您怎么看待学校在这种渐要消失的语言所起到的作用？

答：我觉得我们学校就是在创造这么一个平台，给孩子开口说畲语的机会。或许他们在家里也会讲畲语，但是如果只是在家里才讲，那么这种语言的使用率就会被局限在家庭里，最终它还是会被其他语言取代掉。现在，我们做的是让学生在学校也能讲，通过我们营造的具有民族特色的语言氛围去感受畲语的魅力，让孩子们都愿意开口讲畲语，这个是我们校长一直在做的也确确实实影响了好几批人，当然我也是其中之一。希望我们学校出去的畲族学生能以自己的语言为豪,为自己的民族为豪。

(七) 中学在读生 蓝某访谈录
访谈对象:蓝某
访谈时间:2018年12月8日
访谈地点:嶂背大板田

问:你好蓝同学,方便先跟我说说你的基本情况吗?
答:好的。我今年十五岁,就读于横河中学九年级。我家有五口人:父亲蓝某胜、母亲李某炼、哥哥蓝某明、奶奶刘某清还有我。父亲母亲都在家里务农,闲暇时候做一些散工。父亲是畲族人会讲畲语,母亲是广西人讲广西本地话,奶奶是隔壁汉族村落嫁到老嶂背的,会讲客家话还有畲语,因为奶奶一直待在我们嶂背畲族村落里,她的畲语讲得很好,我的畲语都是从她那里学的。我会讲畲语,这个是我的母语,此外我还会普通话、客家话,因为在镇上求学我还会讲横河镇的本地话。

问:你刚刚说到你的母亲是广西人,奶奶是隔壁村嫁过来的,都是汉族人。在家里,你们都是怎么沟通的?
答:嗯嗯,我奶奶和母亲都是汉族人。母亲从广西凤凰乡鹧鸪村嫁过来的,那边都讲客家话。虽然来了有一段时间了,或多或少学了一点畲语,但是她讲得不太好,所以很少听她讲。我们这边无论是畲族还是汉族都会讲客家话,所以她在村里讲客家话沟通无障碍。母亲跟父亲讲客家话,跟我们兄弟俩也讲客家话。奶奶呢,很小就嫁给爷爷家在老嶂背。那时候的老嶂背在山里,畲族人很少跟外界接触,奶奶一直待在村里,她耳濡目染很快就学会了我们的畲语,奶奶讲的畲语比我还好。奶奶跟父亲讲畲语,跟我们兄弟俩讲畲语,奶奶跟母亲讲客家话。

问:在这么复杂的语言环境中,你的母语使用会受到影响吗?
答:我感觉不太大。虽然我生活在畲语、客家话、普通话以及地方话的相对复杂的语言环境中,但是我感觉我能区分开来。在我读小学之前,我是由我奶奶带大的,她教我讲畲语,当然会讲客家话的母亲也让我听懂客家话。在读小学的时候,班上有讲客家话的汉族学生一起学习，我渐渐也学会了客家话，同时学校普及普通话，我因此学会了普通话。现在在镇上读初中，在那样的环境下我也学了一点他们地方话。见什么人讲什么话，成为我使用语言关键判断标准。只要我见到我的同族人，我就会讲畲语。

问：作为村里年轻一代，你怎么看待你们掌握畲语的情况？

答：嗯嗯，我感觉我这一辈同龄人的畲语讲得还可以。但是比我们小的一辈，就是我的弟弟妹妹们畲语就讲得不怎么好了。以前，我的小学班上有一半是畲族的学生，现在听我堂弟说就只有五六个是畲族学生，他们同龄讲畲语的人就减少了。其实在我们那时候学校就有畲语课堂，但是感觉现在的效果没有那时候那么好，也不能说是学校没有起到作用，但是确实现在比我们小的畲族小孩就没那么在意畲语在日常生活中的使用，老一辈会讲畲语的人渐渐老去，剩下的家长如果没有下意识让小孩子讲畲语，那现在的畲族小孩讲不好就很正常了。加上跨族际的婚姻，确实对母语的影响也非常大。就拿我堂弟为例，他现在就不会讲畲语，在家里爸爸虽然是畲族讲客家话，妈妈是汉族也讲客家话，这样环境下他自然形成习惯也就只讲客家话了。我平时在路上碰上他，也就只能跟他讲客家话，畲语他听不懂。

问：那你觉得，若干年后畲语会消失吗？

答：这个真的很难说。我的家相对来说讲畲语的气氛还是很浓了，爸爸奶奶哥哥都讲畲语。虽然我哥在县上读书，在外求学都讲普通话，一个月回来一次，每次回来他都会转换语言跟我们讲回畲语。没办法，因为我们在家长辈们都讲畲语，我们必须都讲畲语。相比之下，其他畲族家庭就不一定像我们的情况那么好了，有可能家长在外打工孩子在外学习，不在村里生活，他们就不会再讲畲语，这样子脱离畲族村落，畲族小孩很自然就不会讲甚至连听都听不懂畲语。但是，我还是很希望畲语能够保存下来的，毕竟畲语是我们的民族特色，畲族人自己都不讲了那就总感觉缺少什么。

(八) 嶂背民族小学在读生 蓝某访谈录

访谈对象：蓝某

访谈时间：2018 年 12 月 7 日

访谈地点：嶂背耀伟畲族小学

问：小妹妹你好，请问你们家有几口人？家人都是什么民族的？

答：我们家现在有爷爷奶奶、爸爸妈妈、哥哥和我。我爷爷、爸爸、哥哥和我都是畲族，但是奶奶和妈妈是汉族。

问：那奶奶和妈妈平时都讲什么话，她们会讲畲语吗？

答：她们平时说客家话，但是奶奶在这里待久了所以也会讲畲语，妈妈不怎么会讲。

问：你哥哥现在多大了？你们平时在家讲的是什么话？

答：哥哥现在上六年级，我们在家都讲客家话，因为妈妈不会讲畲语，而且我们从小学的就是客家话。

问：那小时候没有人教你们讲畲语吗？妈妈支不支持你们学畲语？

答：小时候家里人很少教我们讲畲语，妈妈虽然不会讲畲语，但是她也很支持我说畲语。

问：所以你是上了小学之后才开始学畲语的，你喜不喜欢上畲语课？

答：对，我是一年级开始上畲语课的，我很喜欢上畲语课。

问：那你现在会说很多语言了吧？

答：对，我会说客家话、普通话、畲语，现在我们还学了英语。

问：普通话是谁教你讲的？一开始接触的时候能听懂吗？

答：普通话主要是我自己看电视学的，学校老师也有教，普通话听得多了就能听懂了。

问：那你平时喜欢看什么电视频道呢？

答：我在家会和家人一起看博罗电视台，然后我自己最喜欢看的是动画片。

问：你会讲那么多话，那你觉得哪个语言是最重要的呢？

答：我觉得畲语最重要。

问：为什么觉得畲语是最重要的？

答：因为学会畲语后我就可以和爷爷奶奶，还有畲族的亲戚用畲语交流了。

问：那你在学校的时候和老师说话都说些什么话呢？比如在课堂上

发言还有课后问问题的时候。

答：我一般都和老师说普通话，不管在课堂上和课后都是。

问：那你希望学校开会的时候用什么话呢？

答：普通话，因为我们班有很多都是汉族人，我们班一共19人，才5个人是畲族的，用普通话大家都能听懂。

问：那课间玩的时候会和班上的畲族的小伙伴讲畲语吗？

答：不会，因为大家平时都不怎么讲畲语了，我们会不好意思讲。

问：那在家和哥哥会讲畲语吗？

答：我在家都和哥哥讲客家话，我感觉哥哥不怎么喜欢学畲语。

问：你是怎么感觉出来的呢？

答：我记得哥哥说过他们有一次在畲语课上学畲语歌，然后还要上台演唱，那些本来就会畲语的人都学得很快，但是哥哥的畲语不好，就学得比较慢，他觉得很不好意思，而且我和哥哥都觉得畲语有点难学。

(九) 嶂背村蓝某访谈录

访谈对象：蓝某

职业：待业

访谈时间：2018年12月8日

访谈地点：蓝某景家

问：蓝先生，您好，我看您家这栋房子很大，您是一个大家庭一起住吗？

答：是，我们兄弟三人都没有分家，现在一起住在这栋房子里，整个家庭有14口人。但是我大哥在深圳做生意，平时比较少回家，我二哥在博罗县人民医院上班，周末的时候才会回村里卫生站值班。所以平时在家的也只有我母亲、我女儿和儿子还有我。

问：那您的妻子平时也不在家吗？

答：不在，她平时在长宁镇上班，每周六下午会回家，然后周日又要回长宁了，她自己就是长宁镇人。

问：所以您妻子是汉族人，她现在会讲畲语了吗？

答：她会讲一点，也能听得懂畲语，但是讲得不是很全面，就算讲了不标准的音，听起来很奇怪，而且她待在嶂背村的时间也不多，不然像我妈妈她是汉族但是也会讲畲语，因为待在家里的时间长了，自然也就学会了。

问：您妻子不会讲畲语，您家小孩在家也不常说畲语吗？

答：是，我家孩子从小学的是客家话，他们在家不常说畲语的，为了方便和妈妈交流都讲客家话比较多。

问：所以学校老师知道很多小孩在家都不讲畲语后，就开了一门畲语课让小孩有机会学畲语，那您觉得开设这个畲语课有必要吗？

答：他们怎么上课的我不是很清楚，但我觉得不需要开这个课。因为这里的畲族人，包括小孩子大部分都会讲畲语，那如果让汉族人也跟着一起上畲语课，我觉得没多大必要。因为这课它不是让小孩学知识，只是让他们学一门话，但是学会畲话后他们在外面根本就用不着，出到外面都讲普通话了。所以我倒觉得要好好加强英语教学，把英语学好以后用处还大一点。

问：畲语课上老师也不仅会教他们学畲话，还会跟他们讲解畲族的历史和文化。

答：但是这个文化是我们畲族自己的文化，你们汉族学这些有什么用呢？现在只有我们这里少数民族的学校才有这畲语课，外面的学校是没有这门课的，所以我觉得这门课是多余的。

问：学校是希望能够通过畲语课来保护畲语。

答：能不能保护畲语这不是学校说了算的，这是要看家长有没有这个意识教小孩讲畲语。

问：所以您觉得小孩上了畲语课之后用处也不大是吗？

答：是啊，因为如果他们愿意学的话我们在家就会教他们讲了，他们不愿意学的话在学校学了畲语不用也没多大意思，而且学了畲语后去到外面也起不到多大作用。而且现在我们畲族也没有自己的服饰和节日，生活习惯都和汉族一模一样了。

问：是的，你们和客家人融合非常密切，畲族的风俗习惯都和客家人很相似了，所以畲族没有自己的民族标志，那您希不希望畲族能制定出自己的文字？

答：我也不是不希望，但我觉得现在这个社会就算我们有自己的文字也根本用不着,现在全部都是用汉语了。而且现在畲族人都很少了,你看我们嶂背村一个大队包括新屋、大板田、新塘总共加起来不到一千人,我们没有具体统计过,但是大概我们这个新屋村应该是三四百人左右,这要推广畲族文字的话我觉得是不现实的。

问:确实畲族人口是比较少,这里附近很多是客家人,所以这边畲族人都会讲客家话,那像你们这样既会讲畲语又会讲客家话的,平时交流会讲什么话呢?

答:这个要看我们说什么事情,如果说到一件事用畲语比较容易表达出来就讲畲语,如果用客家话比较容易表达就讲客家话,因为每一个语言它都有它的特定意思能让我们很快反应过来,所以我们经常都是畲语和客家话混合在一起讲的。

(十)南岗村瑶族邓某访谈录

访谈对象:邓某

访谈时间:2019年6月14

访谈地点:南岗村委附近小卖部

问:可以给我介绍一下你的家庭吗?家里人都是说什么语言?

答:我的家庭是由汉族和瑶族组成的,妈妈是汉族人。爸爸和我、弟弟、外婆、爷爷奶奶,都是瑶族人,爷爷奶奶现在在千年瑶寨那里工作。妈妈会说瑶话和普通话,但瑶话她还是会有一些听不懂,不是很熟,说得不是很流利,妈妈来到这里基本没有讲过她那里的语言,都是讲瑶话和普通话。爸爸除了瑶话还会说普通话和粤语,粤语是在香港工作的时候学的。弟弟读四年级,会普通话和瑶话,我从小在这里长大,也说瑶话和普通话,比较擅长普通话,因为平时讲得多(这里可能有误,他妈妈亲口说她是壮族人。)

问:那你回镇上县城的时候说什么话?都能听得懂吗?现在以什么语言为主?

答:去镇上县城说普通话。会一些白话,不会客家话。也听不懂。白话有些听得懂,有些听不懂。以普通话和瑶话为主。

问:身边有汉族的同学吗?在学校和同学交流是用什么语言?课外

课内讲什么话？

答：没有汉族的同学。在学习用瑶语，课外课内讲普通话，因为老师听不懂瑶语。（同学）他们都会普通话，有些村像百斤，因为口音不同，和我们讲的普通话有些不一样。

问：你最熟悉瑶族的文化和乐器是什么？

答：长鼓。我会打长鼓。长鼓大概四年级的时候学的，学了三年，是瑶族老师教的，每周有这么一节课学习，目前还没有表演过。

问：你的成绩怎么样，在学校大概要学多少门课？比较喜欢哪门课？

答：平时成绩大概五六百分，课程加上音乐的话有八门，现在音乐加入总分。我比较喜欢数学。

问：你去过什么地方？对汉族文化感兴趣吗？比如语言、民俗文化。

答：去过广州、北京和上海。对汉族文化有点感兴趣，比较喜欢一些风俗。

问：你去看过哪些地方的风俗习惯？会经常去吗？

答：广西百色。我妈妈的故乡。不会，就这个暑假的时候打算去看一看，很久没回去了。

（十一）南岗村瑶族唐某访谈录
访谈对象：唐某
访谈时间：2019 年 6 月 14
访谈地点：南岗村委附近早餐店

问：请介绍下你的家庭情况。他们都会说什么语言？亲戚来家里用什么语言？

答：家里有五口人。外婆，爸爸妈妈，哥哥和我，都是瑶族人。外婆只会说瑶话，爸爸妈妈会瑶话和汉语，我爸好像会说些三江话。哥哥二十多岁，现在在广州那边读医院大学。我会瑶话和普通话，白话以前会说，现在不怎么会了，现在最熟悉的还是瑶话。亲戚来家里都是用瑶话。

问：你爸妈现在在哪里工作？大概什么时候会回来一次？

答：我爸妈他们都在广州那边工作，大概过节的时候会回来一次，就放三四天（假）的时候会回来一次。一般都是外婆在家里带我。但现在外婆去了广州看病，现在家里就我一个人在家里生活。

问：你小学是在哪里读的？瑶话是小时候最先学的吗？

答：幼儿园是在广州读的，然后在南岗这里读了一年级，后来又回广州读二年级三年级，三年级下学期又转回来，一直到初中。小时候最开始学的是白话，但是已经太久了不怎么会说了，现在说瑶话。

问：现在班上有汉族的同学吗？平时在学校与同学交流用是什么语言交流？

答：汉族同学没有吧，跟同学有时用瑶话有时用普通话。整个初中大概只有十多个汉族老师。

问：你最熟悉的关于瑶族的文化是？有没有参加过表演活动？

答：最熟悉的还是盘王节吧。有时候会去，有时不会去。还有就是长鼓节，上一次我还去过表演。

问：你比较喜欢说什么语言的电影电视剧？你认为你的汉语熟悉程度怎么样？

答：我比较喜欢汉语的。能够流利交流，但还是会有一些不怎么会讲。

问：那你现在生病是因为读书压力重的原因吗？

答：不是。是因为在上课的时候被风扇吹的，吹得有些头晕，所以请假休息。

（十二）南岗村瑶族房某访谈录

访谈对象：房某

访谈时间：2019年6月15

访谈地点：南岗村

问：请介绍下你的家庭情况，平时在家使用什么语言？

答：家里有五口人，奶奶，爸爸妈妈，哥哥和我，平时在家用瑶语，有时用些普通话。奶奶只会说瑶语，爸爸妈妈在家里工作，爸爸会一些普通话和粤语，妈妈会瑶语，不怎么会普通话；哥哥在广州工作，会一些粤语，主要讲瑶语和普通话，我只会普通话和瑶语，客家话能听一些。现在在南岗中心学校读初三。

问：学校上课用什么语言教学？汉族老师会瑶语吗？熟练程度如何？

答：学校老师上课用普通话教学，汉族老师能说一些瑶语，还不熟练，有些听不懂。

问：班上有汉族的同学吗？平时用什么语言与他们交流？他们会瑶语吗？

答：班上有一些汉族同学，平时用普通话与他们交流，他们能说一些瑶语，不是很熟练，有些还听不懂。

问：你认为这里的教育条件如何？这里的孩子一般受教育程度怎么样？将来你有小孩首先教他什么语言？

答：我认为教育条件还行吧。这里的孩子一般能读到初中，初中毕业后有些会继续读高中，有些会出去外面打工。以后我有了小孩会先教他瑶语。

（十三）南岗村瑶族邓某访谈录

姓名：邓某

职业：卖豆腐

时间：2019年6月12日

地点：瑶族自治县三江镇南岗村

问：姐姐您好，请问你家有几口人？能给我简单介绍一下吗？

答：我家有七口人，我的家公家婆，我老公，还有我的三个小孩。一个读大班了，还有一个三岁，一岁多的那个正在里屋睡觉呢。

问：你家里人会说什么话？

答：我们家都是瑶族的。我和我老公都是地道的本地人。在家都说瑶语的，我和我老公也会说一些客家话还有白话。家公家婆都是说瑶话的。小孩在小的时候我还是会和他们说瑶话，等到他们去上学了，我就开始和他们说普通话。不过我们的普通话都不是那么标准的。

问：姐姐，我看你们是做豆腐生意，都是自己家做的吗？一般都是村民买吗？

答：是的，都是每天早起，自己在家做的。这个是小生意，我和我老公直到去年都还是在外地打工的，后来有了一个小宝宝才回家，所以做点豆腐生意。一般都是村民路过会买，还有一些人住的稍微远一点的会打电话，我老公送过去也可以的。

问：您觉得村里的生活这几年有什么变化？

答：我以前是上完初中就出去打工了，现在回来一年多，感觉变化还是很大的，以前我们的路是泥，不是像现在你看到的这样的水泥路。这个路好像是三年前修好的。还有很多的房子重新盖了。

问：这边好像基本上都是瑶族人，外地女孩子嫁过来的情况有吗？

答：有外地人嫁过来的，外地外省的都有，比如广西的、湛江的。

问：她们听不懂瑶话，对吗？

答：是的，一般刚来一两年都听不懂，基本上不能和自己的家公家婆交流沟通，很不方便。但是过几年的话，有些人还是可以交流一些简单的。不过对她们来说，还是和自己的老公说普通话的。如果没有学会瑶话，她们都教自己小孩说普通话的。主要是这边都是讲瑶话，外地人听不懂也很正常，也是没办法的。

问：姐姐，请问这边的小孩一般都在哪里上学呢？一般小孩都会上学上到什么时候呢？

答：小孩都在村里上小学和初中吧，高中就去镇上、县里读书，也有的就不读高中了，直接出去做工。现在的小孩一般都会读到高中了，去不去大学就是他们自己的事了。我和我老公这一届的基本上是上到初中为止的，我们没什么文化，只希望小孩以后多读点书了。

问：如果有人出去外地工作后回来不讲瑶话了，您怎么看？

答：基本上不会这样的，不管出去多久，回来还是会说瑶话的呀，除非有些是忘记了怎么样，一般不会不愿意讲瑶话的。而且你看我们这边的村子，你买个东西也是讲瑶话的，所以都还是要讲的。

问：姐姐，您觉得小孩在学校，有必要上瑶语课吗？

答：专门学瑶语吗？没有必要呀。这里每个小孩从小都会说的，这个是不需要学的。相比之下，在家里学的肯定比在学校中学到更多，我们自己的语言肯定是很重要的,但我还是认为不需要专门学这个,还不如多学点其他的呢!

(十四) 南岗村瑶族盘某访谈录
姓名:盘某
职业:学生
时间:2019年6月12日
地点:瑶族自治县三江镇南岗村

问:妹妹你好,请问你今年多大了?
答:我今年十八岁,刚刚参加完高考。
问:哇,终于解放了。你家有几口人呢?
答:我们家有五口人,爸爸妈妈,姐姐和弟弟,还有我。我的姐姐今年也是高三刚参加完高考,她比我大两岁,但是读书比较晚。我的弟弟今年15岁,也在镇上读高中。
问:家人们在家里一般讲什么话呢?
答:我们家都是瑶族人,在家一般和爸爸妈妈全部讲瑶话,和姐姐弟弟基本也讲瑶话,不过偶尔会夹杂普通话,因为有些翻译不来,忘记怎么说了。
问:在学校里,大家一般说什么话?
答:在学校的话,老师和同学都是讲普通话的,没有人说瑶话。
问:班上瑶族的同学多吗?
答:还行,也有汉族的同学。
问:你平常是寄宿吗?在宿舍讲瑶语吗?
答:是的,我们这种都是住的比较远的都需要寄宿,像一些本来就是镇上的同学就不用寄宿,一般都走读。平常在宿舍,我们都还是主要讲普通话。
问:好的,那你这个暑假有什么安排吗?
答:有的,我去打暑假工,顺便等成绩出来。我们同学全部出去打暑假工的。
问:妹妹好懂事呀,那你们一般去哪里打工?

答：我去佛山，别人介绍的。同学有的去清远市里，还有的也是广州，只要有人介绍就可以。

问：去佛山的话，你会讲白话吗？

答：我不是很会讲白话，但是也会一点点，和客家话一样，都只会一点点，不过那边应该也可以用普通话交流的吧，不需要一定讲方言的。我觉得会说普通话，去外面打工还是很方便的。

问：妹妹，学习之余平时喜欢做什么呢？

答：平时我喜欢听歌，听歌可以释放压力，我最喜欢的明星就是TF-boys里面的王源，我觉得他太帅了，很励志，很努力。他和我一样大，今年都是18岁。他还会自己写歌，我每一首都会唱，不过我只唱给自己听，哈哈。

问：妹妹以后想做什么呢？

答：我现在的想法是做一个医生，我觉得当医生很厉害。我想去广州大学读书，不知道能不能考上。如果能在市里或者县里当个医生我觉得很不错了。

（十五）南岗村瑶族唐某访谈录

姓名：唐某

职业：初中英语老师

时间：2019年6月12日

地点：瑶族自治县三江镇南岗村

问：唐老师您好，能简单介绍一下您的经历吗？

答：因为我的父亲是从事干警工作的，六岁就跟父母去了三江，幼儿园、小学、初中和高中都在三江读的，大学是在河南平顶山读的。那边冬天太冷了，特别不适应，所以07年一毕业就回来这边工作了，我不喜欢很快节奏的生活，在老家比较安居乐业，还可以照顾到老人。现在我已经在这边教书12年了。

问：唐老师在三江读书的时候说的什么话呢？

答：那时候在那边读书我讲的是客家话，白话也自然而然听懂一些。我的父亲很有意思，在小时候饭桌上常常会问我这个用客家话怎么说，那个用客家话怎么说，所以我在无形中也在学习客家话，包括帮父母出门买东西，也是要用客家话回复别人。有需求就会很快学会。不过在学校读书都主要还是讲普通话的，所以我后来到了河南读书，同学都猜不出我是广东人呢。

问：哈哈，是的，唐老师的普通话很标准，那您现在在学校会和学生或者同事讲瑶话吗？

答：不会。我们在学校，就有一个意识，是一定要说普通话的，不管是在课上还是课下找学生交谈基本上都讲普通话。况且，办公室的老师也有两个不是瑶族的，听不懂瑶话，假如我们真的说瑶话了，这样也不太礼貌吧！所以在学校一般是不讲瑶话的。如果一定要说方言的话，偶尔会讲几句客家话。

问：唐老师，您在家都讲什么话？

答：我和父母在家都讲瑶话，和爷爷奶奶也是讲瑶话。我有一个哥哥，一般和他都讲瑶话，有一个姐姐，比较喜欢讲客家话。我觉得自己的客家话比瑶话更熟练，毕竟从小在那边长大，和同学私下交流都会用客家话。我父母亲在家都说瑶话的，但是在外面就是会更多讲客家话了。我老公也是本地瑶族人，他在千年瑶寨工作，同事一般都是瑶族人居多，所以他在家以及在工作还是会说瑶语，可能同事基本也是瑶族人。我有两个儿子，一个今年八岁，在县里读书读小学，还有一个刚刚两岁。我是在小孩读幼儿园之前，大概在两三岁的时候开始引导他们说普通话，我大儿子的老师上次和我说他的表达能力很好，所以小孩的话，最好还是把普通话学好吧！

问：唐老师，班上的小孩都会说瑶话吗？

答：应该都是会的，基本上都是瑶族的。

问：您觉得咱们这边有必要开设瑶语课吗？

答：我觉得如果已经有人编好教材的话，还是很有必要的，你看毕竟学生学一节课不会占用太多的时间，而且还能把一些大家忘记的瑶话给找回来，这样有促进和传承的效果，还是很有必要的，但如果没有教材的话，我估计这个就比较难施展开了，毕竟我们这个瑶话也是没有文字的，要把这个弄起来，还是很有难度的。

问：唐老师，您愿意学习瑶族文字吗？

答：如果有的话，我很愿意学的。我们这边其实还存在很多老一辈的信仰，比如鬼神之类的，他们在做这些法事、迷信的时候都会写点东西，不知道是不是什么所谓古老的字。我觉得有文字的话一个地方的语言是很难消逝的。

问：唐老师，您作为一名英文老师在少数民族地区教书有什么体会可以与我分享吗？

答：这个英语学习，对这边的学生还是很没有吸引力的，很多学生感觉不到英语的重要性，所以兴趣一点都不大，上课不是很认真，觉得没有必要去努力。我教了英语这么多年，大家的成绩一点都没有进步，这个对于我教学来说是很没有成就感的，可是没有办法，他们上学的欲望不强烈。我估计其他科目也有类似情况。早些时候，很多孩子读书读到初中就出去工作了，我不知道这是家里的需要还是他们自己不想读书，可能主要是因为贫穷吧。

问：唐老师，这边的成年人一般在哪工作的呢？

答：这边村子没什么就业机会的呀，大家都要去赚钱，最近的会去山上砍柴、砍竹子等外面的商人进来收购。其他大部分的都是去佛山、广州工作。这就造成了这里很多孩子都成了留守儿童，缺少家人的陪伴，小孩很容易走弯路的，最后读书读到初中，好一点的上到高中就跟着熟人去外面工作了。而且这个教育很有意思，在我看来，如果家里有几个小孩的，只要第一个学好了，成绩不错的话，后面的小孩就会跟上，反之就差别很大了。

问：唐老师，您们瑶族有没有什么传统节日？一般怎么过呢？

答：农历十月十六，盘王节。是我们瑶族比较大的节日，大家一般会穿当地的服装，盛装出席，会搞一个耍歌堂。

问：那瑶族人会过咱们中国的传统春节吗？

答：会的，春节的气氛也很热烈啊，我觉得现在好像是春节更重要了吧。村子里很热闹的。小孩们会吵着买新衣服，放鞭炮什么的，感觉和全国人民是一样的。

问：好的，谢谢唐老师，打扰了您这么久，祝您工作顺利！

答：谢谢，不客气。

（十六）南岗村瑶族邓某访谈录

访谈对象：邓某

职业：南岗村村委妇女主任

访谈时间：2019年6月12日上午

访谈地点：三排镇南岗村村委会

问：邓主任，您好，请您介绍一下南岗村的大概情况。

答：我们南岗村总共有八个自然村，有1000多户人家，总人口5600多人。村里主要的姓氏有唐、邓、房、盘四大姓。

问：八个自然村的村民都是世世代代居住在南岗吗？

答：不是，其中一个自然村大东坑都是外来人口，听说他们之前和别人有矛盾冲突后就跑来南岗借我们的地方住。大东坑位于南岗村的边界，那边靠近油岭村，交通非常闭塞，直到现在都还没有公路，走路来回要两个小时。

问：那些移民都是瑶族吗？他们是从哪些地方迁至大东坑的？

答：都是瑶族，但是我也不是非常清楚他们具体是从哪些地方迁来的，也没有文献资料记载，如果你们想了解就只能亲口问村民了。

问：现在村里瑶汉通婚的家庭多吗？这些家庭小孩的民族成分填写什么？

答：这几年外出打工的年轻人多了，因为这里山多田地少，附近也没有工厂，年轻人为了生存也只能去珠三角打工，这也就导致瑶汉通婚的家庭在增加。不过小孩的民族成分都是填瑶族，这个不会受影响。

问：族际通婚的家庭是怎么交流的呢？

答：外边嫁过来的汉族人一开始虽然不会讲瑶语，但是在这生活了几年基本都会用瑶语进行基本的沟通了。家里的小孩从小先学瑶语，同时也学普通话，这样才能和妈妈交流。

问：所以现在的趋势是瑶语和汉语的接触越来越密切，导致瑶语有很多汉语借词，对于这现象，您怎么看？

答：我觉得听得懂，不影响沟通就行，毕竟语言一直在发展变化中。

问：如果年轻人讲的瑶语借用太多外来词，村里老年人能听得懂吗?

答：一般都能听懂，现在家家户户都有电视，老人也能在电视里学一些普通话了，自然也能理解。

问：现在村民们都会讲哪些语言呢？

答：村里小孩子首先能学会讲瑶语，上小学之后就学普通话，年轻人要出去珠三角打工就能学会讲白话，有一些是在县城做买卖或者做短工的就能学会客家话，但是像老年人比较少外出就只会讲瑶语。

问：瑶族保留了很丰富的习俗文化，南岗这边主要的节日和传统习俗有哪些呢？

答：主要的节日有三月三、清明、六月六、七月七、七月十六等，我们自己穿的服饰现在一直都是纯手工刺绣，瑶族盛装一人一生只穿三次，比如在我们最重要的节日"耍歌堂"的时候穿，这是相当于我们瑶族的新年，这是十八年才轮一回的盛大节日。

问："耍歌堂"和"盘王节"有什么区别吗？

答："耍歌堂"才是我们的传统节日，"盘王节"是政府和景区老板为了开发旅游景区组织的一年一次的节日，他们每次都会请我们村民过去表演，也会给一些酬劳，但是我们自己觉得这样意义不大。

问：这边南岗千年瑶寨非常出名，现在那里开发成旅游景区之后原来的村民是怎样的意见？

答：旅游景区的开发确实给当地居民创造了一些就业机会，也带来了经济收入，不过也存在很多问题，比如环境遭到了破坏，游客多的时候饮水供应不足。但是这些问题景区老板不会考虑在内，他们只会考虑自己经济收入。景区为了省钱，设施建设不到位，现在进村的路很窄，人多的时候经常造成交通堵塞，有时塞车都能塞两公里，我们的村民出行很不方便。像那些住在公路边的人，车都塞到他家门口了，他自己的车都没地方放，这能不起冲突吗？虽然现在那边又新修一条下山路，但是那条路非常危险，实在太弯了。

问：这些问题确实比较严峻，我们也会向政府提相关的建议。旅游景区开发后对当地村民语言使用有什么影响？

答：现在景区里做生意的老人都能学会客家话、普通话、白话了，因为要和游客沟通，他们自然而然就能学会这些话，也不必刻意去学。

问：所以经济的发展有时候不利于语言和习俗的保存，对此您怎么看？

答：任何事情都有两面性，我们也没有办法改变，如果你想习俗保留得很完整，那我们村民无法生存，如果你想生活条件好一些，语言和习俗又难免会发生改变。

问：现在政府和学校有想过为瑶语和瑶族文化的保存出力吗？

答：现在学校里面有非物质文化遗产，还成立了歌舞团，让小孩子学习并表演我们的乐器长鼓，但是很多瑶族歌曲小孩子几乎不会唱了，只有像我这个年纪的中年人才听得懂，因为唱瑶族歌和我们说瑶语的时候音是不一样的。

问：您预测我们南岗村瑶语未来能否长久保留下去？

答：我们的瑶语是很难改变的，无论你外出多长时间，家乡话不会忘也不会变。而且外地嫁入的媳妇，一开始就算不会讲瑶语，在这边生活了之后，都能学会讲瑶语。

问：谢谢主任，和您交流后受益匪浅，祝您工作顺利！

（十七）南岗村瑶族邓某访谈录

访谈对象：邓某

访谈时间：2019年6月12日下午

访谈地点：三排镇南岗中心学校

问：请你说说家里的大概情况。

答：我家里有四口人，我、爸爸、妈妈和弟弟，但平时都是我一个人住在家里，我爸爸妈妈都在广州打工，一年只有过节的时候才回来。弟弟现在上五年级了和外婆一起住，爷爷虽然住在我家隔壁，但是年纪太大了不能照顾弟弟。

问：你同学的家长外出打工的人多吗？

答：有很多，不过他们都是爸爸出去打工，妈妈留在家带孩子，爸妈都出去打工的家庭比较少。

问：爸爸妈妈在外打工会影响你学瑶语吗？

答：我觉得会，有些词我不会用瑶语讲，等他们回来的时候我才能问他们。

问：上学的时候同学之间不说瑶语吗？

答：聊一些家常的时候会讲瑶语，但是聊学习的时候都讲普通话。

问：你的同学都是瑶族人吗？

答：我们九年级有两位同学是壮族，其中一位是族际通婚家庭，爸爸是壮族，妈妈是瑶族，他们壮语和瑶语都会讲，他们家是过来这边打工，就来这个学校上学了。他们为了和我们交流，都很积极向我们学讲瑶语。

问：村里的年轻人都出去打工了，村里老人和小孩居多，那小孩入学前普通话由谁来教呢？

答：我们会教老人和小孩他们说一些，像平时在家我都会教表弟表妹讲普通话，现在他们通过电视也多少能学讲一些普通话了。

问：你觉得对你来说最重要的语言是什么？

答：应该是普通话吧，因为现在出去都用普通话交流，但我觉得瑶语也很重要，毕竟也要和家里老人聊天。

问：你觉得自己的瑶语水平在同龄人当中是怎样的等级？

答：应该属于中等偏下，因为有很多词我不知道怎么用瑶语表达就直接用普通话代替了。

问：学校里的老师一般讲什么话？

答：老师上课一般都是讲普通话，平时学校开会也是讲普通话，但是像开家长会，有不懂普通话的家长在场，就会讲瑶语。

问：听说你们学校还成立了歌舞团？

答：我们有校队，他们会在学校表演，艺术节的时候会在外面表演，有时也参加县里的歌舞比赛，但是我没有参加。

问：为什么不参加呢？

答：我之前有学过，但是觉得自己唱歌不好听，挺难为情的。那些歌我小时候有学，只是现在很多年没唱，都忘记怎么唱了。

问：学生进学校的歌舞团是要通过比赛吗？

答：那些长鼓跳得好的同学老师就会让他们进校队。

问：你们对于学习瑶族传统习俗是怎样的态度呢？

答：我小时候都是抱着玩的心态学的，比如看到我妈妈刺绣，觉得很好玩，就去学了，还绣了一个包包。只是长大之后要忙于学习，就很少去学这些了。

问：我在路边看到很多瑶族老人会穿瑶族服装，但是你们年轻人都不穿，这是为什么？

答：学校里面大家都不穿，自己也不好意思穿，而且那些衣服穿起来会有点热，那些老人比较传统，他们平时就还会穿瑶族衣服。

问：你觉得学校有必要专门开一门瑶语课程吗？

答：有必要，因为有一些学生，尤其是小学生很多词汇都不会用瑶语讲。村里的老人有时都听不懂我们讲的是什么意思，因为我们混杂了一些普通话词汇，然后交流过程中我们听不懂他们讲什么，他们也听不懂我们讲什么，沟通都成问题。

问：现在你已经上九年级了，对未来有什么打算吗？

答：我也不是很明确，不过我还是想继续上高中读书，我们少数民族学生考高中有加 10 分的优惠政策。

（十八）南岗村瑶族唐某访谈录

访谈对象：唐某

职业：个体商业户

访谈时间：2019 年 6 月 13 日上午

访谈地点：三排镇南岗村村委

问：您好，您的名字非常有特色，我看到村民们有很多类似的名字，这名字有什么含义吗？

答：唐是大姓，京口是我们家族姓，我在家中排行第一，所以叫唐京某一，本来叫唐京某一贵，只是身份证中打不下第五个字，就把"贵"字省略了。但是现在小孩都改用汉族名字了，因为我们瑶族名字太多重复的，上学的时候会混淆。

问：听说您还是我们南岗村的人大代表，您具体做什么工作呢？

答：其实我们家世世代代都是做腐竹的，但是有一段时间我外出打工了，现在千年瑶寨景区开发后，政府又请我回来在景区里面继续做腐竹，让我自己销售，并且还给我一点补助，因为他们觉得做腐竹的工艺不能失传。

问：有打算让您的小孩传承这个工艺吗？

答：暂时还没有考虑，我小孩还在县城读书，儿子还在上高一，女儿在上六年级，平时都住在学校里面。

问：为什么把小孩送到县城读书呢？

答：县城里面教育质量和水平高一点，我们有这个条件就尽量让小孩接受好的教育。

问：小孩在县城读书会影响他们学瑶语吗？

答：多少还是会有影响的，他们在学校都是讲普通话，和我们相处的时间少，瑶语就学得不好。比如有些词汇像"太阳""左右"，他们都不会讲。

问：您觉得年轻人还有必要学好瑶语吗？

答：有必要，现在像你们这样的大学生，还有包括记者都会来我们这边学习瑶语和瑶族文化，这是我们的骄傲啊。在这里，如果不会讲瑶语是会被别人说的，比如说这个小孩忘本，连家乡话都不会讲。我有个堂妹，她老公是汉族人，原先是不会讲瑶语的，后来我们和他说住在这边不会讲瑶语是不行的，后来他就跟着我堂妹学，现在都能用瑶语和我们交流了。

问：现在连南电视台有瑶语播音节目，你们平时都会观看吗？

答：会啊，几乎每天都会看，电视台有15分钟的瑶语新闻播音，通常都是报道县里面的新闻，家里小孩都会一起跟着看。

问：那您认为学校有必要专门开设瑶语课或者编写一套瑶语课本吗？

答：有必要，现在外面上学的小孩不愿意学瑶语，如果学校里面能教瑶语，让他们有学瑶语的意识，这样学习效果会好一点。而且如果专家能编写出一套课本，让以后的小孩都能学习，就可以代代传承我们的语言文化了，这样以后的小孩就算不会说瑶语，他能通过看书慢慢学习。

问：看来您也是非常有远见，祝您生意兴隆！

答：欢迎你们到千年瑶寨景区游玩。

(十九) 南岗村瑶族盘某访谈录

访谈对象：盘某

职业：个体商业户

访谈时间：2019年6月14日上午

访谈地点：三排镇南岗村村委

问：您好，我听到您普通话讲得很标准，您是以前在外面工作吗？

答：我十多岁的时候就出去东莞打工了，那时候有东莞那边的工厂的人在村委门口招工，我记得招了两百人左右，坐满了两辆车。但是现在我们村只剩下四个人还在那里，其他人都回来了，因为那边工作实在太辛苦了。

问：您当时应该年纪还很小吧？

答：当时我才14岁，小学毕业一年后我就出去打工了，因为那时我爸爸脚受伤了，家里经济条件不允许我继续读书，再加上自己成绩也不好，就不想再读书了。

问：还未到法定工龄可以出去打工吗？

答：我是拿我姑姑的户口本，用自己的相片，去办了张身份证，我姑姑大我4岁，她刚好成年了，当时很多同学都是这样做的。

问：在外面长期打工会影响你们讲瑶语吗？

答：在外面待久了就会忘记有些词怎么用瑶语表达，因为打工的时候你和汉族人一起，就是讲普通话。再加上我们以前没有手机，打电话回家都是要先打到邮局，很少和家里人联系，讲家乡话的机会很少。我有个朋友，也是瑶族的，但是我们在一起的时候都常讲普通话了。多年没讲瑶语回到家就讲得不标准，有些想不起来用瑶语怎么说，就直接用普通话来表达，以前还有村里人笑话我不会讲家乡话。

问：现在您回到家后是做什么工作呢？

答：我是两年前结婚之后回来的，回家带小孩带了一年多后，觉得经济压力比较大，就想在景区里面做点生意，现在在景区里卖早餐和冷饮。

问：景区开发后也给当地人带来不少经济收入吧？

答：游客多，生意好的时候收入才多，像国家法定节假日生意就比较好，平时生意就比较冷清。不过这样至少给不出去打工的人有挣钱的机会了，像那些老人家，他们都能自己挣够生活费，不用他们儿子再负担了。

问：景区里的老人都会讲普通话吗？

答：有些会，有些不会，老人讲客家话的多一点，我听到他们都是和游客讲客家话，比如游客问价钱，他们就用客家话回复，反正客家话和普通话也差不了太远。有些老人理解能力比较好，又读过一点书，那他们就会讲一点普通话。

问：村里的小孩普通话讲得怎样？

答：这也是看个人的，我小孩还没上幼儿园，普通话学得还不错。但是像我妹妹的小孩，她儿子比我女儿大了一岁，已经上幼儿园了，幼儿园老师上课都是讲普通话，可是她儿子普通话也还是学得不好，只会讲一点点。我女儿每次和他聊天都是讲普通话，但他都反应不过来。可能是因为父母不在身边的原因吧，爷爷奶奶又不会讲普通话，不常讲普通话，那他自己学了也会忘记。

问：小孩也可以通过电视学讲普通话吧？

答：看个人吧，我女儿都是自学的，我给她买了个早教机，很多东西我没有教她，她都能学会。有时候好久没见，她会跑过来闻一下我，然后说："啊，是妈妈的味道。"我出门开车的时候，她也会说："妈妈，你要小心一点开哦。"这些话我从来没教过她，但她都能学会。可是我妹妹的儿子，虽然比我女儿大一岁，但他还不会讲这些贴心的话，有些小孩能通过电视学会普通话，有些就不一定能学会，所以看个人。小孩普通话讲得好不好主要还是看父母，那些父母在身边的小孩，父母会教他普通话，那他就学得好，父母不在身边的就学得比较差。

问：如果小孩入学前普通话学得不好，会影响学习吗？

答：会啊，我们这边都是先教小孩讲瑶话，然后再学普通话，在学校老师都讲普通话，那如果小孩进去之后什么都听不懂就很麻烦，所以瑶话和普通话都会讲就最好了。

问：您女儿瑶话讲得怎样？

答：她会说也会听，但是瑶话讲的没有普通话那么流利，会比较费劲。在家的时候她和奶奶讲家乡话，和我就讲普通话，她自己会转换，所以常用的瑶语,她都会表达。

问:您女儿那么聪明,您对她以后的教育有什么计划吗?

答:如果条件允许的话,还是想让她去县城读书,想让她多学唱歌、跳舞之类的才艺。但是在农村里是没有这个条件的,像广州的小孩从小就上很多兴趣班了。我认为现在的小孩要多学点才艺,毕竟现在和以前不一样了,现在普遍都是大学生,如果自己不努力点,那怎么和别人竞争呢?现在我们村里很多小孩都送到县城里读书,然后父母一起跟过去。县城里的小孩和农村的小孩真的差距很大,县城里上学的小孩成绩会比较好,也比较听话,不像这边很多小孩初中毕业后就出去打工了。所以,以后有条件的话,肯定会让我小孩接受更好的教育。

(二十)南岗村小学生邓某访谈录

时间:2019年6月12日

访谈对象:南岗村小学生

访谈地点:南岗中心学校

问:请问你家有几口人?

答:四口人,我的爸爸妈妈,还有个弟弟,加上我四口人。

问:爸爸妈妈是哪个民族?你是哪个民族?

答:都是瑶族。

问:在学校里你用什么话?课外课内都是用普通话吗?老师用什么话教学?

答:因为学校里面要求说普通话,所以我们在学校用普通话,课内课外也都是普通话,上课的时候必须得用普通话。我们现在在学校里面都已经习惯说普通话了,所以都是说普通话,老师也是用普通话上课的。

问:你们学校的其他人,比如校长、主任也都是说普通话吗?开大会的时候呢?

答:因为学校有要求,我们在学校听到的都是普通话,不管是开会还是平时说话都是普通话。校长主任也都是说普通话。我们同学也都是说普通话。

问：你们在学校不说普通话，说瑶语，老师会不会干涉？

答：我们一般在学校都是说普通话的，如果私底下说瑶语老师不知道也不管。好像不太干涉吧，但是我没出现不说普通话的情况，我们都是说普通话。

问：你希望学校开大会的时候用什么语言？

答：我希望是普通话，普通话比较好。

问：那你觉得掌握瑶语重要吗？你有没有是瑶族但是不会说瑶语的小伙伴？你怎么看他们？

答：我觉得掌握瑶语重要，身边也有不会说瑶语的小伙伴。看法的话，我觉得还行吧。没什么别的看法，他们想怎么说话就怎么说话咯，反正能交流听得懂就行了吧。

问：你觉得学汉语重要吗？

答：学汉语重要。我们上学要说普通话的。

问：你会很多语言，如果只给你选一门语言，你觉得最重要的是哪一个？

答：我会选普通话，我觉得最重要的就是普通话了。

问：你平时看电视喜欢看什么频道？

答：没有什么特定的频道，我都看，都还行吧。

问：你喜欢上瑶语课堂吗？你觉得在课上学到了什么？

答：我们没有这课，不知道这个课是什么，怎么上。不太清楚。

（二十一）南岗村村民房某访谈录

时间：2019年6月13日

访谈对象：房某

访谈地点：南岗村房某龙家

问：请介绍您家里的情况，家里人都能说什么话？

答：三口人，家里基本上都用瑶话交流，跟小孩子说普通话。

问：您最先教孩子说什么话？

答：普通话，小孩子长大了自己慢慢地通过社会接触慢慢地也开始会说瑶话。

问：您觉得这里的教育条件如何？小孩一般读到什么程度？

答：比大城市差，主要还是父母不太用心。除此之外也有很多留守儿童，爸爸妈妈出去打工了，没有人管小孩子，关心小孩子的成长与教育。一般这里的小孩都是读到初中、高中，很少读到大学的。

问：您觉得村里的生活这几年有没有什么变化？

答：有很多变化，路、水、电各方面的变化。主要是交通也方便了，去哪里都比以前便利了。

问：如果有人出去外地工作后回来不讲瑶语了，您怎么看？

答：也没有什么特别的看法吧，还是可以理解的，毕竟在外面久了很多方面多多少少也会有改变的，如果他不说那就不说了吧。

问：那您觉得瑶语重要吗？掌握瑶语又有什么用？

答：重要，是自己族人沟通很方便，语言表达的情感也很真切。因为有些词语的表达对于我们来说也许汉语并不会这么准确，但是瑶语就可以很清晰的表达出我们想表达的意思。

问：您觉得掌握普通话和白话有用吗？掌握的主要目的是什么？

答：当然有用了，各个方面都需要。比如说出去外地工作、学习。还有与外地人交流。

问：现在有的学校里面开设了瑶语课堂，您觉得孩子学习效果如何？有没有运用到实际中？

答：这个真的可以考虑开设瑶语课堂，现在我们这里没有，希望以后会有。在课堂里可以系统地学习一下瑶语。这样也更利于所有人来运用瑶语。

（二十二）南岗村村民邓某访谈录

访谈对象：邓某

时间：2019年6月13日

访谈地点：南岗村邓生某妹家

问：请介绍您家里的情况，家里人都能说什么话？

答：我家有两个小孩子，一共四口人。都是瑶族，都说瑶话。

问：您最先教孩子说什么话？

答：瑶话。我们都是说瑶话的，小孩子长大了慢慢地就学说汉语了。

问：您觉得这里的教育条件如何？小孩一般读到什么程度？

答：还行了，在农村也有孩子能够可以上大学的，现在也有的上高中的。在我们以前那个时候没有这么多人读书。

问：您觉得村里的生活这几年有没有什么变化？

答：变化很大的，现在很多小孩子都可以出去读大学，以前没有这么多人读书。我们那个年代能够上学的人都没有几个，特别是一个学校里面都看不见几个女孩子。因为有重男轻女的思想，女孩子都没办法读书。现在好了，女孩子一样的送去学校读书，也没有那么严重的重男轻女的思想了。

问：如果有人出去外地工作后回来不讲瑶语了，您怎么看？

答：无所谓了，小孩子经常出去回来不说我也觉得无所谓，可以理解的。想说就说，不说就不说。

问：那您觉得瑶语重要吗？掌握瑶语又有什么用？

答：对祖上来说当然重要，掌握瑶语我们自己族群内部交流起来方便。沟通很顺畅了嘛。

问：您觉得掌握普通话和白话有用吗？掌握的主要目的是什么？

答：有用，出门在外交流可以使用，我觉得不会说白话也不方便啊，去广州那边不方便了。掌握的主要目的还是交流。会说普通话是走遍全国都不怕了。

问：现在学校里面开设了瑶语课堂，您觉得孩子学习效果如何？有没有运用到实际中？

答：如果能开设就更好了，我的小孩子在瑶语课上面肯定最棒的，因为他出生就说瑶语，如果不是瑶族人不可能比得过他的，他也能够教不会瑶语的同学说瑶语。

（二十三）南岗村村民邓某访谈录

访谈对象：邓某

时间：2019 年 6 月 14 日

访谈地点：南岗村邓八某三家

问：请介绍您家里的情况，家里人都能说什么话？

答：只算两代人的话，有五口人。两个女儿一个儿子，有一个小孩不经常在家，两个女儿在外面打工。但是我们在家里面都是说的瑶话。除了这五口人我还有两个孙子，孙子有时候说普通话。

问：您最先教孩子说什么话？

答：瑶话，我们瑶族人最开始学说的话都是瑶话。孙子最开始学说的话虽然也是瑶话，但是长大了上学在学校说的是普通话，所以现在回家有时候偶尔会跟我们说几句普通话。

问：您觉得这里的教育条件如何？小孩一般读到什么程度？

答：这里的条件最近几年开始慢慢好起来了，以前不行的。现在大家都有教育小孩的意识了，现在孩子教育好啊，比以前条件好，以前不（想）读书了就不读书了，现在不管是父母还是老师对教育方面都很负责，老师和家长配合得很好，如果小孩在学校不听话，比如说不做作业还会打电话给家长让家长知道。我们现在都很希望小孩学习好多读一点书。目前我们这边小孩一般都读到高中、职中或者大学吧。

问：您觉得村里的生活这几年有没有什么变化？

答：还是有变化的，说大不大，也还是有点大的吧。比如说吃饭吧，以前我们很多人都吃不饱饭，没有饭吃的，现在不存在这个问题了，起码吃饭都能吃得饱，这一点我还是很开心。但是关于路的方面还需要大力改进，有的地方的路修好了，但是有的地方的路还是很烂，政府没有注意到修，比如有些对于我们村来说稍微偏僻一点点的地方，我们要过河那个桥都是一根木头做的，如果下雨之类的木头断了，人掉河里很危险的。或者木头断了我们也没有办法过河了，这一点很麻烦。

问：如果有人出去外地工作后回来不讲瑶语了，您怎么看？

答：我觉得没有这个如果，因为我们这边的人都知道说瑶语的。我们从小就说，不会忘记的。比如我的孩子外出打工很多年，回来都说瑶语，怎么可能会不说呢？也不会不愿意说的。

问：那您觉得瑶语重要吗？掌握瑶语又有什么用？

答：重要，对于不会说汉语的瑶族人有帮助。我们村里面还是有很多人不会说汉语的，至少有一小部分的人还是不会说吧，跟这一部分的人说话就可以用上瑶语。因为有很多阿婆没读过书啊，那个年代重男轻女吧。也有的中年妇女和一些中年的男人也没读过书不懂汉语的。我们就会用瑶语交流。

问：您觉得掌握普通话和白话有用吗？掌握的主要目的是什么？

答：有用，去学校上学的时候老师都是说普通话，普通话能够学到很多的东西，我们跟外面的人交流也用普通话，掌握的主要目的就是学习与交流的作用了。

问：现在学校里面开设了瑶语课堂，您觉得孩子学习效果如何？有没有运用到实际中？

答：我觉得学校里面不用开瑶语课堂，不想做这个假设。因为我们这里世世代代都是从出生开始都说瑶话，长大了上了学慢慢就会开始说汉话了，没有必要多开一门课。

（二十四）南岗村瑶族沈某访谈录

访谈对象：沈某

时间：2019年6月14日

访谈地点：南岗村百斤洞沈某城家

问：家里有几口人，家人都说些什么话？

答：五口人，家里除了父母之外还有姐姐和弟弟。我们都说瑶话。很少会说普通话，但有时候我们听汉语歌，放歌的时候会说一下普通话这样子。

问：如果有人来家里，都跟他们讲什么话？

答：亲戚朋友都说瑶话，因为习惯了说瑶话我们都说瑶话了。虽然我们很多都会普通话，但是还是瑶话亲切我们就都是说的瑶话。

问：在学校里大家都讲什么话？跟不同民族的人怎么交流？

答：看情况，上课的时候在课堂上大家都是说普通话，下课了都说瑶话了。反正就是普通话和瑶话都有说的。跟汉族都是说普通话，瑶族我们都是说瑶话了，主要是我们都习惯说瑶话。有时候跟有的学过几句瑶话的汉族同学我们也有偶尔说几句瑶话的，但是大部分的情况下我们还是说普通话。

问：你觉得学普通话，客家话/白话和瑶话有用吗？有什么用？

答：有用，广东很多地方都讲白话和普通话，我们学白话跟普通话出去方便交流和沟通啊！现在在广东这么多人说白话，我们学白话的用处也很大的。对于瑶话而言用处就只能是跟家人交流，但是瑶话也是很有用的。

问：那么对于你来说，哪种语言最重要？

答：当然是国语啊！普通话！因为普通话交流很方便，应该来说是最方便的吧，在全中国都能用普通话来进行沟通与交流。

问：平时都是看些什么电视节目？电视节目里面都是讲的什么话？平时都听些什么歌？

答：平时看的电视节目太多了，看的那些电视节目里讲的话也是各种各样的，粤语、普通话、英语的我都有看。我平时看广东台，珠江台那些之类的电视台，电影台也看。我听歌也是听很多类型的歌，日语歌啊，粤语歌啊，普通话的歌。但是还是听普通话的歌居多。

（二十五）南岗村瑶族房某访谈录

访谈对象：房某

时间：2019年6月14日

访谈地点：南岗村百斤洞房某明家

问：家里都有几口人，家人都是说些什么话？

答：四口人，爸爸妈妈，还有个姐姐。我们在家里面是说瑶话居多，爸爸在浙江那边打工，会说浙江话，有时候回来也会偶尔说一下浙江话。

问：如果家里有客人，都跟他们讲什么话？

答：如果家里面来客人了，汉族的话就说汉语，瑶族的话说瑶语。亲戚们串门走访我们都是说瑶语。我们瑶族人内部都是说瑶话，很少瑶族跟瑶族之间说普通话的。

问：在学校大家都是讲什么话，不同民族之间的人都是说的什么话？

答：我们平时在学校首先跟大家交流说的都是瑶话吧，说（不会）了就说普通话。但是我们上课的时候都是说普通话，跟老师也都是说的普通话，下课了之后同学们之间是说的瑶话。我们在学校里如果有汉族的话那跟汉族同学说的就是普通话，他们不懂瑶话啊。不同民族之间都是要用普通话交流沟通的。

问：你觉得普通话，瑶话，白话/客家话哪一种语言有用吗？有什么用？

答：我不会说白话和客家话，只会说瑶话和普通话。不管是瑶话还是普通话或者是白话或者客家话，都很有用。瑶话是我们从小说到大的母语，对于我们来说有很重要的意义，在我心里面瑶话是很重要的语言，普通话也是很重要的啊，不会说普通话出去外面没办法跟别人沟通，所以我觉得无论是哪一种语言都是很重要的语言。

问：平时都是看些什么电视节目？电视节目里面都是讲些什么话？平时听什么歌？

答：我平时喜欢看综艺节目。什么本宝宝兄弟啊之类综艺的。节目里面都是讲的普通话，平时都看说白话或者说普通话的电视节目。我们这里以前有瑶话的电视节目，现在好像没有了，以前有的时候我们也会看一看说瑶话的电视节目，但是现在看不了了，没有了嘛。我听歌都听的，普通话，英语的，粤语歌我都听的。瑶语歌反而不怎么听吧。

（二十六）南岗村瑶族唐某访谈录
访谈对象：唐某
时间：2019年6月14日
访谈地点：南岗村百斤洞唐某家

问：家里有几口人？家里人都是说一些什么话？

答：我们家里有四口人，我还有个弟弟。我们都是只说瑶话，有时候会跟弟弟说一下普通话吧，但是不是经常会跟弟弟说普通话。家里人沟通交流都基本上是瑶话的。

问：如果家里来客人都是跟他们讲些什么话？

答：看情况咯，如果是汉族人我们肯定是说普通话，但是如果是瑶族的话肯定是说瑶话。都是见什么人说什么话的。跟汉族人说瑶话他们听不懂的。

问：在学校大家都是讲什么话？不同民族之间都是说什么话？

答：在学校上课的时候大家都是讲普通话，下课了以后就随便说了。跟瑶族同学讲瑶话，跟汉族同学讲普通话。下课了其实还是基本上说的瑶话。

问：你觉得普通话，白话/客家话，瑶话有用吗？哪一种语言最有用？

答：这些话都有用，最大的用处就是可以交到很多的朋友。比如说，我们在当地，大家都是讲瑶话，那么当然我也会说瑶话。客家话或者白话也很有用啊，如果我们去到广州那边，那边的很多人都是说的白话或者是客家话，那我们跟那边的人交流就会用到这个语言啊，不管是工作干嘛的如果会说（普通话/白话）就会方便很多，也更容易会交到朋友。

问：那么对于你来说哪一种语言最重要？

答：没有最重要的，对于我来说都很重要。普通话是全国通用的语言当然很重要了，如果不会说普通话，那以后出去怎么办？瑶话也很重要啊，我们家人都是说瑶话，从小到大我们都这样说，跟本地人交流也是必须要用到瑶话的，也很重要。所以都很重要，没有什么是不重要的。

问：平时都是看些什么电视节目？节目里都是讲什么话？平时都是听什么语言的歌曲？

答：我喜欢看动漫节目，节目里面有一种是通过翻译成国语（普通话）的，还有一种是日语原话的，我都听都看的。有时候我也看一些白话的节目。我都挺喜欢看的。听歌的话也是什么歌都听的，但是我不怎么听瑶语歌曲，因为没有什么瑶语歌听。

问：您认为学习瑶语的过程中最需要的是什么？

答：学习瑶语最需要的是什么我还真得想一想……应该是多听多交流吧。我也不太清楚最需要的是什么，反正我们从小就会说了，也没有注意到这个问题，如果问我最需要的是什么我一时半会也不能好好的回答上来。

问：您会支持政府扩大普通话的教育普及率吗？您觉得普通话教育给当地带来最大的影响或者变化是什么？

答：肯定是要支持的，扩大普通话的教育和普及率好啊，可以让我们学习汉文化，这样让我们当地的文化发展就有了进步了。因为我们这边这么多年的进步发展其实都是靠汉族的，多亏了汉族过来带动了我们这边的经济文化的发展，所以如果能让我们都说普通话我们就能够跟汉族很好的沟通与交流，也能让我们更好地学习汉族的一些东西，让我们发展，让我们进步。我觉得学习普通话很好。

问：普通话在外面普及率很高，您赞成不赞成村里面开始慢慢普及普通话？

答：不是很赞成村里面开始慢慢地普及普通话，因为如果长期这样发展下去会使我们的瑶语消失，因为说瑶语的人少了慢慢的就有很多人不太会说，直到最后就没有人说瑶话了。我不希望看见这样的情况发生，我们瑶族人还是会说瑶话才好。虽然我觉得普通话很好，能给我们带来发展与变化，但是我并不希望这个原因导致我们的瑶话消失，最好的情况就是两种语言并存，我们瑶族人都会说普通话又都会说瑶话。这是我最想要的结果。

问：如果学校里面开设瑶族语言课堂，您如何看？

答：开这门课的话，我觉得可以开一下。因为我们现在也有一些瑶语不是很会说了，老人家会的多一点。开瑶语课让小孩子还在小的时候能有一个正式的、系统性的学习来学习瑶话，这样是非常棒的，这样也可以让我们瑶话有一个系统性的传承下来。也是对我们瑶族文化的一个发展。

问：您认为最影响您说瑶语的因素是什么？

答：学校里面都是说普通话，很多时候瑶话就不是很常说了。因为在学校说普通话导致我们说瑶话的机会变少了，长期下来会让我们忘记一些瑶话是怎么说的。而且有很多时候汉语说多了脑子也会转不过来忘记有些瑶话的词语是怎么说的。这些因素都会影响我说瑶话。

(二十七) 南岗村瑶族邓某访谈录

访谈对象：邓某

时间：2019 年 6 月 15 日

访谈地点：南岗村百斤洞邓某家

问：平时一般在家里面都是用什么语言进行沟通交流？

答：从小到大家人都是跟我用瑶话交流。我们也说普通话。反正就是普通话跟瑶话，也没有别的（话）说，就这两种话。我会一点点客家话，反正白话是不怎么会的。

问：在学校大家都是讲什么话？

答：在我们这边村里的学校下课了都还是在说瑶话的。但是我希望我们学校里面能开一个白话的课。

问：你希望学校开白话课的原因是？

答：我本人觉得会说白话挺好的，因为出去工作，比如在广东都是说白话多一点的。如果说瑶语别人都听不懂，说白话好，起码在广东范围内是可以广泛运用的，好交流也方便找工作。如果别人跟你说白话，你又不会说，那就很不好交流了，人家就不想跟你多交流了。我有时候出去工作，别人跟我说白话，我跟他说普通话他就不太想跟我说普通话这样子的感觉。感觉就有一点聊不下去的样子了。

问：那你平时跟朋友交流都是说什么话？

答：我们朋友之间交流的话还是说普通话多一点吧，我外面的朋友很多。但是如果是瑶族朋友的话，我们还是说瑶话。出去还是都说普通话，因为别的话也不太会说。如果到说客家话的地方也会说一些客家话吧。

问：请问您以前在学校读书的时候是说什么话？

答：瑶话，普通话都有。反正白话是没有说。在学校里面跟学校里面的汉族都是说的普通话。如果在场有瑶族朋友也有汉族朋友我跟瑶族朋友也依然会说瑶话，这也不会让汉族朋友感觉到不尊重或者是别的什么。因为大家都明白我们的语言习惯，所以都可以互相理解，如果他们想要知道我们聊了些什么我们也会再用普通话翻译一遍。

问：那么请问您觉得学习普通话/瑶话，或者是客家话/白话有用吗？

答：这些话都挺有用的，但是感觉好像瑶话没有什么用吧。虽然是跟自己瑶族人用瑶话交流，但是我认为我们慢慢长大了瑶话也是可以后面慢慢学的，因为我觉得瑶话很简单的。在我心里面还是白话是最重要的吧，其次是普通话，最后才是瑶话。

问：平时都是看些什么电视节目？电视节目里都是讲的什么话？平时都是听的什么歌？

答：我平时比较喜欢看老电影，大部分都是说白话的那种老电影。我听歌的话还是听普通话的歌多一点。就是国语啦！我们都称普通话为国语。

问：您会支持政府扩大普通话的教育普及率吗？您觉得普通话教育给当地带来最大的影响或者是变化是什么？

答：支持扩大普通话的教育。但是感觉普通话的教育给当地带来的影响感觉没有什么太大的变化，我们这里依然是在没有必要用到普通话的时候说的还是瑶话啊。

问：现在普通话的普及率很高，您赞不赞成村里面开始慢慢普及普通话？

答：那也是赞成的，我还是觉得大家说普通话也很好。因为别人来到我们这里，外面的人都是说的普通话，但是我们这里老一辈的人都只会说瑶话又不会说普通话。他们就没有办法跟外面的人交流啊，普通话的用处很广，但是瑶话就只能在我们这边才能用。普通话比较好一点，我很支持说普通话。

问：如果学校里面开始瑶语课堂，您如何看？

答：我不希望学校里面开瑶语课。因为开瑶话课我们这边的学生根本没有兴趣，大家都不想去学，我们所有人都会说瑶话，没意思了嘛。这个普通话白话都应该先去学，这是首要的，瑶话后面学。我觉得应该是这个顺序才对。

问：如果以后您去广州生活，也许您的妻子是讲白话或者客家话的，那么您以后会教您的小孩讲瑶话吗？

答：如果这种情况下去久了就不会教小孩子瑶话了。因为又要学普通话又要学客家话或者白话，还要学英语这样的一个情况，小孩可能说不了这么多的话。瑶话的作用不是这么多这么大的。

问：如果有一个机构可以提供教您小孩说瑶话，您会把孩子送过去吗？

答：会送过去吧。主要是学普通话与白话，瑶话之后慢慢学也是可以的。如果到城市里面生活应该就是不会讲瑶话了，在我们村里面肯定是会说瑶话了。我觉得走进城市里面生活很好的，我们天天在村里也没什么意思。我现在觉得这么多语言都在一起是件很麻烦的事情。如果去城市生活了可能下一代也不怎么会说瑶话了吧。

（二十八）南岗村南岗中心学校唐某校长访谈录

访谈对象：唐某

职业：南岗中心学校副校长

时间：2019年6月13日

访谈地点：南岗村南岗中心学校

问：唐校长，您好！请先和我介绍一下南岗中心学校的历史。

答：我们学校是从1968年建起，原址大概在现在的（连南县三排镇）横坑村。1981年迁回南岗，就有了现在的南岗中学（初中）。但当时还没有这么好的校舍，现在我们身处的教学楼就是2000年左右建起来的。我们的小学部的前身是王冬坪小学，在1998年迁到这里，2007年王冬坪小学和南岗中学合并，这才有了我们现在的南岗中心学校。

问：那请问这所学校现在在校生有多少人？民族生的比例大概是多少？

答：在校生有800人左右，几乎全部是民族生，只有3名学生是汉族。有一名汉族生是父母双方是汉族，他的父母是都是广西那边过来的；还有两名汉族学生的妈妈也是这里的瑶族，只是因为嫁给了汉族，所以身份登记的是汉族。这三个学生分别姓：黄、玉、林。这都不是我们瑶族的姓，所以我记得非常清楚。

问：民族生这么多，会不会产生教学语言上的问题？比如有的孩子只用民族语，听不懂普通话？

答：这是肯定的。以前这样的问题比较明显，但是随着电视、手机的普及，越来越多的孩子入学之前就接触了很多普通话。一般来说，在一年级我们会使用双语教学。基本上到了二年级，就只用普通话教学了。

问：近些年学生普通话水平的提高，和这里的幼儿园教育有关系吗？这里的幼儿园入学率怎么样？也是双语教学吗？

答：应该是有关系的。幼儿园也是双语教学，大部分都是这附近的瑶族老师。这里的孩子们4岁开始读幼儿园，也有5岁直接去上学前班。现在的幼儿园都是公办的，学费低，大概五六百块钱一学期家长都争着送进去。送进幼儿园既能让孩子学习，又能方便家长出去工作，孩子还能在学校免费吃饭。这都靠国家大力拨款支持。不光幼儿园的孩子，我们学校也有免费的营养午餐或者配餐。配餐指的就是牛奶面包之类。只是我们的餐厅比较小，800人的学校需要分开时间段吃饭。中午吃饭的人比较多，晚上只有初中部的住校生吃饭，就人少一点。

问：除了课堂时间外，学校有要求学生讲哪一种语言吗？

答：除了课堂用普通话，课下学生说什么我们是没有要求的。学生们之间都是讲瑶话的居多。但是老师不管课上还是课下都是和学生说普通话的。这也不是学校要求的，而是我们的职业习惯。我作为一名在学校分管思政教育的老师，我个人还是非常支持学生多讲瑶话，也非常热爱自己的语言，充满了民族自豪感。可能有些学生会觉得讲瑶话有点不好意思，会觉得如果讲瑶话会让别人觉得自己是山里来的。我会尽力去改变他们的这个想法，去把这种民族自豪感、自信心带给学生。

问：那您觉得怎样做，可以提升这种文化自信？

答：我们学校有丰富多彩的文化活动，都是为这个服务的。我们学校参加各种瑶族文化的节日。盘王节啊、开耕节啊，我们都会带学生去参加表演。最近做非物质文化遗产的活动，我们学校也有参加。有时候千年瑶寨风景区有活动，也是邀请我们的学生去打长鼓。此外，我们学校自己也会有很多活动。比如我们学校会举办瑶语故事会，让学生穿民族服饰，讲民族故事。让学生有机会向家里的长辈学习。不过现在的学生会讲传统故事、会唱传统歌曲的越来越少了。很多学生连瑶族衣服都没有，表演时穿的衣服都是学校发的。我们也会鼓励孩子们穿民族服装，他们会说：好土呀！不要穿那样的衣服。这一点让我很担忧，我也在身体力行地向他们传达我的观念。我去外面的时候，总是会穿着我们的民族服装、戴着瑶族的大包头。我觉得很好看，也很自信。希望更多的瑶族孩子也会有一样的感受。

问：的确如此，我们在村里也很少见到孩子穿民族服装，他们讲的瑶话中也有很多汉语，您对于瑶语和其他语言的关系，您怎么看？

答：我认为，首先，母语要讲好。瑶族学生母语都讲不好怎么可以？我们应该先学好母语再学其他语言。国家提倡孩子们从小学英语，也应该让孩子们从小把自己的民族语言、把汉语学好，才能谈及去学其他语言。我们有一本校本培训的教材，叫做《瑶族民间故事》，就是提倡学生更多使用瑶语。在我们的歌唱比赛中，我们还特地设置了两种不同语言的奖项——汉语歌曲奖和瑶语歌曲奖。引导孩子们重视自己的语言。

问：这种做法很有创新意义。您是怎么想起来做这种活动的？

答：我去千年瑶寨那边时，看到那边的人也都不会唱瑶族歌曲了，我就很担心我们的瑶歌消失。我想起我们国家在做歌唱比赛时，也有通俗唱法和民族唱法的区别，为什么我们不可以设置两种语言的歌唱比赛？提倡乡土文化、让孩子们寻根，一举两得。

问：现在这里的高中升学率怎么样？

答：我们这里的升学率几乎是百分之百。偶尔有年份低一些，也是90%以上。学生基本上不是去高中就是去职校。去高中的话大部分是去"连南顺德高级中学"，这个学校门槛比较低，考进去不太难。当然和现在普及高中教育也有关系。职业学校也是在连南读得比较多，学生主要报考的专业是幼儿教育。

问：有没有家长不支持孩子继续读高中，要孩子辍学打工的？

答：有，也会有这样的家庭。这里不少家庭的经济条件的确不是那么好，承担孩子继续读书的学费有些吃力。但是我们会给他们做工作，让他们明白文化程度的重要性。这里的孩子也非常懂事，他们会利用寒暑假在外面打零工，给自己挣生活费。我外甥就在你们学校读书（广东技术师范大学），他每年的寒暑假都是在打工的。这种"勤工俭学"在这里很普遍。当然，也有一部分读不下书去的孩子，实在学不进去了，我们就劝他们去读中职院校。中职毕业后，有了毕业证也好找工作，比初中毕业强。

问：的确如此，我们在来这里的路上了解到了不止一位刚刚高中毕业的学生，他们一结束高考就出去做工了。那您觉得，在帮助瑶族同胞提升文化教育水平、促进经济发展方面，我们的社会、我们民族院校可以在哪方面做更多努力？

答:我希望国家可以多渠道地培训、培养我们本地的老师、瑶族老师。我们学校的瑶族老师比较多的就是我这个年纪的一批。然后05年左右连南突然停止招收本地的老师。出现了一个瑶族老师的断层。原因我们也不清楚。在这个信息发达的社会,学生接触外界的东西太多了,以至于从小就遗忘了自己民族的传统。我希望能在学校创造更多的民族文化的环境,来改变这一点。这样的工作就需要更多的瑶族老师来与我一起做。现在国家有关教师的各种培训很多,但是很少见到针对民族地区教师民族文化和语言的交流和培训机会。我希望以后这样的培训可以多做一些,让我们与周边的瑶族或者其他少数民族的教师有交流、学习的机会。

问:在老师的待遇和编制上,您觉得怎么样?能吸引更多的老师过来吗?

答:我觉得挺好。最近一些年,我们教师的待遇进一步提高。单从工资上来说,我们这里比周边连山、阳山那边都要高。原来是没有他们高的,从15年以后,我们变成了省财政直接拨款,大大改善了教师的待遇。能在这里工作我很高兴。

参考文献

著作类：

博罗县地方志委员会编：《博罗县志》，中华书局 2001 年版。

巢宗祺、余伟文：《连南八排瑶语》，中山大学出版社 1989 年版。

巢宗祺：《广东连南油岭八排瑶语言概要》，华东师范大学出版社 1990 年版。

戴庆厦主编：《语言关系与语言工作》，天津古籍出版社 1990 年版。

戴庆厦：《语言和民族》，中央民族大学出版社 1994 年版。

戴庆厦：《基诺族语言使用现状及其演变》，商务印书馆 2007 年版。

戴庆厦：《西摩洛语语言使用现状及其演变》，商务印书馆 2009 年版。

戴庆厦：《云南里山乡彝族语言使用现状及其演变》，商务印书馆 2009 年版。

戴庆厦：《元江县羊街乡语言使用现状及其演变》，商务印书馆 2009 年版。

戴庆厦：《社会语言学概论》，商务印书馆 2009 年版。

戴庆厦：《中国少数民族语言使用现状及其演变研究》，民族出版社 2010 年版。

戴庆厦等：《四川盐源县各民族的语言和谐》，商务印书馆 2011 年版。

戴庆厦：《云南德宏州景颇族语言使用现状》，商务印书馆 2011 年版。

戴庆厦：《语言调查教程》，商务印书馆 2015 年版。

费孝通主编：《中华民族多元一体格局》（修订版），中央民族大学出版社 1999 年版。

范俊军编译：《联合国教科文组织关于保护语言与文化多样性文件汇编》，民族出版社 2006 年版。

冯广艺：《语言生态研究》，光明日报出版社 2020 年版。

广东省地方史志编撰委员会编：《广东省志·少数民族志》，广东人民出版社 2000 年版。

广东省民族研究所编：《过山瑶研究文集》，民族出版社 2008 年版。

宫承波：《新媒体概论》，中国广播电视出版社 2011 年版。

甘春妍：《博罗畲语研究》，南开大学出版社 2011 年版。

胡安顺：《音韵学通论》，中华书局 2003 年版。

靳洪刚：《语言获得理论研究》，中国社会科学出版社 1997 年版。

劲松：《社会语言学研究》，民族出版社 2009 年版。

连南瑶族自治县地方志编纂委员会：《连南瑶族自治县县志》，广东人民出版社 1996 年版。

刘叔新：《连山壮语述要》，高等教育出版社 1998 年版。

罗骥、余金枝：《语言和谐论集》，四川大学出版社 2014 年版。

练铭志、马建钊、李筱文：《排瑶历史文化》，广东人民出版社 1992 年版。

练铭志、马建钊、朱洪：《广东民族关系史》，广东人民出版社 2014 年版。

毛宗武、蒙朝吉、郑宗泽：《瑶族语言简志》，民族出版社 1982 年版。

毛宗武、蒙朝吉：《畲语简志》，民族出版社 1986 年版。

毛宗武：《中国少数民族语言使用情况》，中国藏学出版社 1994 年版。

普中良：《西南村落双语研究》，云南民族出版社 2004 年版。

潘琼阁编著：《中国瑶族》，宁夏人民出版社 2011 年版。

覃国生、梁庭望、韦星朗：《壮族》，民族出版社 1984 年版。

施联朱主编：《畲族研究论文集》，民族出版社 1987 年。

汪宗猷：《广东满族志》，广东人民出版社 1994 年版。

王远新：《中国民族语言学理论与实践》，民族出版社 2002 年版。

韦景云、覃晓航：《壮语通论》，中央民族大学出版社 2006 年版。

徐世璇：《濒危语言研究》，中央民族大学出版社 2001 年版。

薛才德主编：《语言接触与语言比较》，学林出版社 2007 年版。

袁焱：《语言接触与语言演变》，民族出版社 2001 年版。

游文良：《畲族语言》，福建人民出版社 2002 年版。

游文良、雷楠、蓝瑞汤：《凤凰山畲语》，吉林出版社 2005 年版。

游汝杰、邹嘉彦：《社会语言学教程》，复旦大学出版社 2004 年版。

叶彩燕、马诗帆：《双语儿童：早期发展及语言接触》，世界图书出版公司 2013 年版。

祝畹瑾：《社会语言学译文集》，北京大学出版社 1985 年版。

祝畹瑾：《社会语言学概论》，湖南教育出版社 1992 年版。

朱洪、姜永兴：《广东畲族研究》，广东人民出版社 1991 年版。

张均如、梁敏等：《壮语方言研究》，四川民族出版社 1999 年版。

张公瑾、丁石庆：《文化语言学教程》，教育科学出版社 2004 年版。

中西裕树：《畲语基本资料》，京都大学人文科学研究所 2007 年版。

中共怀集县下帅壮族瑶族乡委员会、怀集县下帅壮族瑶族乡人民政府编：《叠彩下帅》，广东旅游出版社 2013 年版。

张景霓等：《环江毛南族语言使用现状及其演变》，科学出版社 2017 年版。

论文类：

班弨、肖荣钦：《连南八排瑶语使用状况与语言接触情况》，《暨南学报》（哲学社会科学版）2011 年第 2 期。

陈延河：《惠东畲族的语言转用简析》，《广东民族研究论丛》（第十辑），2000 年。

陈延河：《惠东长坑畲语疑问句的基本结构》，《广东民族学院学报》（哲学社会科学版）1985 年第 1 期。

陈保亚：《语势、家庭学习模式与语言传承——从语言自然接触说起》，《北京大学学报》（哲学社会科学版）2013 年第 3 期。

陈波先：《连南八排瑶语名量词研究》，《广西民族师范学院学报》2014 年第 1 期。

戴庆厦：《构建我国多民族语言和谐的几个理论问题》，《中央民族大学学报》（哲学社会科学版）2008年第2期。

戴庆厦、何俊芳：《从民族关系看我国早期社会双语现象的形成特点》，《民族教育研究》1998年第2期。

戴庆厦、袁焱：《互补和竞争：语言接触的杠杆——以阿昌语的语言接触为例》，《语言文字应用》2002年第2期。

戴庆厦：《语言竞争与语言和谐》，《语言教学与研究》2006年第2期。

戴庆厦：《构建我国多民族语言和谐的几个理论问题》，《中央中央民族大学学报》（哲学社会科学版）2008年第3期。

戴庆厦：《解决少数民族双语问题的最佳模式：两全其美，和谐发展》，《中央中央民族大学学报》（哲学社会科学版）2011年第5期。

道布：《语言活力、语言态度和语言政策——少数民族语文问题研究》，《学术探索》2005年第6期。

丁萍：《关于构建和谐语言生活的思考》，《西北民族大学学报》（哲学社会科学版）2007年第5期。

丁石庆：《论母语保持——以北方人口较少民族语言调查材料为例》，《中南民族大学学报》（人文社会科学版）2008年第04期。

邓永聪：《粤西北怀集桥头山歌述略》，《艺术研究》2016年第11期。

房亚水：《浅谈八排瑶语变调问题》，《广西民族学院学报》（哲学社会科学版）1988年第1期。

冯广艺：《语言和谐论》，《修辞学习》2006年第2期。

范俊军：《清代〈连阳八排风土记〉瑶语词表研究》，《广东社会科学》2006年第3期。

房颖菲：《八排瑶语的中定词序探究》，《清远职业技术学院学报》2010年第2期。

方小兵：《从语言活力到语言韧力：语言生态评估理念的优化》，《云南师范大学学报》（哲学社会科学版）2020年第1期。

甘春妍：《博罗畲语的前缀变调》，《民族语文》2005年第6期。

甘春妍：《博罗畲语20年音变》，《南开语言学刊》2006年第1期。

根呷翁姆：《多语环境中的道孚"语言孤岛"现象分析》，《西南民族大学学报》（人文社科版）2008年第5期。

郭熙：《论祖语与祖语传承》，《语言战略研究》2017年第3期。

黄家教、李新魁：《潮安畲话概述》，《中山大学学报》1963年第1期。

胡性初：《对乳源瑶族自治县部分中小学师生使用双语双方言教学的调查研究》，《广东教育学院学报》1996年第1期。

黄行：《我国民族语言关系状态的系统分析》，《语言与翻译》1997年第3期。

蒋颖、赵燕珍、常俊之、邱月：《论语言接触与语言和谐》，《云南师范大学学报》（哲学社会科学版）2008年第5期。

蒋光友、时健：《昆格人语言使用现状调查》，《西华师范大学学报》（哲学社会科学版）2013年第1期。

罗美珍：《畲族所说的客家话》，《中央民族学院学报》1980年第1期。

李敬忠：《八排瑶语的数词》，《贵州民族研究》1988年第4期。

李泳集：《怀集历史上的民族关系探讨》，《广西民族研究》1990年第3期。

陆上来：《粤北壮歌的特点及源流》，《广东民族学院学报》（社会科学版）1991年第3期。

刘叔新：《连山壮语元音系统与粤语的近似》，《广东民族学院学报》（社会科学版）1995年第2期。

雷楠：《凤凰山畲语词汇析》，载《畲族文化研究》（上册），民族出版社2007年。

刘力坚：《粤方言借词对连山壮语词汇的渗透》，《南开语言学刊》2005年第1期。

刘力坚：《连山壮语对汉语词语的搬借与整合》，《语言研究》2006年第4期。

李筱文：《广东畲族与畲族研究》，《广东技术师范学院学报》2006年第2期。

林伦伦、洪英、雷楠：《潮安畲语及其台语底层词》，《暨南学报》

（哲学社会科学版）2006 年第 5 期。

李宇明：《当今人类三大语言话题》，《云南师范大学学报》2008 年第 7 期。

龙国贻：《瑶语中的内爆音》，《民族语文》2009 年第 5 期。

龙国贻：《藻敏瑶语汉借词主体层次年代考》，《民族语文》2012 年第 2 期。

龙国贻、唐红英：《论民族语文的连调规则分析——以藻敏瑶语油岭土话为例》，《民族语文》2014 年第 2 期。

龙国贻、龙国治：《藻敏瑶语的三种鼻音类型》，《民族语文》2017 年第 5 期。

林伦伦、陈亚静：《粤北连南瑶族自治县大坪镇四村瑶民语言生活状况调查》，《广东技术师范学院学报》2010 年第 10 期。

刘启珍：《语言和谐：民族多元文化融合的枢纽》，《青海社会科学》2011 年第 3 期。

李春风：《各就各位 相互兼用》，第十届国际双语协会研讨会论文，贵阳，2013 年 8 月。

李嵬：《"家庭语言生活"多人谈》，《语言战略研究》2017 年第 6 期。

李菁、赵卓婕：《乳源瑶语中的汉语介词研究》，《韶关学院学报》2019 年第 4 期。

蒙朝吉：《五十年代的瑶语大普查》，《广西民族研究》1999 年第 1 期。

蒙元耀：《论民族语言文字平等与民族团结》，《广西民族研究》2010 年第 4 期。

毛宗武、蒙朝吉：《博罗畲语概述》，《民族语文》1982 年第 1 期。

覃晓航：《语言通行域与多语者的产生》，《中央民族大学学报》2009 年第 5 期。

覃丽嬴：《小茶腊独龙族语言生活的适应性变迁》，《贵州民族研究》2015 年第 11 期。

瞿继勇：《双语教育与母语保存》，《河北理工大学学报》（社会科学版）2010 年第 1 期。

沈依青：《语言态度初探》，《清华大学学报》1992年第2期。

谌华玉：《畲族语言研究现状及其发展趋势》，《汕头大学学报》2004年第6期。

王远新：《广东博罗、增城畲族语言使用情况调查——保护濒危语言的重要途径》，《中央民族大学学报》（哲学社会科学版）2004年第1期。

王远新：《多语言、多方言社区和谐语言生活——湖南省城步县长安营乡大寨村语言使用、语言态度调查》，《绍兴文理学院学报》2008年第1期。

吴芳：《惠东县畲族的变迁及畲语的生存现状》，《文化遗产》2014年第2期。

徐世璇：《论语言的接触性衰变——以毕苏语的跟踪调查分析为例》，《语言科学》2003年第5期。

徐大明：《有关语言经济的七个问题》，《云南师范大学学报》（哲学社会科学版）2010年第5期。

肖自辉、范俊军：《语言生态的监测与评估指标体系——生态语言学应用研究》，《语言科学》2011年第5期。

徐维宁：《掌声笑声响彻壮乡瑶寨》，《源流》2012年第12期。

徐维宁、邓东妮：《怀集下帅乡举办"牛王诞"文化节》，《源流》2016年第5期。

徐乐乐：《千年畲语极度濒危 博罗嶂背村的语言保卫战》，《南方日报》2016年1月27日第8版。

夏玲玲、经典：《双语教学背景下畲族青少年语言生活的新特点——以广东省惠州市博罗县嶂背村为例》，《惠州学院学报》2019年第4期。

余伟文、巢宗祺：《油岭话概述》，《中山大学学报》（哲学社会科学版）1984年第3期。

游汝杰：《方言和普通话的社会功能与和谐发展》，《修辞学习》2006年第6期。

游文良：《关于畲族和畲族语言的思考》，全国畲族文化学术研讨会论文2007年。

杨艳：《元江县羊街乡中梁子彝族的语言使用现状》，《玉溪师范学院学报》2008年第4期。

杨姝：《广东潮州凤凰山畲族语言现状与保护对策》，《韩山师范学院学报》2010年第2期。

张日培：《治理理论视角下的语言规划——对"和谐语言生活"建设中政府作为的思考》，《语言文字应用》2009年第3期。

翟继勇：《湘西地区苗族的语言使用与语言认同》，《陕西师范大学学报》（哲学社会科学版）2013年第9期。

左广明：《语言生态学视角下少数民族语言的保护》，《贵州民族研究》2018年第2期。

学位论文

阿达来提：《中国乌孜别克族语言使用现状研究》，博士学位论文，中央民族大学，2013年。

陈志练：《排瑶古寨社会研究——以广东省连南县南岗排为讨论重点》，硕士学位论文，西北民族大学，2008年。

陈波先：《连南油岭瑶语"a（53）"和"tsa（44）、dui（24）、tu（53）/na（44）"的语法研究》，硕士学位论文，广东技术师范学院，2012年。

曹波：《北方人口较少民族青少年母语保持现状研究》，博士学位论文，中央民族大学，2016年。

洪英：《潮安畲语词汇比较研究》，硕士学位论文，汕头大学，2007年。

黄静露：《蒙公乡壮话语音研究》，硕士学位论文，广西民族大学，2014年。

龙晓雪：《民族杂居村落语言使用研究》，硕士学位论文，中央民族大学，2011年。

龙国贻：《藻敏瑶语语音研究》，博士学位论文，中央民族大学，2014年。

骆妮：《面向濒危畲语教学的田野调查》，硕士学位论文，暨南大学，2015年。

刘子云：《民族团结教育实践模式研究》，博士学位论文，中央民族大学，2015年。

龙宜霈:《汉语和藻敏瑶语名量词对比研究》,硕士学位论文,广西民族大学,2017年。

肖荣钦:《广东连南八排瑶语语音研究》,硕士学位论文,暨南大学,2011年。

卫炜:《甘洛县彝族的语言使用情况与语言态度》,硕士学位论文,中央民族大学,2008年。

王琴:《广东乳源必背瑶语(勉语)语音研究》,硕士学位论文,暨南大学,2013年。

文翠萍:《绿春县三猛乡哈尼族语言使用现状研究》,硕士学位论文,中央民族大学,2015年。

张永斌:《黔西北民族杂居区语言生态与语言保护研究》,博士学位论文,中央民族大学,2011年。

张诗凝:《景宁畲语的语言生态研究》,硕士学位论文,上海师范大学,2015年。

外文文献

Al-kajela Ala, "Language attrition in bicultural bilinguals: Evidence from Neo-Aramaic animal metaphors", *Journal of Languages and Culture*, No. 8, 2017.

J. P. Pride and J. Holms, ed., *The Relationship between Micro- and Macro-sociolinguistics in the Study of who Speakers What Language to Whom and When*, Harmondsworth: Penguin Press, 1972.

Marschak, Jacob, "The Economics of Language", *Behavioral Science*, Vol. 10, 1965.

Phillipson R, *Linguistic imperialism*. Oxford, England: Oxford University Press, 1992.

Ratliff Martha, "Ho Ne (She) is Hmongic: one final argument." *Linguistics of the Tibeto-Burman Area*, Vol. 21, No. 2, 1998.

UNESCO ad Hoc Expert Group, "Language Vitality and Endangerment", Documented adopted by the international Expert Meeting on UNESCO Programme Safeguarding of Endangered Language. Paris, March 10-12, 2003.

后　　记

　　本书是在国家语委一般课题《广东世居少数民族语言使用情况与保护对策研究》（Y125-164）的结项报告的基础上修改而成的。2015—2019年，为了完成这个课题，我和我的学生多次从广州出发，来到粤西、粤北以及广州附近的罗浮山地区考察当地的世居少数民族。书中涉及的900多人的语言情况入户调查、近百人的语言能力测试以及数百份详细的问卷、几十份深入的访谈，等等，都饱含着这些年轻的学生们的热忱和辛劳。他们中一些同学的粤语、客家话的方言背景，也为不熟悉广东汉语方言的我提供了很多翻译上的便利。在此要真诚地感谢广东技术师范大学民族学院2017—2019级的研究生莫晓莹、凌飞霞、李雅雅、朱林风、王怡清（以及本书的两位共同作者）。没有他们的热情参与，仅我一人是很难展开如此大面积的社会语言学调查的。

　　还要感谢的是支持并配合我们调查的怀集县下帅乡政府、车福村村委及下帅民族学校；连南县三排镇政府、南岗村村委及南岗中心学校；博罗县横河镇嶂背村村委和嶂背小学。感谢来自上述不同机构中的工作人员、老师们一次次放下手中的工作，不厌其烦地协助我们入村、入户、入校并按我们的需求帮忙找到合适的母语人。更感谢每一位愿意为我们开门接受采访的淳朴可爱的民族同胞，感谢那些总是无偿地帮助我们做翻译、指路工作的民族地区青少年们，他们的热情和笑容是我们田野工作中最美好的回忆。

　　在刚刚完成这份报告时，我对自己的研究还有很多不满意之处，修改成书的计划被一再搁置。2021年新年前夕，我收到了来自国家语委的结项鉴定书，意外地看到，参与鉴定的五名匿名评审专家都给了我一致的肯定。其中，有四名专家明确地建议我尽早修改出版。这让我重新拾起了修改成书的信心，于是乎狠下决心，挤出日常工作外的分分秒秒密集修改，历时半年终于初步成稿。这背后的动力都来自于那五份认真撰写的匿名评审书。感谢我未能知道名字的五位专家，感谢他们对于一名初探社会语言学的年轻人的包容与鼓励。

在本书初步脱稿后，承蒙我的导师戴庆厦教授提出了很多有助于提高质量的建设性意见并帮我作序。从 2011 年跟着戴先生读博开始，老师在学术之路上的十年如一日的教导与指引，是我毕生难以报答的恩情。此外，还要感谢为小书作出指导的张景霓教授、甘于恩教授和余金枝教授。更要感谢我的工作单位——广东技术师范大学民族学院的骆桂花院长和黄文浩书记对我的研究工作的帮助。在学院的支持下，本书被列入"广东技术师范大学民族学博士点建设文库"，获得了学校出版经费的资助。

最后，还要感谢为本书出版给予大量支持的中国社会科学出版社编辑宫晶蕾老师和任明老师。本书诸多的表格和国际音标都一定给编辑老师的工作加大了难度，在此再次表示感谢！

在几年的调查、撰写过程中，我一方面认识到语言生态的复杂性和语言保护的重要性，另一方面深深感受到自己在知识积累和学术视野拓展上的不足。书中涉及多个语言和语言点的调查，由于个人能力所限，难免有疏漏不当之处，敬祈读者不吝赐教！

经典

2021 年 7 月 19 日